Günter Lührs   Die Schöpfung aus dem Nichts

CIP-Kurztitelaufnahme der Deutschen Bibliothek

Lührs, Günter
Die Schöpfung aus dem Nichts
creatio ex nihilo
Eine Kosmologie
Zürich: Strom-Verlag, 1986

Copyright 1986 by Strom-Verlag, Zürich
Alle Rechte, insbesondere Übersetzungsrechte vorbehalten
Illustrationen: Günter Lührs
Umschlag: A. Sonderegger, Zürich
Satz: Satzzentrum Oldenburg GmbH, Oldenburg (Oldb)
Druck: Kirschgarten-Druckerei AG, Basel
Einband: Großbuchbinderei Eibert AG, Eschenbach b. Rapperswil
ISBN 3-85921-060-2

Günter Lührs

Die Schöpfung aus dem Nichts
creatio ex nihilo

Eine Kosmologie

Mit 61 Abbildungen und Zeichnungen
vom Verfasser

Strom-Verlag, Zürich

Euch ihr kühnen Suchern, Versuchern und wer immer sich mit listigen Segeln auf furchtbaren Meeren einschiffte,
- euch den Rätseltrunkenen, deren Seele mit Flöten zu jedem Irrschlunde gelockt wird:
- denn nicht wollt ihr mit feiger Hand einem Faden nachtasten,
und wo ihr erraten könnt, da haßt ihr es zu erschließen -
euch allein erzähl ich das Rätsel, das ich sah: - das Gesicht des Einsamen.
Nietzsche - Also sprach Zarathustra

Meister Kopernikus setzt neue Maße an die Natur der Welten.

Inhalt

Vorwort 9

Einleitung 11

I. Buch   Morgenröte 15
Mensch und Universum 16
Sehet welche Menschen 23
Es ist kein Gott und keine Welt ohne den Menschen 30
Glaube – Wissen – Weltbegriff 41
Monotheismus, Einbahnstraße der Religionen 49
Götterdämmerung 60
Auch noch Darwins unerhörte These 81
Zukunft im Unglauben? 84

II. Buch   Der erste Tag der Schöpfung 89
IDEE der Schöpfung, ein Experiment mit der Wirklichkeit . . . 89
Sein oder Nichtsein ist die Frage aller Fragen 92
Das Dasein ist in diesem Augenblick 100
Das Sein vergeht, doch später wird es nicht 106

III. Buch   Der zweite Schöpfungstag 119
Am Anfang war das Nichts 119
Das Ur-Ereignis 127
Materie – Substanz aus dem Nichts 137
Das Masselose im Dasein 141
Das stabile Nichts 148
Die attraktive Gravitation 152

IV. Buch   Der dritte Schöpfungstag 165
Ein Universum wird geboren 165
Welten im Universum 173
Ringe – der Schmuck der Sterne 180
Das rationale Chaos 184

V. Buch   Der vierte Schöpfungstag 189
Der dritte Planet unter der Sonne 190
Die Entstehung einer Erde 193
Zwischenbilanz 204

VI. Buch   Der fünfte Schöpfungstag – Tag des Lebens 207
Die Entstehung des Lebens im Dämmerlicht 208
Begegnung im Sonnenkreis 221
Kontinente und Meere 228

VII. Buch   Der sechste Schöpfungstag 241
Mensch und Geist – Aufgabe und Ziel 241
Über die Entstehung des Geistes durch natürliche Zuchtwahl .. 247
Erbgut Intelligenz 253

VIII. Buch   Der siebente Tag der Schöpfung 267
Wissen und Wollen 267
Epilog 273
Literaturhinweise 277

Vorwort

Nicht jenen, die da im Glauben ganz fest sind, ihnen will ich meinen Respekt hier nicht versagen, auch jenen nicht, die alle Wissenschaft bereits mit dem Wissen von der Wahrheit an sich verwechseln, ist dieses Werk gewidmet, sondern den Vielen, die wie ich nach den Inhalten der Wirklichkeit ausschauen und neue Wege des Denkens für sich suchen.

Denn, noch als ich die ersten Gedanken dieses Werkes niederschrieb, war auch mir, als schaue ich von einer hohen und fernen Warte hinab in ein mit Nebeln dicht verhangenes Tal.

Rastloser Geist jedoch, erst einmal erweckt und auf den Weg gebracht, nie mehr wieder aufzuhalten, wirkt wie die aufgehende Sonne, die das Tal erwärmt und endlich hell erleuchtet.

Nachdem sich die Nebel unter den wärmenden Strahlen der aufgehenden Sonne dann verzogen hatten, offenbarte sich mir das ganze herrliche Panorama der Wirklichkeit dieses Tales und – nachdem ich diese erschaute – begriff ich, was ich gesehen habe.

Der Verfasser

Einleitung

Seitdem der deutsche Physiologe Emil Du Bois-Reymond vor nunmehr etwa hundert Jahren die sieben ungelösten Rätsel dieser Welt erkannte und wie folgt formuliert hatte:

1. Ursprung der Materie,
2. Ursprung der Bewegung,
3. Entstehung des Lebens,
4. Zweckmäßigkeit der Natur,
5. Entstehung der Sinnesempfindungen,
6. Entstehung der Vernunft und
7. Entstehung der Willensfreiheit,

hat sich in den Naturwissenschaften so manches zwar getan, doch keines dieser Rätsel konnte bisher schon gelöst werden.
Nachdem sich zuerst der Glaube an die Naturgötter und deren mythische Herkunft als ungeeignet dafür erwiesen hatte und auch die großen Religionen daran gescheitert waren, setzte die geistgegabte Menschheit ganz auf die Naturwissenschaften und wurde schließlich ebenso enttäuscht.
Das Dilemma der Religionen und der Naturwissenschaften insgesamt liegt darin begründet, daß sie mit ihrer einseitig nach rückwärts gerichteten Betrachtungsweise gar nicht in der Lage sind, die wahre Natur des Universums zu erfassen geschweige denn plausibel auszudrücken.
Denn, wer die Natur eines Baumes ergründen will, der darf sicht nicht im Blattwerk schon verlieren, er muß an der Wurzel zu suchen beginnen und daraus dann des Baumes Wuchs erkennen.
Schon Goethe sagte: «Die Naturwissenschaften zerstören sich selbst durch die Breite, in die sie gehen, und durch die Tiefe, in die sie sich versenken.»
Daß bei dieser unerklärten Rätselhaftigkeit bisher auch die Frage nach der Zweckmäßigkeit der Natur und dem Sinn aller Existenz unbeantwortet blieb, ist wesentliche Ursache für das Unbehagen unter den Menschen dieser Zeit.

Der (gut)gläubige Mensch wurde genau so von seinen Lehrern und Belehrern allein gelassen wie der geistig interessierte von seinen Wissenschaftlern. Er ist darauf verwiesen, in seinem eigenen Gewissen nach den Gebührnissen zu suchen, das dann wie das Zünglein an der Waage anzeigt, wohin sie sich zu neigen hat.

Die Frage nach dem tieferen Sinn und dem Zweck des Daseins kann aber nicht mehr nur in einem wissenschaftlichen oder in einem religionsphilosophischen Zusammenhang gesehen und beantwortet werden und man kann die Richtigkeit oder die Unrichtigkeit naturwissenschaftlicher bzw. religiöser Weltanschauungen darum auch nicht aufgrund gegensätzlicher Überlegungen kontrovers entscheiden. Es gibt sowohl eine religiöse Indifferenz wissenschaftlicher Weltbilder, wie es auch eine wissenschaftliche Indifferenz religiöser Weltbilder und Begriffe gibt. Wer beide gegeneinander aufzurechnen versucht, hat keines davon begriffen. Naturwissenschaftliche Erkenntnisse können durch religiöse Argumente ebensowenig falsifiziert werden, wie umgekehrt.

Die Natur offenbart sich nicht aus sich selbst, sie bedarf dazu der Fragen, die wir an sie stellen.

Die Erklärung des *Daseins* bedarf darum einer grundlegend neuen IDEE. Hier wird der anspruchsvolle Versuch dafür unternommen.

Tief lotend in die Urgründe des *Seins* und dem wahren Wunder der «Existenz» in ihrem steten Wandel, beginnt der Autor sein «Welterklärungsmodell» als IDEE mit der Beschreibung des Begriffes der Schöpfung.

Im *Nichts* gesucht und in der Wirklichkeit des *Daseins* gefunden, werden hier die Gesetze des ersten Beginnes neu bedacht und kundgetan, worin sich *Zeit* und *Raum* begründen lassen.

Das daraus sich zwingend dann ergebende Geschehen wird als *Dasein* begriffen und als voraussetzende Bedingung der Existenz entdeckt.

Die gedanken-logische Entstehung eines ganzen *Universums* mit Galaxien und unzähligen Sonnensystemen darin, das Werden eines Planeten wie diese Erde mit ihren Kontinenten und Meeren wird beschrieben, und die Kräfte werden erklärt, die alles das bewegen.

Über den Beginn und dem danach folgenden Entwicklungsweg des Lebens auf diesem Planeten wird neu nachgedacht und die Katastrophen werden hier noch einmal alle nacherlebt, die dieses Leben in seiner Entwicklung so ungewöhnlich streng geformt haben.

Die IDEE gipfelt in der Darstellung eines mit Geist begabten und zur Intelligenz befähigten Wesens (Mensch), und sie beschreibt den Lebensweg seines sonderbaren Stammes durch den Wandel der Weltgeschichte.

Das Buch will Denkwege eröffnen um neue Antworten zu finden auf die ungelösten Fragen der Existenz. Es wird dafür den ganzen Weg der *Schöpfung* noch einmal abschreiten und den Zweifelnden seine Irrungen und Wirrungen zeigen damit er den möglichen Ausweg sieht und seinen Weg weitergehen kann, ganz ohne Not.

Endlich soll diese IDEE auch dabei helfen, den Menschen auf den Platz im *Dasein* zu führen, der ihm wirklich gebührt, und dem *Geist* eine Huldigung sein, der das *Dasein* trägt, indem er es erkennt.

Der Griff nach den Sternen ist der Anspruch, ist das Wagnis die Schöpfung im Gedankenmodell paradigmatisch neu zu vollziehen.

Man mag das für eine Überheblichkeit ansehen, mancher gar als Blasphemie, doch der dieses alles unternimmt, weiß wohl, was er zu tun sich anschickt.

Wenn es «Ihn» denn wirklich gäbe, den *Allmächtigen* und einzigen *Gott,* man müßte sich wohl bescheiden. Doch jenem *Gott,* den man inzwischen zu einem rein geistigen Prinzip reduziert hat, ist diese IDEE wohl zuzumuten, denn er ist wandelbar geworden und niemals mehr selbst betroffen.

Was nun die Ehrfurcht vor der Schöpfung in ihrer ganzen Größe anbetrifft, so muß der Standpunkt des Betrachters ja nicht über den Dingen angesiedelt gedacht werden, er mag ebensogut weit unter ihnen stehen bleiben und von dort her seinen Respekt bezeugen.

Immanuel Kant hat einmal gesagt: «Es steckt viel Vermessenheit darin, doch die Wahrheit, um die sich große Geister der menschlichen Erkenntnis vergeblich beworben haben, hat sich nun meinem Verstande zuerst mitgeteilt.

Ich wage es nicht, diese Gedanken zu rechtfertigen, ich wollte ihnen aber auch nicht gerne absagen. Ich stehe in der Einbildung, es sei zuweilen nicht unnütze, ein gewisses edles Vertrauen in seine eigenen Kräfte zu setzen.»

Im Sinne dieser Worte und ohne jede Scheu vor den kirchlichen Dogmen sowie den Wahrheitsansprüchen der Wissenschaften läßt der Verfasser seine eigenen Gedanken und Erkenntnisse das Thema des Buches bestimmen und man kann nicht davon ausgehen, daß bei dieser bis ans Äußerste gehenden Fragestellung überkommene Begriffsauffassungen immer unbeeinflußt bleiben. Genie besteht bekanntlich darin, daß einem etwas selbstverständlich Wahres zum erstenmal einfällt.

«Sapere aude!» – Wage es weise zu sein und habe den Mut, dich deines eigenen Verstandes zu bedienen, hat Kant dazu gesagt.

I. Buch | Morgenröte

Der Mensch, offenbar unfähig, selbst vernunftgerechte Lösungen für die Probleme seiner weltlichen Existenz zu finden, ist dabei, seinen Wirt mit geradezu pathologischer Unbekümmertheit auszubeuten, und schickt sich an – ohne wirklich zu begreifen –, die Grundlagen seiner eigenen Existenz zu zerstören. Trotz allem ist er nicht ohne Gesetz und Moral, er hat sogar auch ein Gewissen.

Aus der Natur hervorgegangen, doch offenbar ein Fremdling in dieser Welt, ist er noch immer auf der Suche nach seiner Identität im *Dasein*.

Drei Fragen stellt sich der im *Geist* erwachte Mensch: Die Frage nach dem Woher, dem Wohin und dem Wozu seiner Existenz.

Nachdem ihm seine Religionen nicht geben konnten, wonach er suchte, und die Wissenschaften ihm nicht sagen konnten, wer er wirklich ist, begab er sich in die Hände von Zukunftsdeutern, Gauklern und Sektierern.

Als er dann auch ihre Reden als pures Geschwafel erkennen mußte, wurde er Atheist und glaubte nun an gar nichts mehr.

Nachdem aber auch diese Nihilisten und Gottesverleugner die Schöpfung nicht erklären konnten und an die Stelle des Schöpfers nichts Gleichwertiges zu setzen wußten, blieb ihm nur noch die Verzweiflung und das Verzagen.

Der Mensch in seiner Not bedarf einer neuen IDEE vom *Dasein,* einer Exkursion zur Wahrheit hin, um seinen Platz darin zu finden und den wahren Zweck seiner Existenz zu erkennen.

Wie alles sich zum Ganzen webt,
Eins in dem andern wirkt und lebt!
Wie Himmelskräfte auf- und niedersteigen
Und sich die goldnen Eimer reichen!
Mit segenduftenden Schwingen
Vom Himmel durch die Erde dringen,
Harmonisch all das All durchklingen!
Welch Schauspiel! Aber ach! ein Schauspiel nur!
Wo faß ich dich, unendliche Natur?
Goethe - Faust I

Mensch und Universum

Wem es gegeben ist, sich selbst gedanklich außerhalb aller Existenz jenseits der Grenzen des Universums zu stellen, um es von dieser fernen Warte her zu betrachten, dem erscheint vielleicht das ganze Weltenall wie eine riesige Seifenblase, schillernd bunt im großen *Nichts* schwebend getragen, in dessen Inneres – Dunsttröpfchen gleich und nebelhaft im Raum verschwimmend – unermeßlich viele Himmelskörper, den Gesetzen dieses Universums unterworfen, zuhauf und in Galaxien versammelt, frei schwebend sich bewegen.

Diese einzig wahre Form und Art, die Wissenschaft über die Existenz zu betreiben, an der man ja selbst teilhat, erfordert die besondere Fähigkeit zur Bewußtseinsspaltung, die Fähigkeit nämlich: von draußen zu schauen, was man selbst drinnen tut.

Ist jemand dazu aber begabt und kann er sich selbst ein ganzes Universum gedanklich in den Raum stellen, um es rundum zu betrachten, dann werden zwar im großen ganzen wohl manche Details verschwimmen, doch aus der neuen großen Übersicht läßt manches Wesentliche sich erkennen, was aus der Sicht von innen her nie klar zu sehen war.

Im *Nichts* trägt sich der Welten *All*.

Dringt man dann weiter in die Tiefen dieses Universums ein und betrachtet man die Dinge darin im Detail, bemerkt man mit viel Glück, doch nicht ganz ohne Anhaltspunkt – es bedarf dazu schon einer äußerst starken Optik – jenen winzigen Planeten, irgendwo am Rande der Milchstraßengalaxie an dritter Stelle vor der Sonne angesiedelt, der so eigenartig bläulich leuchtet, ohne dabei schon aus sich selbst zu strahlen.
Die diesen Planeten auszeichnende und so selten schön erscheinen lassende Ausnahme besteht aus einer den festen Kern umhüllenden Atmosphäre. Diese Lufthülle mit ihren Wettern und Wolken läßt einen tieferen Einblick jedoch noch nicht so ohne weiteres zu.
Durchdringt man aber auch noch dieses Luftmeer und schaut auf dessen festen Grund, dann stellt man höchst erstaunt und überraschend fest, daß es dort unten krabbelnd lebt und wimmlig durcheinander webt.

Mannigfaltig in allen möglichen Arten und Formen ausgebildet, hat sich dort unten das *Leben* ausgebreitet, und es beherrscht bereits das ganze Feld. Durch ein kräftiges Magnetfeld und die besondere Zusammensetzung der Lufthülle vor den lebensfeindlichen Strahlen aus dem fernsten Weltenraum geschützt, ist die Erde für das *Leben* ein einmalig gastlicher Planet und wie kein anderer prädestiniert, es auch mit Sicherheit hervorzurufen, wenn dessen Zeit gekommen und alles dafür ausgerichtet ist.

Neben stabiler und festgefügter Masse in Form der Elemente gibt es auf diesem Planeten noch genügend freien Wasserstoff im Gasgemisch der Atmosphäre sowie auch Sauerstoff in seinen Mineralien und Gesteinen und am Grunde des Luftmeeres darum auch reichlich Wasser, denn auch die mittleren Temperaturen liegen dort unten genau in jenem schmalen Bereich, in dem Wasser flüssig bleibt. Nur wenig davon verdampfte und noch weniger gefror.

Sortiert man dann erst, was da lebt und webt, und teilt man es nach seinen Arten ein, dann wird man bald gewahr, daß eine Art dort unten dominiert und offensichtlich alles sich zum Untertan gezwungen hat.

Menschen sind es, die den Acker dort bestellen, intelligent und auch sonst noch vielseitig begabt. Weit mehr darstellend als nur Beteiligte am Bestiarium der Lebewesen insgesamt, sind sie dabei, den Grund des Luftmeeres auf den Kontinenten auf- und umzuwühlen, alles für ihre Zwecke umzuändern, aufzubauen, umzubauen oder Spinnennetzen gleich mit Bewegungsbahnen zu verweben, auf denen sie mit vielerlei technischen Hilfsmitteln ihre Beweglichkeit erhöhen und jeden Fleck ihrer Welt nun auch erreichen können.

Sie *kultivieren,* was ihnen unter ihre Pflugschar kommt, und sie *zivilisieren,* was immer sich auf ihren Wegen zeigt. Sie erfanden und verbreiteten unter sich die Technik der Verarbeitung von allen Stoffen ihrer Erde, Stein und Bein und Holz. Sie schmelzen die Metalle und machen sich die Materialien der Erde zunutze. Ihre Chemie schuf alle möglichen Verbindungen unter den Elementen, und alles könnte herrlich sein, gäbe es nicht das Problem des endlichen Verbleibs der Überschüsse und all der Reste ihrer Giftschwaden ausstoßenden Alchimie.

Der französische Philosoph Barthes nannte sie die «Mythen des Alltags» der Menschen, jene häßlich-schönen Produkte ihrer Technik, die Automobile und die Flugmobile, Schiffe und Maschinen. Für manche unter ihnen ist ein Rennwagen schöner als die Venus von Milo, eine Werkshalle womöglich attraktiver als die Sixtinische Kapelle.

Unter sich bildeten sie eine soziale Organisation mit Arbeitsteilung auf vertikaler und horizontaler Ebene aus, die sie als staatenbildenden Verband erscheinen läßt.

Womöglich sind sie Meister und beherrschen noch ihr Tun. Vielleicht sind sie aber auch nur Zauberlehrlinge, die mit den Geistern, die sie sich selbst im jugendlichen Leichtsinn erst gerufen haben, gar nicht fertig werden und nun verzweifelt auf den Meister warten, der diesem Spuk ein Ende bereitet.

Die Geschichte dieses so begabten *Menschen* ist bis heute geheimnisvoll geblieben. Sicher aber ist, daß sie um vieles älter ist als sein Erscheinen in den jetzigen Ausbreitungsgebieten auf den Kontinenten dieser Welt.

Michelangelo – ein Mensch.

Zu Zeiten, als sich die letzte Eiszeitperiode vom Nordpol der Erde der ausgebreitet hatte – vor etwa 60 000 Jahren nun – ist unverhofft geschehen, daß sich dieser neuzeitliche Mensch aus dem Eise, der «Homo sapiens diluvialis», plötzlich und ohne jede Vorankündigung auf den Festländern verbreitet hat.

Bemerkenswerterweise war dieser Typ bei seinem unerwartet plötzlichen Erscheinen bereits im Besitz einer ausgereiften Kultur. Mit Geist begabt und handwerklich schon sehr geschickt, dementsprechend bekleidet und mit Waffen und Gerät gerüstet, beherrschte er überdies auch schon eine feingegliederte Sprache, mit der er sich ausdrücken und mit seinesgleichen verständigen konnte.

Nie vorher hat es dort unten Artgenossen seines hoch ausgebildeten Typus gegeben, niemals Menschen, die auch nur annähernd so fortschrittlich waren wie er. Was sich an Herrentieren oder Prähominiden dort vorher herumgetrieben hatte, war noch äußerst ungeschlacht und kaum schon von Kultur beleckt. Vettern allenfalls, doch niemals seine Ahnen.

Selbst mit seiner neuen Welt und seinem offenbar ungewollten Dortsein voll beschäftigt, fand er zunächst wohl nicht die Zeit, seine wahre Herkunft den Nachkommen zu verkünden oder zu beschreiben. Was man darüber hört und weiß, klingt märchenhaft, als wäre es die Geschichte einer gänzlich anderen Welt.

Hört man ihre Sagen, dann kamen sie aus einem fernen Reich jenseits der Ströme des Urmeeres, das ihre Vorgeschichte war und sie die ganze Zeit vorher geborgen hielt. Sie selber wurden offenbar von dort vertrieben, und nur die *Götter* ließen sie zurück.

Heute nun suchen die Weisen und Gelehrten unter ihnen nach den Wurzeln ihres Stammes. Sind sie von diesen fernen *Göttern* oder hat gar der *Allmächtige* selbst sie nach hierher verpflanzt?

Nachdem der große englische Naturforscher Charles Darwin sein Hauptwerk, «On the Origins of Species», der teils erstaunten, überwiegend aber wohl empörten Welt vorgelegt und gut begründet hat, zweifelt heute kaum noch einer daran, daß auch der Mensch nur ein Produkt der allgemeinen Entwicklung in der Natur der Erde sein kann. Man nimmt sogar inzwischen auch als sicher an, daß er, wie alle anderen Arten der belebten Welt, sich aus primitiven Anfängen hat entwickeln müssen, um dorthin zu gelangen, wo er heute steht.

Belegt wird diese Abstammung aus dem Gesamtkonzept der irdischen Natur überdies an Hand von (zytogenetischen und serologischen) Vergleichen mit seinen Verwandten im Tierreich, die sich mit den Erbeigenschaften seiner Zellen und seines Blutes befassen.
Der Mensch besitzt darum auch eine innige Bindung an diese Natur, der er entstammt und noch immer tief verwurzelt ist. Und diese Bindung zu seiner «Magna Mater» ist ihm ein Bedürfnis, unter dem er leidet, wenn es ihm daran gebricht.
Diesem elementaren Bedürfnis kann sich selbst der inmitten des nervösen Hastens seiner selbstgeschaffenen Zivilisation wirkende «Homo faber» nicht entziehen.
Einfache Gemüter, deren Wesen sich noch das Gepräge einer gewissen Ursprünglichkeit bewahrte, zeigen ihre Naturverbundenheit in Liebe zu ihr und in Harmonie mit ihrer Welt.
Gläubige versenken sich noch heute gern in das Anstaunen ihrer Wunder, die sie der schöpferischen Kraft übernatürlicher Mächte zuschreiben und ihnen entsprechende Ursachen zugrunde legen. Höher veranlagte Geister aber wenden sich voller Neubegier an die Natur und finden große Befriedigung im Erkennen ihrer Geheimnisse, deren Spuren sich allerorten und überall, in den kleinsten und unscheinbarsten wie auch in den größten und gewaltigsten Naturerscheinungen der Welt dem forschenden Blick offenbaren.
Nichts ist für die Geistbegabten unter ihnen faszinierender als die Entdeckung der Geheimnisse der Natur, nichts erscheint ihnen abenteuerlicher als die Erforschung der Welten-Urgründe selbst. Nicht im Wissen liegt dabei das große Glück, sondern im Erwerb desselben offenbart es sich.
Je geheimnisvoller die Fragestellung, je ferner dafür der Ansatzpunkt, desto gebannter befaßt sich des Menschen alles zergliedernder *Geist* damit.
Es scheint wie ein Zwang – selbst wider den Willen –, der ihn ein jedes Ding auf Erden umdrehen läßt, das ihn in den Weg gerät. Gerade so, als spiegle sich darin sein *Dasein* und reflektiere sich darin die ganze Wahrheit der Natur.
Bedauerlich, daß diese intensive Hinwendung der Natur zugleich auch ihre Unberührtheit nimmt. Je mehr die Forscher sich um sie bemühen, um so mehr zerstören und zertreten sie davon.
Betrachtet man es danach ganz genau, dann ist der Mensch, obgleich

ein Wesen der Natur, zugleich wohl auch ein Wesen wider die Natur der Welt.

Glaubt man nur ihren Priestern und ihren heiligen Schriften, dann wurde dieser «Wunderknabe» *Mensch* vor nunmehr etwa 6000 Jahren erst von seinem allmächtigen Herrn und *Gott* erschaffen und zu einem ganz besonderen Zweck extra fix und fertig in die Welt gesetzt. Ihre Wissenschaftler wissen aber mittlerweile schon, daß er sich hat entwickeln müssen, und suchen eifrig nach der Stätte seiner ersten Ahnen. Woher er wirklich einst gekommen ist, weiß niemand unter ihnen selbst zu sagen. Vielleicht von fernen Ufern, wie die Wunderschöne, die der Flieger und Schriftsteller Antoine de Saint-Exupéry so eindrucksvoll und schön beschrieben hat:

«Auch ich erwarte die Ankunft einer Braut, die man mir am Faden einer Karavane zugeführt hat. Jene Karavane aber war von so fernen Grenzen aufgebrochen, daß sie selbst darüber gealtert war. Hast du je eine alternde Karavane gesehen? Die Ankömmlinge hatten ihr eigenes Vaterland selbst nie gesehen, denn im Laufe ihrer langen Reise waren alle schon gestorben, die noch aus eigener Erfahrung davon erzählen konnten. Und alle waren nacheinander am Wegesrand begraben worden. Die anderen, die zu uns kamen, brachten nur noch die Erinnerung als ihr Erbe davon mit.

Und die Lieder, die sie einmal von ihren Vätern gelernt hatten, waren die Legenden der Legende. Hast du je ein solches Wunder erlebt, wie die Ankunft eines Schiffes, das man auf dem Meere selbst gebaut und aufgetakelt hat?

Und das junge Mädchen, das man aus einem Schrein von Gold und Silber hob, das konnte sprechen und das Wort «Brunnen» sagen. Denn es wußte noch, daß davon in fernen Tagen des Glückes einst

22 Karawane von irgendwo nach nirgendwo.

die Rede war. Und es sprach dieses Wort wie ein Gebet, auf das es eine Antwort nie mehr geben kann, denn, so läßt dich dein Gedächtnis auch zu deinem Gott beten.»

Die Welt ein Tor zu tausend Wüsten, stumm und kalt.
Wer das verlor, was du verlorst, macht nirgends Halt.
Nietzsche – Ecce Homo

Sehet, welche Menschen!

Die Menschen auf Erden, jene Spezies, die da so hasten und umtriebig tun, sind Ankömmlinge gleichermaßen; Vertriebene vielleicht, Verirrte jedenfalls.
Ihre Karawane verirrte sich in diese Fremde, als sie in Momenten des Zweifels ihre alten Führer in die Wüste schickten und sich in die Hände räuberischer Verführer begaben, die ihnen zwar den Himmel versprochen hatten, die Hölle dann aber wiesen. Jetzt kennen auch sie ihren Weg nicht mehr, und keiner ist unter ihnen, der Herkunft und Ziel noch weiß. Der Faden wurde hinter ihnen abgeschnitten, der sie an ihre eigene Herkunft band.
Wer dessen Enden wiederfindet, mag sein, der kann sie retten.
«Wir richten uns umsonst zugrunde, der Mensch ist eine nutzlose Eigenschaft», hat der französische Philosoph Jean-Paul Sartre einmal gesagt, und er hat damit vermutlich unbewußt vorhandenes Hoffen auf den Untergang des ganzen Menschengeschlechts ausgedrückt. Vielleicht hat er ja das Gewissen des Kollektivs dabei ahnend schon empfunden.
Wer könnte sich auch ohne Gewissensbisse ernsthaft einen Fortgang der seit Jahrtausenden sich jagenden Menschheitsgeschichte des Mordens und Brandschatzens, Hauens und Stechens wünschen oder auch nur vorstellen, welche die Menschheit mit dem Fortschritt ihrer Zivilisation und Technik sich selbst gewählt und der Welt bereitet hat? Eine egomanisch erregte, durch Verirrung und Verwirrung beunruhigte Menschheit zerstört die Harmonie und die Stille der Natur und unaufhaltsam scheint ihr Weg zum «Harmageddon», dem letz-

ten Massaker einer globalen atomaren Apokalypse, die dieser Welt und der Natur am Ende wieder ihre Ruhe gäbe.

Die menschliche Zivilisation treibt sichtlich in den moralischen Bankrott. Allgemeine Entfremdung, gepaart mit zügellosem Egoismus, der Verlust aller Würde, kultureller Niedergang bei schwindender Glaubensfähigkeit sind dafür das Zeugnis. Der Mensch ist intensiv dabei, seine eigene Bedeutung zu steigern. Er sollte aber lieber seinen *Geist* schärfen und damit die Bedeutung der Wirklichkeiten dieses Universums erkennen.

Seit die Menschen Waffen dazu benutzen, brauchten sie ihre Feinde und ihre Beute nicht mehr mit körpereigenen Mitteln zu erschlagen. Das führte zur Skrupellosigkeit und Mitleidlosigkeit des darin zum Ausdruck kommenden Grades seiner Intelligenz und enthob ihn allen Gefühls.

Dabei hat die gewaltige atomare Rüstungstechnologie heute noch eine gewisse Harmlosigkeit gegenüber dem, was bald schon als technisch realisierbare Vernichtungsmittel auf biologischer und chemischer Basis möglich sein wird, die dazu noch den «Vorteil» des unerkannten Eindringens haben. «Was mich erschreckt, ist nicht die Zerstörungskraft der Bombe, sondern die Explosivkraft des menschlichen Herzens zum Bösen», hat Albert Einstein dazu gesagt.

Kein Zweifel, die Wissenschaften haben den Menschen in eine prometheische Situation versetzt, mit ihnen wird er nun selbst zum Gestalter der Dinge.

Dieser ach so vernunftbegabte Mensch auf Erden kann sich auf seine Sonderstellung in der Weltgeschichte kaum noch etwas einbilden. Zu sehr haben sich die Beziehungen zwischen dem wahren Maß der Dinge und seinem Selbstbegriff verzerrt.

«Unsere Hände sind so stark und brutal geworden und die Erde dagegen so leicht, daß wir sie zerstören können», sagte die Pastorin Annemarie Schönherr, «und es ist nicht gutgegangen mit Gottes Wagnis, uns Menschen die Erde anzuvertrauen.»

Es gibt kein weiteres Lebewesen in der ganzen Natur – außer einigen Schmarotzern am ohnehin dem Verderb Ausgesetzten –, das sich derart unvernünftig gebärdet wie ausgerechnet dieser geistbegabte *Mensch*.

In unübersehbarer Vielzahl greift er zerstörend in die Natur seines Wirtes ein, und keiner ist da, der ihn aufzuhalten vermag. Erstmals

Verwüstungen am Wegrand der Karawane.

ist es dem Menschen nun gar gelungen, mit der Entwicklung und Erlernung genchirurgischer Methoden das naturgeschichtliche Erbe in einzelnen lebenden Zellen zu manipulieren und ganze Lebensprogramme umzuschreiben.

Wenn er sich nur endlich bescheiden würde und seine Maßlosigkeit verlöre.

Eine einzige Milliarde seiner Art gab es anno 1800 auf der Erde. 1930 waren es ihrer zwei und 1960 drei Milliarden dieser «Unart». Nur fünfzehn Jahre später gab es bereits vier Milliarden Menschen, und im Jahre 2000 dürften es weit mehr als sechs Milliarden sein. Wer nur findet eine Möglichkeit, diese Motorik ungebremster Fruchtbarkeit anzuhalten?

Max Born kam gegen Ende seines Lebens zu dem Schluß, daß «der Versuch der Natur, ein denkendes Wesen hervorzubringen, wohl gescheitert sein muß». Er meinte, daß zwar der einzelne Mensch zu einer gewissen Vernunft befähigt sei, das Gattungswesen Mensch aber als Großorganisation im Kollektiv, Parlament oder Regierung sei unfähig, vernunftgemäß und weltgerecht zu handeln.

Die Schöpfung, wäre sie denn von *Gott,* wären die Menschen darin dann nicht sein allergrößter Irrtum?

Das *Gute* sagt man, sei des Menschen wahrer Daseinszweck, von *Gott* ihm gegeben und von dessen Sohn zum Exemplarischen erhoben.

Das *Gute,* ach du lieber *Gott,* hat denn keiner bedacht, daß *etwas* immer nur in dem Maße das ist, was es darstellt, wie es sich davon unterscheidet, was es nicht ist? Plato selbst hat uns doch bereits vorgedacht, daß der, der behauptet, das *Gute* geschaffen zu haben, damit zwingend postuliert, daß es dann auch das *Böse* geben muß, damit das Gute sich davon unterscheide.

Wenn ihr *Gott* nach Meinung eben dieser Menschen das Gute – ja das «absolut Gutes» wie sie vermessen behaupten – geschaffen hat, dann muß er doch auch das «absolut Böse» gewollt oder mindestens doch in Kauf genommen haben.

Welch ungöttlicher Widersinn, für den einen das Erbärmliche erst zu schaffen, damit der andere sich an seiner Barmherzigkeit ergötze und sich darum erhaben dünkt. Wer sagt denn, daß der allwissende und allmächtige Schöpfer es nur billigend hingenommen hat? Wenn man die Welt der von ihm geschaffenen Menschen so betrachtet, hat er – gäbe es ihn denn – vielleicht das Böse sogar gewollt?

Teil der allgemeinen Natur zum einen, zügelloser Kollektivist zum anderen, ist der empfindsame Egomane *Mensch* in seinem ganzen Wesen bivalent und gegensinnig in seinem Tun.

Nahm Sigmund Freud als sicher an, daß die Entwicklung des Menschen im Grunde keiner anderen Erklärung bedürfe als die der Tiere

auch, so stellten die Strukturalisten dem entgegen, daß der Mensch wesentlich von den Tieren abweicht, weil er mit seinem überragenden Geist und seiner gegliederten Sprache eine human-spezifische Kategorie erwarb, die ihn in einen krassen Gegensatz zu einer tierischen Herkunft stellen.
Haben am Ende gar beide recht?
Will man die offensichtliche Mehrdeutigkeit dieser phänomenalen Realität *Mensch* wissenschaftlich aufschließen, begegnet man zunächst einmal unweigerlich seiner körperlichen Einheit mit anderen Lebensstämmen in der Natur. Zwar bemerkt man sofort auch seine Fremdheit und gewahrt einige Ausnahmen an ihm, die ihn als Außenseiter in den Regionen seiner derzeitigen Verbreitung erscheinen lassen. Man kommt auch nicht umhin, verwundert und bewundernd zu bemerken, daß er allein befähigt und in der Lage dazu ist, das *Dasein* und auch sein eigenes *Ich* verstandesmäßig abstrahierend zu erfassen.
Dennoch: Er ist nur ein Säuger, da gibt es keinen Zweifel.
Wenn der Mensch sich in seinem Gehabe so sehr von den anderen Lebewesen unterscheidet, dann ist wohl die Annahme berechtigt, daß er nicht dort geprägt wurde, wo er jetzt so entsetzlich haust, sondern in einer Region der jetzigen wohl ähnlich, aber an einem anderen Ort mit anderen Lebensbedingungen und ganz anderen Forderungen an die Existenz.
Der Mensch ist erstaunlicherweise zugleich auch ein Wesen, das von seiner zweifellos vorhandenen Fähigkeit zur Größe – sei diese nun in Macht, Hoffnung, Glück oder Güte ausgedrückt – immer auch wieder selbst überrascht zu werden scheint. Unfähig, diesen Größenwahn aus sich selbst herauszulesen, deutet er ihn als die Gewährung einer über ihn stehenden höchsten Macht, die er, um sich selbst zu überbieten, mit *Allmacht* ausgestattet glaubt. Ihr hat er all seine Vorzüge abgetreten, nur um sich im Grunde selber anzubeten, denn weiter will er doch wohl nichts.
Es ist erstaunlich! In seiner mächtigsten und prachtvollsten Gestaltung sah sich der Mensch immer nur in seinen Göttern. Die Lebenden erreichten niemals deren herrliche Statur.
Eine Zeitlang schien es, als gelänge dem Menschen die Kontrolle über seine Eigenschaften; da war das Volk der Chinesen, sie hatten mit ihrer Geisteskraft und Intelligenz schon das Pulver erfunden und –

welch ein Wunder – es nur für ihre Feuerwerke verwandt. Ihnen hat das Wissen darüber nicht geschadet, das Pulver mußte erst wieder von außen als Schießwerkzeug zu ihnen gelangen.

Des Menschen Widerspruch zu dieser Welt beweist auch seine Abkopplung von allen Traditionen und Wertorientierungen. Es fehlt ihm die wahre Religion der ehrlichen Hinwendung zum Verehrungswürdigen, was das auch immer sei. Denn, auch wenn man die Verbindung zum Altvertrauten nicht als einen errechenbaren Wert einsetzen kann, ist sie dennoch die Voraussetzung der Freiheit des Geistes, mit dem der Mensch sein Erdendasein ohne Not bestehen könnte.

Endlich, und das scheint das einzige der Wunder zu sein, unterscheidet sich der Mensch von allen anderen Lebewesen durch die ihm ge-

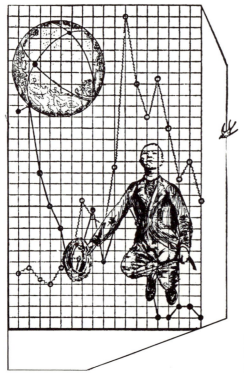

Max Ernst: Der Wille im Koordinatenkreuz der Physik.

Der Weltenbaumeister.

gebene Fähigkeit, sich selbst und das ganze Universum in seinem Geist zu reflektieren.

Wir wissen, dergleichen ist nicht ohne Grund, doch die Ursache dafür muß noch enträtselt werden.

Kann es denn sein, daß dieser Mensch für sich und ganz allein eine Entwicklung erfuhr, die ihn sich von allen anderen Lebewesen derart unterscheiden ließ? Kann es sein, daß er zwar mit ihnen körperlich entstanden ist und danach erst ein Schicksal überstand, welches ihn lehrte, verschieden zu sein und anders als sie zu tun und zu lassen? Ist er doch vielleicht normal und nur an einem falschen Platz gelandet? Das Normale kann ja in einer fremden Umgebung durchaus pathologisch werden.

Kann es endlich so sein, daß dem Menschen dort unten auf Erden der wunderbare *Geist* gegeben worden ist, als er, um seine Existenz nur zu bewahren und sein Leben zu ertragen, ständig darum hat bangen müssen und es nur den Klügsten unter seiner Art gerade noch gelang, was dazu nötig war?

War außerordentlich, was ihm als Schicksal widerfuhr?

Man muß wohl noch einmal von vorn anfangen, will man begreifen, was wirklich dort in seiner ersten Welt geschehen ist.
Wer immer sich anschickt, die Vieldeutigkeit in der Natur des Erdenmenschen zu erklären, der kommt sich nicht darum herum, ihn erst einmal wieder ganz in diese Natur einzufügen, um ihn daraus dadurch wieder hervorzuheben, indem er den Weg nachzeichnet, den ihm diese Natur aufzwang und ihn gehen ließ.

Und eines Morgens stand er mit der
Morgenröte auf,
trat vor die Sonne hin und sprach zu
ihr also:
Du großes Gestirn! was wäre dein Glück,
wenn du nicht hättest,
welchen du leuchtest?
Nietzsche - Also sprach Zarathustra

Es ist kein Gott und keine Welt ohne den Menschen

Betrachtet man die Zugehörigkeit des Menschen zu den Lebewesen insgesamt, dann hat er kaum einen Anspruch auf eingehendere Betrachtung als alle anderen auch. Man könnte sich sogar mit Sartre darin finden, daß das Mensch-Sein wohl doch eine nutzlose Eigenschaft ist, wenn dabei nicht unberücksichtigt bliebe, daß eben dieser Mensch mit der außerordentlich hohen Ausbildung seines Denkvermögens, das ihn zur systematischen Unterscheidung und Abstraktion (Apperzeption) der Dinge fähig macht, dazu berufen scheint, das *Dasein* insgesamt überhaupt erst zu erkennen und zu begreifen.
Seine hervorragende Fähigkeit zur problemauflösenden Erkenntnis (Einsicht), die ihn Irrtümer aufgeben und an seinen Erfolgen lernen läßt (Vernunft), läßt es denn auch trotz alledem nicht angebracht erscheinen, die Akte über ihn schon zu schließen. Denn *Geist* und *Dasein* bilden ein System der gegenseitigen Abhängigkeit und setzen einander voraus.

Die Möglichkeit, daß sich im Menschen jener *Geist* (philosophisch = nus) manifestiert hat, der auch das ganze Universum beherrscht und ordnend seinen Wandel lenkt, muß von den Menschen noch erst erkannt und zur Berufung erhoben werden, dem Universum damit auch zu dienen.
Wer immer nur sich selbst beschaut, ist arm am Geiste, denn seine Dimensionen sind viel kleiner noch als seine eigene armselige Existenz. Wer hingegen Welten mit seinem Geist sich zu erschließen lernte, dessen Dimensionen erweitern sich zu Unendlichkeiten.
Plato sprach von der IDEE, die das *Dasein* erst begründet hat und die Welten darin wirklich werden läßt. Der Begriff der Schöpfung war ihm nur denkbar unter den Bedingungen des Denkens selbst. Die Existenz als Realität und deren Erkenntnis durch die Intelligenz des Menschengeistes hat er im Dialog «Timäus» zum Gegenstand seiner philosophischen Analyse erhoben. Er führt dazu einen «Welten-Entwurf» als reine Schöpfung eines *Demiurg* (Welten-Baumeister) bis ins kleinste Detail gedanklich aus und erhebt diesen zur IDEE aller Existenz überhaupt.

Plato sah darin die höchste Wissenschaft (Megiston Mathema), um derentwillen das Denken selbst erst einen Sinn und seinen Zweck erfährt.
«Die Anstrengung, das Universum zu verstehen, ist eine der ganz wenigen Sachen, die das menschliche Leben ein wenig über die Ebene der Posse heben und ihm etwas von der Gnade der Tragödie geben», hat der amerikanische Wissenschaftsautor Steven Weinberg geschrieben.
Nicht das Lebewesen Mensch ist demnach von Bedeutung, das Geisteswesen Mensch ist es vielmehr. Es ist nur der Natur gemäß, daß der frühe Mensch seinen werdenden Geist zuerst als Attribut der Selbstbehauptung begriff und entsprechend auch nur als Mittel für seine persönliche Wohlfahrt nutzte. Konnte er damit doch den Widrigkeiten seiner Umwelt besser trotzen als mit seiner verhältnismäßig nur geringen Kraft.
Solange er aber den Sinn seines Erdendaseins in sich allein und nur zu dem Zweck der Befriedigung seiner rein emotionalen und animalischen Bedürfnisse erkennt, zeigt sich ihm nur dessen Sinnlosigkeit auf.

Sucht er damit die universellen Inhalte aber erst, die nur sein Geist ihm zu erschließen in der Lage ist, und erkennt er darin seine wahre Berufung, dann eröffnen sich ihm Tore und neue Wege zur Selbsterkenntnis und zu einem völlig neuen Weltbegriff.

Es ist an der Zeit für ihn nun zu bemerken, daß sein Geist nicht ihm allein gehört, sondern daß selbiger dem großen Universum dient und ihm nur dafür verliehen ward, daß dieses sich darin dann spiegelt und seine ganze *Wirklichkeit* dadurch erfährt.

Anstatt über die Unsterblichkeit und sein Weiterleben nach dem Tode nachzusinnen, sollte der Mensch begreifen lernen, daß er – vielleicht nur er allein – dazu befähigt ist, ein Leben lang die *Ewigkeit* zu sehen.

Das ganze Unbehagen dieser Zeiten ist der Ausdruck unerfüllter Sehnsucht nach dem Sinn der Existenz und des Verlangens nach den Antworten auf die Frage nach dem Zweck dafür.

Die Entwicklung menschlichen Denkens befindet sich offensichtlich wieder einmal in einer Phase der Unordnung. Diese Umbruchphase ist im wesentlichen dadurch gekennzeichnet, daß dem Menschen seine ererbte Naturverhaftung als *Erblast* eben erst bewußt geworden ist, während sie gerade von einer Wissenschaftlichkeit überlagert wird, die er noch nicht versteht und nicht mit sich und seinem Weltbegriff in Einklang bringen kann.

Die Geschichte der Menschheit und ihrer Geistesentwicklung zeigt uns aber auch, daß immer im Laufe der Zeiten ganz neue, die Probleme auflösenden IDEEN auftauchten, die dann das allgemeine Wissensniveau auf die Ebene eines höheren Begreifens heben konnten.

Es spielt gar keine Rolle, wer das bewirkt, das Individuum ist dabei der Zufall. Nach Hegel erscheint das bestimmende und bedeutende Individuum, wenn die Zeit es braucht. Wäre es nicht dieses, dann eben ein anderes. Der Grund dafür ist der, daß zu Zeiten immer einmal wieder der Gesamtbestand des Wissens über die Dinge nicht mehr mit dem allgemeinen Stand des Wissens übereinstimmt und vom Drang der Gegenwart zur Korrektur gezwungen wird.

– Sokrates erschien zur rechten Zeit, um die Naturphilosophen auf den Weg der Wissenschaften zu verweisen.

– Plato, sein gelehriger Schüler, hat die IDEE zum Urbild der Wirklichkeiten erhoben.

- Aristoteles brachte der Geisteswelt die Gesetze der Logik nahe.
- Kopernikus schaffte den Wandel des Weltenbegriffes, der dem Menschen die Neuzeit eröffnete.
- Darwin, den man den Kopernikus der belebten Welt geheißen hat, holte die Menschen von ihrem Höhenflug der Selbstüberschätzung auf die Erde zurück.
- Newton, der ihnen die Gesetze der Bewegung lehrte, erschien, als für ihn die Zeit gekommen war.
- Einstein schließlich, und damit sind die wenigsten der Großen nur genannt, gab den Menschen die Relativität des *Daseins* zu bedenken und stellte die Aufgaben forschenden Geistes seiner Zeit heraus.

So verschieden sie auch zueinander waren, wie unterschiedlich auch ihr Sein und Wirken, in einem glichen sie einander: Sie waren die großen Geister ihrer Zeit und gaben den vielen die wegweisenden IDEEN für den Begriff der Dinge. Nichts, auch nicht alle Armeen dieser Welt, kann eine IDEE aufhalten, deren Zeit gekommen ist, hat Victor Hugo irgendwann einmal gesagt.

Zwar sprechen astronomische Prinzipien für eine theoretische Wahrscheinlichkeit der Existenz weiterer Intelligenzen im ganzen Weltall, die Möglichkeiten dafür sind aber sehr begrenzt, und die Suche der Menschen nach intelligenten Nachbarn im All waren denn auch bisher vergeblich.

Vergleicht man einmal den Planeten Erde unter den Gesichtspunkten seiner Eignung für die Existenz des Lebens mit den dagegen unwirtlichen Planeten desselben Sonnensystems, dann wird bereits deutlich, daß die Menschen wohl den geeignetsten aller Lebensträger für sich fanden.

Zur Entstehung und Entwicklung intelligenten Lebens ist nämlich genau besehen gerade so ein Planet wie die Erde nötig. Er muß die gleiche Größe etwa haben und einen seiner Sonne gleichenden zentralen Einzelstern vom Spektraltyp «G» im Abstand einer «Astronomischen Einheit» (Entfernung Erde-Sonne) umkreisen.

Der Planet sollte überdies einen gezeitenerzeugenden Mond als ständigen Begleiter sich gefangen haben und ein schützendes Magnetfeld besitzen. Ebenso wie die Erde, von einer Atmosphäre umhüllt sein, die das Leben werden läßt und es beschirmt. Er muß darüber hinaus eine mittlere Achsenneigung aufweisen, die eine für die Wasserkon-

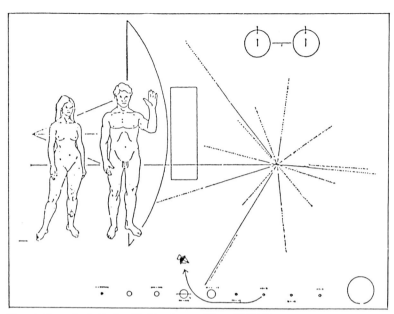

Signal für außerirdische Zivilisationen (Foto NASA).

densation passende Temperatur erbringt und die Existenz von Kohlenstoffverbindungen möglich sein läßt, damit sich unter ihnen das Leben bilden und entwickeln kann.

Ausgehend von der «Drackeschen-Gleichung», nach welcher sich die Anzahl der möglich vorhandenen außerirdischen Intelligenzen als rein mathematisches Produkt nur bei nahe Null errechnen läßt, ist zu folgern, daß zwar der Mensch im Weltall ganz alleine ist, nicht aber, daß auch er nicht existiert.

Die beiläufige Tatsache nämlich, daß die Erde nicht den Mittelpunkt des Universums bildet, schließt ihre Sonderstellung darin nicht aus. Unter den gegebenen Umständen muß man folgern, daß die Bedingungen für die Herausbildung intelligenten Lebens auf dem Planeten Erde im großen Universum einzigartig und vom Anfang an gegeben waren. Man muß auch davon ausgehen, daß alle Entwicklungen dahin genauso angelegt waren, daß ein Planet wie die Erde mit allem, was auf ihr lebt und webt, nicht nur entstehen konnte, vielmehr auch unbedingt entstehen mußte.

Andersherum bedacht muß man folgern, daß dann auch die Bedingungen des Anfangs nicht genauso existent gewesen sein können, wenn nicht deren Produkt: intelligentes Leben auf dem Planeten Erde, davon das einzig mögliche Resultat bilden würde.
Seit der Zeit der Eleaten gilt zwar unter den Denkern der Menschheit auch die Vorstellung, daß die Gesetze der Physik völlig unabhängig davon existieren, ob Menschengeist sie nun erkennt oder nicht. Inzwischen weiß man aber von einem derart großen Anteil des Unsichtbaren und völlig Masselosen darin – dem gar nicht wirklich Existenten also – daß diese Vorstellung der Eleaten nicht unbedingt und überall mehr gilt.
Die Frage lautet vielmehr jetzt, ob das *Dasein* je vollzogen worden wäre, hätte das erkennende Subjekt in Gestalt des Menschengeistes es nicht selbst erst zur Wirklichkeit erhoben, indem es darin existiert.
Denn, das ist doch hier die Frage: Kann das Licht ohne das Auge leuchten und die Saite ohne das Ohr denn überhaupt erklingen?
Dieser dem Denken bisher gänzlich ungewohnte Schluß ist im «Anthropischen Prinzip» verankert und besagt nichts weniger, als daß es der Erkenntnis von der Existenz des Universums erst noch für seine Wirklichkeit bedarf und es dieses Universum auch nur geben kann, wenn ihm ein erkennendes Subjekt gegenübersteht. Dabei ist die Leistung des Subjektes nur die Tatsache seiner Existenz. Der Mensch ist demnach also zugleich die Entwicklungs- und Überlebensmaschine des *Geistes*. Menschengeist verleiht dem *Dasein* aber auch erst die Inhalte, welche seine Existenz bedingen, indem er es zu transzendieren und zu reflektieren in der Lage ist. Für unser subjektives *Daseins-Bewußtsein,* welches ja zugleich auch ein Bewußtsein im *Dasein* ist, wird dadurch die Eigenschaft aller *Existenz* erst begründet.
Ein Zirkelschluß fürwahr, den Plato schon erkannt zu haben scheint, als er die IDEE vom *Dasein* mit dem *Nichtsein* für grundsätzlich identisch erklärte.
«Cogito ergo sum» = ich denke, also bin ich, ist der Fundamentalsatz in Descartes' Seinsphilosophie, mit der er die bewußt gemachte Wirklichkeit ausdrückt.
Damit setzt sich die sich selbst bewußte Existenz voraus und mit der Existenz des Universums in Bezug.
In strengster Auslegung beinhaltet diese Begriffsauffassung auch das Postulat, daß keine andere Intelligenz im gesamten *Dasein* möglich

ist. Ist im *Geist* das *Dasein* gegenwärtig, läßt es sich damit auch nur erklären.

Ist aber der *Menschengeist* nichts als des *Daseins* Spiel und Spiegel, dann gilt es achtzugeben; denn Spiegel sind zerbrechlich!

Entkommt jener umtriebige *Mensch* seiner eigenen Vergangenheit nicht gerade eben noch – mag sein, er geht an ihr zugrunde, bevor er endlich weise wird –, dann wird das *Dasein* wieder unerkannt entschwinden, als wäre seine Existenz nie Wirklichkeit gewesen.

Ohne *Geist* ist also keine *Existenz* und darum das *Dasein* auch nicht gegenwärtig. Wer so schließt, so will es uns scheinen, der stellt die Dinge auf den Kopf.

Ist doch der Mensch nur ein Teil davon und nicht das *Dasein* selbst. Und doch hat sich nicht nur die Vorstellung, daß die Existenz intelligenten Lebens auf der Erde Rückschlüsse auf die Bedingungen des Beginns vom *Dasein* ermöglicht, als wichtiger Pfeiler der Kosmologie erwiesen, es hat sich außerdem gezeigt, daß jede auch nur denkbare Existenz des sie erkennenden Subjektes bedarf, um ihre Wirklichkeit überhaupt erst zu erlangen.

Mit einem solchen, als «Mensch-Geist-Prinzip» beschreibbaren Grundsatz wird eine Form des kosmologischen Denkens möglich, die sich in vielerlei Hinsicht von der herkömmlichen rein deduktiven Denkweise unterscheidet.

Gewöhnlich legen Naturwissenschaftler, wollen sie ein physikalisches System beschreiben, die Anfangsbedingungen dadurch fest, daß sie an den Ausdruck dieses Systems die ihnen bekannten Naturgesetze legen und anhand einer Theorie dann Aussagen, wie sich dieser Ausdruck oder Zustand im Wandel der Zeiten dorthin entwickelt hat.

In einer nach dem «Mensch-Geist-Prinzip» angelegten Anthro-Kosmologie ist das anders, sie setzt a priori und als Bedingung voraus, daß die Gesetze der Existenz, die ja nur von denen des Anfanges bestimmt werden konnten, diesen Anfang und den gesamten Wandel in seiner Folge bereits beinhalten.

Wie immer die Gesetze des Anfanges beschaffen oder angelegt waren, sie brachten auf der Erde im Universum eine Entwicklung hervor, die präzise beim Menschen und seiner Geistbegabung ihren vorläufigen Zielpunkt fand, also waren sie auch dementsprechend finalistisch angelegt.

Weil das nur so und nicht anders sein konnte, muß sich das *Dasein* und seine Bedingungen auch aus dem Mensch-Geist heraus nachvollziehen und gedanklich verwirklichen lassen.

Die Existenz des Universums ist, um es noch einmal zu wiederholen, für den Beobachter ebenso wichtig und unabdingbar, wie die Existenz des Beobachters für die des Universums unabdingbar ist.

Der Mensch ist unbezweifelbar ein Teil davon, er ist aus Materialien zusammengesetzt, deren kosmische Herkunft ebenso unzweifelhaft ist. 75% seiner Substanz ist Wasser, zusammengesetzt aus Wasserstoff und Sauerstoff, Elemente, deren Erstgenanntes bereits vor Milliarden von Jahren im Universum entstanden ist. Sauerstoff, Stickstoff, Eisen, Ammoniak etc. sind die schweren Elemente seiner Substanz, die einst im Zusammenprall der Protoplaneten entstanden. Die Evolution der Materie begann schon am Anfang aller Existenz im *Dasein* selbst.

Dabei ist nur jeweils das erst existent, was vom Beobachter als wahrnehmbar erkannt worden ist. Genauso, wie etwas nicht schon existent sein kann, was noch nicht geschehen ist, und alles nicht mehr existent ist, was bereits geschah, so ist auch nicht existent, was unerkannt im in sich selbst dimensionslosen *Augenblick* möglicherweise latent bereits vorhanden ist.

Wir können die Existenz, die sich im *Dasein* ausdrückt, danach auch als eine «Betrachter-Illusion» bezeichnen, weil sie endlich eine nur durch seine Begabung erfaßte und umgesetzte Version der Wirklichkeit ist.

Dennoch, es ist der größten Mühe wert herauszufinden und hervorzuheben, was niemals in der Weltenwirklichkeit schon existiert hat.

Es gibt offenbar eine universelle Intelligenz (griechisch mit Nus bezeichnet), die das ganze *Dasein* an seine eigenen Gesetzmäßigkeiten halten läßt. Diese Gesetzmäßigkeiten der Existenz - die Physik als solche - haben sich darin als geeignet erwiesen und bewährt. - Nus - ist im Aristotelischen Begriff das den Kosmos ordnende Prinzip und zugleich die Einsicht in die begründeten Anfänge alles deduktiv aufgebauten Wissens.

Zwar weiß noch niemand zu sagen, woher die Gesetzmäßigkeiten rühren und wie es ihnen gelang zu erreichen, daß alles Geschehen sich nach ihnen richtet. Man hält sie aber für die bestimmenden Naturgesetze und überläßt die Fragestellung danach der Philosophie oder der Metaphysik.

Edward Fredkin, Professor an der technischen Hochschule in Massachusetts, kam bei Studien im Grenzbereich zwischen Computerforschung und Physik zu dem Ergebnis, daß das grundlegende Medium oder der *Stoff* aus dem das *Dasein* wohl bestehe, nichts anderes sei, als nur *Information*.

Fredkin läßt Bildschirmzellen – Punkte im Feinraster – nach relativ einfachen Regeln aufleuchten und verlöschen. Dabei neigen diese dann dazu, Muster auszubilden, die sich bewegen, zurücktreten oder ganz verschwinden, sich gegenseitig aufheben oder gar vermehren.

Unter der allgemeinen Bezeichnung «Life» (Leben), die man hier wohl besser «Existenz» nennen sollte, wurden diese Spielmuster bekanntgemacht.

«Life» oder Existenz besteht bei diesen Filigranen darin, daß jeder einzelne Punkt sein Verhalten gemäß bestimmter Regeln nach dem Verhalten seiner Nachbarn auszurichten scheint. So entsteht nachfolgendes Verhalten aus vorhergehendem, also Wandel. Wichtig dabei ist nur die Erkenntnis, daß sich offensichtlich alle Punkte oder auch «Singulare» genau nach diesen Regeln richten.

Man könnte das Ganze als Computerspielerei abtun, gewänne diese Regelmäßigkeit oder Gesetzmäßigkeit nicht jähe Wirklichkeit dadurch, daß ganz genau auf solche Art zum Beispiel die Schneekristalle in der Luftfeuchtigkeit und Eisblumen aus Wasserdampfmolekülen auf den Oberflächen der Gewässer entstehen.

In der Welt von solchen *Existenzen*, die Fredkin gerade eben erst entdeckte, ist ein Atomkern, der von Elektronen umrundet wird, dann nichts anderes als solch ein Informationszentrum.

In Wirklichkeit – so Fredkin – ist sogar die Bewegung des Elektrons um den Kern wohl nur vorgetäuscht, weil die Information, die wir darüber erhalten, nur immer auf- und abtaucht und mit diesem Wechsel nur anzeigt, daß ein Wandel geschieht, mehr nicht.

Möglich, daß Menschengeist so etwas wie der Bildschirm dieses riesigen *All-Computers* ist, auf dem sich die Signale des Wandels zeigen.

Dem Physik-Nobelpreisträger Richard Feynmann wird der Anspruch zugeschrieben: «Das Erstaunlichste an der Entdeckung der Naturgesetze ist nicht die Klugheit, die ihre Entdecker aufbrachten, sondern die Intelligenz der Natur, sich genau an sie zu halten.» Man kann das noch ergänzen und sein Erstaunen darüber zum Ausdruck bringen, daß die Naturgesetze gar so klug angelegt und vorbildlich ausgebildet erscheinen, daß ein Sich-nach-ihnen-Richten dem *Dasein* allerorten und immer möglich ist.

Was ist nun *Geist,* was stellt er dar und was ist das Besondere daran? *Geist,* so ist gesagt und steht geschrieben, ist der Terminus für die systematische Erfassung und Unterscheidung des vorbedingt Existierenden von dem unmöglich Vorhandenen, d. h., Existenz, die nicht aus den Bedingungen des Anfanges abzuleiten möglich ist, kann es auch denkbar gar nicht geben. Dabei ist *Geist* nicht schon Verstand, *Geist* ist zuerst die Fähigkeit zur Erkenntnis, ist der ständige Versuch, im *Nichts* verborgene Wirklichkeiten zu entbinden. *Geist* wird demjenigen zugesprochen, der über ein fundiertes Kausalwissen verfügt und daraus auf die Vorbedingung zu schließen weiß. *Geist* ist endlich auch die Verknüpfung des Erkenntnisvermögens mit

Der Geist im
Wirkungsfeld des Seins.

In seinen Werken bestätigt der Mensch nur die Gesetze der Natur.

der Logik und damit Erklärer der Bewegtheit im universellen *Dasein*.
Bei Parmenides war *Geist* «Wesenserkenntnis» an sich, für Anaxagoras das «bewegende und differenzierende Weltprinzip». Hie *Geist* (res cogitans), da *Materie* (res extense).

Um *Geist* zu erwerben, mußte das intelligente Wesen Mensch erst noch erfahren, d. h., es mußte zum erkennenden Subjekt für die Elemente der Wirklichkeit werden.

Erst nachdem es bemerkte und erkannte, was ihm im Wandel der Zeit selbst widerfuhr, konnte es zu der Meinung gelangen, daß der *Geist* ihm ein brauchbares Hilfsmittel ist und ihn dafür trainieren.

Um das Maß seines Wissens immer wieder zu prüfen, ist der Mensch darum ständig bemüht gewesen, es an der Wirklichkeit zu messen und die Übereinstimmung damit herbeizuführen.

Es ist sicher ein Trugschluß, dem keiner mehr unterliegt als eben dieser Mensch: sein *Geist* sei kreativ und könne selbst erschaffen, was immer er in seiner Umtriebigkeit sich auch erdenkt und sich zusammenfügt.

Denn, ob er Türme oder Kathedralen baut, Brücken über Ströme spannt, Raketen in den Raum hinausschickt, mit der tödlichen explosiven Kraft der nuklearen Bombe gar spielt, Gedanken in Worte umsetzt oder eine Melodie als Tonfolge komponiert, er erzeugt damit nichts, sondern wiederholt experimentell immer wieder nur die durchgängigen Grundmuster der universellen Gesetzmäßigkeiten selbst und beweist damit nur deren Existenz.

Es ist und mutet an, als sei das unerkannte Unviersum nur erst das Feld und der Rahmenplan eines noch unausgefüllten riesigen Weltenpuzzles, dessen wahres Abbild sich uns einmal erst offenbaren wird, wenn alle Mosaiksteinchen darin nach ihrer Eigenart erkannt und an ihren rechten Ort plaziert erscheinen.

Sind sie nicht richtig erfaßt und an einem falschen Ort noch ausgelegt, dann müssen sie unweigerlich und spätestens dann von dort weichen, wenn erst das wahre Bild der Wirklichkeiten sie erreicht.

Sind sie dagegen aber richtig im Gesamtbild ausgelegt und als reale Wirklichkeiten erst erkannt, dann steht ihr Bildnis und ihr Platz im universellen Gefüge auch unabänderlich fest und wird selbst zum tragenden Element oder Fundament der Kathedralen und Türme darin. Formeln sind der Ausdruck für die abstrakte Wirklichkeit, Mathematik ist die Stützleiter des *Geistes*.

In Anlehnung an Lockes könnte man sagen: Nichts ist im *Geist*, was vorher nicht im *Universum* schon angelegt war.

Der, der nicht weiß und nicht weiß, daß er
nicht weiß, ist ein Narr - meide ihn.
Der, der nicht weiß und weiß, daß er nicht
weiß, ist ein Kind - lehre ihn.
Der, der weiß und nicht weiß, daß er weiß,
schläft - erwecke ihn.
Doch der, der weiß und weiß, daß er weiß,
ist ein Weiser - folge ihm.
Das Geheimnis des Derwisch

Glaube - Wissen - Weltbegriff

Als *Schöpfung* im Begriff des Glaubens und der Religionen versteht man die spontane Erschaffung der Welt und des ganzen Universums mit allem, was darauf lebt und webt, durch den Willen eines «Allmächtigen», den die Menschen *Gott* zu nennen pflegen.

Diese, in ihren Religionen zum Glaubensdogma erhobene Lehre von der «*Schöpfung* aus dem *Nichts*» (Creatio ex nihilo) durch einen selbst außerhalb des *Daseins* stehenden *Schöpfer* ist in den beiden Schöpfungsberichten der Genesis des Buches der Bücher für alle Mosaiker und Christen – der Bibel – festgeschrieben und findet ähnliche Entsprechung auch in vielen anderen Religionen.

Die wesentlichen Inhalte der biblischen Schöpfungsgeschichte sind: *Gott* hat die Welt und alles, was außer ihm selbst existiert, am Anfang der Zeiten aus dem *Nichts* geschaffen. Er allein erhält es bis an der Zeiten Ende und leitet es weise durch sein Vorsehung.

Den Mensch schuf *Gott* als die Krone der Schöpfung nach seinem Angesicht, indem er aus Lehmerde dessen Leib formte und diesem dann eine unsterbliche Seele einhauchte.

Als *Schöpfung* bezeichnet man außerdem das Fundament der eigenen Existenz, das *Dasein* an und für sich.

In der Philosophie berührt der Begriff *Schöpfung* die Differenz zwischen dem *Nichtsein* und dem *Dasein*. Dieser Begriff steht entschieden im Gegensatz zu der Annahme, daß alle Existenz *Unendlich* sei und nur deren Formen der Wandlung unterliegen. Er steht auch im Gegensatz zu der Vorstellung, daß allein durch Selbstentfaltung (Emanation) des *Daseins* existierende Größe entsteht.

Wenn auch der *Schöpfungsbegriff* als Bedingung für die *Existenz* an sich aufgefaßt wird, ist er weder in der Religion noch in der Philosophie bis heute schon schlüssig erklärt worden.

Adam und Eva im Paradies der Schöpfung.

Im Widerspruch und nicht nur im Gegensatz zu den Religionen und der Philosophie setzt die Naturwissenschaft die Existenz irgendeiner «Existenzform» stets voraus und kümmert sich allein um deren physikalische Gesetzmäßigkeiten in bezug auf *Zeit* und *Raum.*
Alle drei Geistesgebäude beweisen jedoch nicht ihren *Schöpfungsbegriff,* sondern sie behaupten ihn nur.
Fundamentalbegriffe dieser elementaren Bedeutung können aber auf Dauer nicht nur aus ihrer Behauptung abgeleitet werden, sie haben sich irgendwann dem logischen Schluß zu stellen.
Erst und nur dann ist die Wirklichkeit der Begriffe gegeben und bezeugt, wenn sie mit einer IDEE des Geistes als logische Ableitung auch erklärt werden können.
Die Wissenschaft muß als logische Zuordnung der Erkenntnisse (Hypolyse) zu der IDEE (Hypothese) begriffen werden. Die Theologie – sozusagen die Wissenschaft der Religionen – sollte ihre Bestimmung in der Sammlung und Ausdeutung erfahrenen und erinnerten Wissens finden. Die Verbindungswissenschaft zwischen beiden kann nur die Philosophie sein. Sie erfüllt und umfaßt sowohl das emotionale Element als auch das rationale Element und setzt die Logik als Rahmen, der beide umfaßt.
Die im Laufe der Kulturgeschichte der Menschheit entstandene Teilung zwischen den drei Gelehrsamkeiten liegt in deren Geschichte(n) selbst begründet. Aus bestimmten, noch zu erläuternden Gründen wurde irgendwann die Naturwissenschaft zum alleinigen Ausweg des unbändig forschenden Menschengeistes, um den bedrückenden Dogmen der Religionen zu entkommen.
Verfolgt man ihre Spuren, dann hat sich die Naturwissenschaft gegenüber den Religionen einen rücksichtslosen Erfolgsweg erkämpft und diesen dann auch stets behauptet. Mit ihrer akribischen Zergliederung der Dinge und dem daraus sich ergebenden steten Fluß neuer Erkenntnisse, den sie mit ihrer großen Fortschrittlichkeit immer mehr beschleunigte, bedrängte die Wissenschaft die Dogmen des Glaubens immer stärker und zwang sie schließlich, nach ständigem Ausweichen, zum Rückzug in die dogmatische Erstarrung.
Am Ende vermochte aber auch die Naturwissenschaft nur wenig zum Begriff der *Schöpfung* beizutragen. Die aufgeweckten Menschen schauen erstaunt durch die Mikroskope in alle Details und erkennen darin das Ganze nicht mehr.

Man kann die Entwicklungsgeschichte der Wissenschaften insgesamt ohne allzu große Vereinfachung in vier Stufen unterteilen:
Die erste Stufe – eigentlich noch eine vorwissenschaftliche – war die Vorstellungswelt der uralten Schöpfungsgeschichten und Mythen der Naturvölker mit ihren der umgebenden Natur entlehnten Begriffen und Herkunftsvermutungen.
Dieser Stufe muß man auch den alttestamentarischen Schöpfungsbegriff zugesellen, der in seiner Grundaussage aller Wissenschaftlichkeit noch entbehrt.
Als zweite Stufe wissenschaftlichen Denkens kann man jene bereits außerordentlich fortschrittliche Weltansicht eingrenzen, die, von der Antike ausgehend, die Gesetze der Logik erdacht und in ihrer Philosophie ausgedrückt hat.
Nach dieser wichtigen Vorstufe folgte die dritte Phase der Wissenschaftsentwicklung, die in der galileischen Experimentierforschung ihren bestimmten Ausdruck fand und die exakten Wissenschaften begründet hat.
Fast übergangslos mündete diese Form der Wissenschaft in die Großforschung (big science) als der vierten und vorläufig letzten Stufe. Mit ihr wurden die Fundamente der Vorstufen teilweise zerstört und aufgelöst, weil nach neuesten Erkenntnissen die Materie an sich gar nicht existiert. Ihre kleinsten Teilchen, die Atome, so fand man nämlich heraus, sind nichts weiter als leere Kraftfelder, die sich um Zentren gruppieren.
Begonnen hat die Manifestation wissenschaftlichen Denkens im Geist der Menschen vermutlich bereits mit der Ausführung solcher einfachen Tätigkeiten wie das Zurseiteschieben eines Zweiges auf der Suche nach den Dingen dahinter, die zur Beute geeignet sein könnten, oder dem Umdrehen von Steinen als Ausdruck jener ersten Neugier, die des Menschen Urväter befähigte, in ihrer Umwelt zu bestehen und ihre Bedingungen meistern zu lernen. Sobald sie das dabei entdeckte und erfahrene mit schon vorhandenem oder ererbtem Wissen kombinierten, blieb ihnen der Erfolg meist auch nicht versagt, und sie erlebten den Wert der Erkenntnis unmittelbar. Aus einem intuitiven Denken der Teilhabe an den Dingen wurde ein analytisches Denken für die Benutzung der Dinge.
Es ist anzunehmen, daß die Menschen der frühen Zeitalter zunächst nur solchen Geschehnissen und Dingen ihre Alltagsneugier angedei-

Erfahrung ist Wissen zum Nutzen der Macht.

hen ließen, aus denen sie diejenigen Schlüsse ableiten konnten, die ihnen unmittelbaren Nutzen versprachen.

Später dann, als sie ihre Umwelt bereits sicher und ganz beherrschten und alles in ihr für sich zu nutzen gelernt hatten, hat sich ihre Neugier dann auch auf sie selbst nur mittelbar betreffende Geschehnisse ausgedehnt, um schließlich in eine Neugier zur Erkenntnis der Dinge um der Erkenntnis wegen überzugehen, womit denn auch die Naturwissenschaften unter den Menschen schon begründet waren.

Lessing sagte einmal: «Der Wunder größtes ist, daß uns die Wunder selbstverständlich werden.»

Nachdem ihm der *Geist* als Fähigkeit zur Problemauflösung durch reines Denken erst einmal gegeben war, machte sich beim Menschen der Wille zum Weiterdenken selbständig und konnte auch nicht wieder angehalten oder auch nur gebändigt werden.

Bald schon erzeugte dieses neugewonnene Können das Bestreben im Menschen, sich auch über seine eigene Herkunft Klarheit zu verschaffen. Dieses Bestreben ist als Ausdruck der Verselbständigung zu begreifen und darum auch nicht auf einzelne Kulturgruppen oder Völker begrenzt geblieben.

Bei vielen Völkern begegnet man der intensiven Beschäftigung mit der eigenen Abstammung und Erschaffung durch irgendwelche höheren Wesen oder Mächte, die sie in ihren Sagen und Mythen zum Ausdruck bringen.

Die Entstehung der Welten und des Universums selbst war verständlicherweise zunächst noch nicht Gegenstand des begrifflichen Befassens und wurde darum nur vage bedacht. Man glaubte den Beginn des *Daseins* auf die Entstehung des eigenen Reiches der Ahnen projiziert denken zu können und suchte in ihnen folgerichtig auch die Begründer der Welt und des Universums, soweit es sich als Sternenhimmel ihnen schon zeigte.

Ein «Sich-selbst-Bewußtwerden» konnte nicht aus Ungeschichtlichkeit entstehen, sondern mußte aus dem Geschichtsprozeß des Werdens selbst geprägt und entwickelt werden.

Die eigenen Vorfahren, für jeden einzelnen von ihnen und ihrem Kollektiv die fernste der fernen Erinnerungen, hatten alles bereits einmal vorgelebt und ihr Leben damit im wahrsten Sinne des Wortes vorbildlich gestaltet und vollbracht. Ihr Tun mußte darum auch zur Lebensregel gut geeignet sein und als Norm für das eigene Verhalten Gültigkeit erlangen können.

So kramte der Mensch – und er tut es noch immer – bei jeder Gefahr und Not und auch bei sonst noch mancher Gelegenheit in den Überlieferungen und Erinnerungen seines Stammes und befragt seine Ahnherren und Ahnengeister, damit sie ihm raten und ihn lehren, das Richtige zu tun oder das Falsche zu lassen.

Es ist lohnenswert, sich bei Gelegenheiten der Tatsache bewußt zu werden, daß die Existenz eines jeden Individuums selbst Beweis dafür ist, daß eine lückenlose Kette erfolgreicher Existenzen über Generationen bis zurück zum ersten Ur-Elternpaar bestanden haben muß, um es selbst existent werden zu lassen.

Wäre unter all den Einzelexistenzen auch nur ein einziger am Leben gescheitert, bevor er zur Fortpflanzung hat gelangen können – ein einziger Versager nur in der ganzen langen Reihe –, die eigene Existenz gäbe es dann nicht.

Die früheren Menschen haben die Zeit für den Begriff der Schöpfung – in der auch sie den Anfang aller Dinge bereits begriffen – niemals weiter zurückgesteckt, als ihre Stammeserinnerung und Überlieferung es ihnen schon erlaubte.

Mit allen guten und starken Tatkräften begabt, erschienen ihnen ihre eigenen Ahnen in jeder Weise als vorbildlich dazustehen. Sie hatten diese Welt einst beherrscht, hatten durch ihre Fruchtbarkeit alles Leben gegeben und mußten folgerichtig, da erinnerlich vor ihnen nichts denkbar gewesen sein konnte, wohl auch diese Welt und das ganze *Sein* einst geschaffen haben.

Die Kulturgeschichte der Völker ist voller Ahnenverehrung, Ahnenkulte und Vergötterungen. Der Autor dieses Werkes hat davon in seinem Buch «... und Gott ist doch von dieser Welt» die Entstehung des Gottesbegriffes der Menschheit selbst abgeleitet und umfassend begründet.

Im Begriff der *Schöpfung* entwickelt sich zuerst die Art- und die Naturverbundenheit der Individuen zum Ausdruck ihres Selbst.

Bereits das Neugeborene erfährt die enge Zugehörigkeit (Sozietät) zum Stammverband Familie, der Umwelt und ihrer Natur zuerst durch die Eltern. Es lernt unter deren kluge Anleitung und erfährt durch sie das Wirken der historischen Dimensionen, die sich im ganzen Gehabe und dem Ritual des Stammes ausdrücken.

Nur in einer solchen ungebrochenen Eltern-Kind-Sippe-Natur-Beziehung, die bis in die fernsten Erinnerungen reicht, entsteht ein Schema des Lebens, welches seine wesentlichen Inhalte noch aus der eigenen Vergangenheit schöpft. Inhalte, die dann in der Rückschau-Ferne gar nicht mehr individualisierbar sind und Pauschalbegriffen zugeordnet werden müssen.

Die bei den Naturvölkern verbreitete Annahme, daß die Toten die Lebenden mit sich ziehen, erhält hier ihren bedeutsamen Sinn.

Während in der Hierarchie der Mächtigen der einzelnen Herrscher persönlicher Charakter dabei untergeht, gilt dieses ebenso für deren Attribute. Die «Großmächtigen» sind in der fernen Erinnerung zugleich Wesen und Dinge. Sie verlieren ihre wahre Identität in der Kollektivität der Gewesenen des Stammverbandes und gewinnen darin ihre neue Struktur oder Statur durch Vergöttlichung (Apotheose). Ihre ehemalige Existenz wird vom Echo aus der Tiefe der eigenen Vergangenheit bestimmt und geformt.

Diese Direktheit der Erfahrung von der Welt der Ahnen und der Elterngegenwart hatte zur Folge, daß auch den Göttern die Attribute der Menschlichkeit zu eigen blieben.

Der begrifflichen Einstellung zur eigenen Herkunft liegt darum bei allen Völkern der Erde sowohl eine eigene als auch eine fremde, ferne

Sphäre der Existenz zugrunde, die das *Diesseits* vom *Jenseits* zwar unterscheidet, aber nicht wirklich trennt. Schöpfergott-Gedanken fanden ihren Niederschlag in nahezu allen Ursprungssagen und sind bleibendes Kulturgut ihrer Mythen.

Als bildende Elemente der ursprünglichsten Schöpfungssagen erkennt man noch diese unmittelbare Naturverbundenheit, uralte Stammesüberlieferungen, viel naive Einbildungskraft natürlich auch und reichlich Phantasie der Späteren, wie dann auch Weisheit und berechnender Priesterwitz.

Leon Poliakov setzte in seinem Werk «Der arische Mythos» zu einer Typisierung der Schöpfungs- und Ursprungssagen an. Nach ihm hat sich der Mensch zuerst nur mit der Natur identifiziert, die ihn unmittelbar umgab. Mit ihr setzte er sich auseinander, ihr diente er, wo es nötig erschien. Am Ende der Entwicklung seiner Mythologie mündet sein Denken in der Verehrung des «All-Stammvaters» (Adam), der allen Menschen ihre grundsätzliche Gleichheit vor Augen führt.

Poliakov betont, daß die Bibel keinesfalls nur zufällig den Menschen als reines Kulturwesen darstellt. Wie er es sieht, wurde in deren Texten auch deutlich, daß die Menschen damit ihre Verbindung zur eigenen Vergangenheit verloren und absichtlich, wenn nicht gar mutwillig zerstört haben. Auch nach seiner Auffassung befindet sich die Menschheit auf einer Reise ohne Wiederkehr.

Hat sich in den ursprünglichsten der Schöpfungssagen unter den Naturvölkern noch eher die Schwierigkeit der Darstellung des *Unbegreiflichen* deutlich gemacht, so fing man in der nächsten Phase – worin man das «Hier-Sein» im Gegensatz zum «Dort-Sein» in einem fernen jenseitigen Reich verstehen kann – nun an, die erworbene Fähigkeit zur Abstraktion in einen Ein-Gott-Begriff einzubringen und diesen willkürlich mit so viel Macht auszustatten, in sechs Tagen die ganze *Schöpfung* zu vollenden.

Der Begriff der Gottheit in einer oder vielerlei Gestalt ist uraltes Menschheitswissen und wurde kulturbegleitend für die Völker und Menschen, die ohne diesen Begriff nicht mehr vorstellbar wären.

Die Kultur selbst wurde zur intimen und intensiven Hinwendung zum Unerreichbaren und zum scheinbar Übernatürlichen mit gleichzeitiger Vergötterung eines wesentlichen Teiles der eigenen Vorfahren und ihrer hehren Vorgeschichte.

Kultur in diesem Begriff ist der feingesponnene Faden der Anknüpfung an eingewurzelte geheime Sehnsüchte ins ferne Vergangene. Kultur ist verinnerlichte Sinnlichkeit.

Der Gottbegriff setzt aber auch die subjektive Kenntnis und Erkenntnis vom Vorhandensein des «Göttlichen» in gottgleichen Wesen voraus.

Einen Glauben an sich gibt es sowenig, wie es eine Kultur oder eine Wissenschaft an sich schon gibt. Sie müssen betrieben werden und sich dem Objekt der Erkenntnis erst zuwenden, welches bereits erinnert oder auch nur erahnt, der Entdeckung noch harrt bzw. sich ihr für immer entzieht.

Nicht nur die Frage ist danach berechtigt, ob es Götter (Gott) schon gegeben haben kann, ehe es den Menschen mit seiner Geistbegabung gab. Man muß konsequenterweise auch die Frage aufwerfen, ob es das *Dasein* schon gegeben haben kann, bevor des Menschen *Geist* es erkannte.

Sie entarteten und verloren das Wertvollste von allem, was sie besaßen.
Wer Augen hatte zu sehen, wie es um sie stand, der mußte sich entsetzen.
Plato - Kritias

Monotheismus, Einbahnstraße der Religionen

Nachdem der Mensch auf seinem Irrweg (dem «fugitivus errans» sozusagen) den Scheideweg erst einmal beschritten hatte und in viele Irrtümer verfiel, betrachtete er die Welt als seine Beute und zog marodierend durch die Lande. Der wirkliche Grund dafür ist unbekannt geblieben und kann nur vage aus ihren Sagen herausgelesen werden.

Am Ende ihrer Eroberungszüge, dort, wo natürliche Barrieren in Form von Gebirgen, Gestaden oder reißenden Strömen ihnen den Weg verstellten und sie an der Weiterreise hinderten, trafen die Vertriebenen und die Vertreibenden mit den Autochthonen aufeinander und – nach welchen Metzeleien und Brandschatzungen auch immer – vermischten sich wie in einem riesigen Schmelztiegel der Kulturen zu einem Gemenge der Stämme und ihres gesamten Wissens- und des Glaubensgutes aller. Alles, was sich über die Jahrtausende währende Entwicklung der alten Stämme an Geistesgut schon angesammelt hatte, synthetisierte sich hier zu Religionen mit zunehmend abstrakten Inhalten.

Man zog zusammen und addierte, was es an Inhalten und Wesensgehalten so gab, und vermischte es zu einem Religionsbrei mit enormer Fülle, aber wenig Inhalten, bevor man daraus wieder schöpfte, was in den eigenen Kram trefflich zu passen schien. Man fing auch an zu glauben, daß am Ende wohl doch alle den gleichen, wenn nicht denselben *Gott* meinen müßten, wenn sie ihre verschiedenen Ideale und Hochwesen anbeteten und ihnen ihre rituellen Opfer bereiteten. So bildete sich mit der Zeit dort auf ganz natürliche Weise ein Eingottglaube heraus, der zunächst noch viele der Wesenszüge der alten Götter und Rituale beibehielt.

Schmelztiegel der Kulturen dieser Kategorie finden wir in China, wo die Gebirge des Altai und des Himalaja wie die Küsten der Meere den Weg versperrten, in Indien, wo man nur über die Kabulpforte hingelangen kann, im Nahen Osten, wo die Weiten der afrikanischen Wüsten die Pflöcke setzten, und endlich in Europa, wohin sie die Eiszeit hingetrieben hat. Dies waren zugleich die Gebiete der späteren Hochkulturen dieser Erde.

Der Ur-Gottbegriff wandelte sich zum *Monotheismus* und entfernte sich so weit von allen alten Glaubensinhalten, daß diese sich am Ende gar im Widerspruch dazu befanden.

Mit der Erfindung der Glühbirne – hat ein kluger Kopf einmal gesagt – knipste Edison das himmelskundliche Wissen eines immer größer werdenden Teiles der Menschheit aus. Mit dem Aufkommen des Monotheismus ging alles völkisch religiöse Denken unter und verloren.

Gab es vorher Völker und Stämme, deren Wort und deren ewigen Glauben, dann wurde daraus nun der Staat mit seiner fremden Sprache und Religion. Aber der Staat log, was er sagte und verordnete, all sein Wissen aber hatte er den Völkern gestohlen.

Es kam die Zeit der Verwerfung aller Sagen und Mythen als «wahre Befleckung» des nun einzigen und mächtigen *Gottes,* der im Eingottgedanken des Xenophanes vielleicht seinen Anfang und im *Monotheismus* der Hebräer danach seine Vollendung gefunden hatte.
Danach fing man an, alles zu zerstören und zu verbrennen, was an altem Glaubensgut noch vorhanden war.
Man schlug die Symbol-Esche «Yggdrasil», verbrannte die Aufzeichnungen der Azteken in Mexiko, setzte die unersetzlichen Wissensgüter der Bibliothek Alexandriens den Flammen aus und verheizte die Holztafeln mit den Schriften der Oster-Insulaner, als wäre es nur faules Holz. Daß man zugleich auch meist die Völker mit ausgerottet hat, die sich dem neuen Glauben nicht sofort unterwarfen, ist nur die logische Folge solcher Denkensart.
Dabei ist der *Monotheismus* im eigentlichen Sinne gar keine Religion der ehrlichen Hinwendung. *Monotheismus* ist ein System, eine zusammengedachte Ansicht des Glaubens. Wird der große *Gott* darin einmal als *unexistent* festgestellt oder als tot angenommen, wie es Nietzsche im «Antichrist» tat, dann bricht dieser «Unglaube» völlig in sich zusammen.
Kierkegard hatte den Systemdenkern seiner Zeit bereits vorgeworfen, sie glichen den Erbauern eines großen hochgewölbten Palastes, die aber niemals auf den Gedanken kamen, darin nun auch zu wohnen und sich zu Hause zu fühlen, sondern es vorzogen, nebenan in der Scheune oder gar im Hundestall zu hausen.
Die Religion lokaler Götter, auf unermeßliche Stammeserfahrung gebaut, war demgegenüber viel natürlicher und dem Wesen der Menschen entsprechender als die überwältigende und im wahrsten Sinne des Wortes erdrückende Konzeption eines einzigen übermächtigen *Gottes* für alle Völker.
Belegt ist, daß auch die alttestamentarische Schöpfungsgeschichte noch ein Produkt jener Glaubenswelt gewesen sein muß, die mit dem Verlust des Glaubens an die Stammesgötter verlorenging. Auch in ihr wurde der erste Mensch noch aus Lehmerde geformt, und sein Schöpfer hat ihm das Leben erst eingehaucht. Auch hat ihn sein Schöpfer wieder zerstört, um einen neuen Schöpfungsakt zu versuchen, nachdem ihm sein erster nicht gelungen erschien.
Bei den Hebräern, von denen der *Monotheismus* zu den okzidentalen Völkern gelangte, trat das Wesen des allmächtigen *Gottes* als unein-

Der Schöpfer-Gott nach einer Bibelillustration.

geschränkte Größe zwar auch schon mächtig ins Bild, bei den Babyloniern jedoch, zu deren Kultur die hebräische eine enge Verwandtschaft aufwies, stand der Begriff des einzigen *Gottes* noch nicht fest, und man glaubte weiterhin an eine Vielzahl Großmächtiger.

Die endgültige Konzeption eines für alle Menschen gemeinsam gültigen *Schöpfergottes* kam erst im Universalismus des jüdischen Geistes voll zum Durchbruch.

Dieser beinhaltete aber noch seinen eigenen Widerspruch darin, daß die Juden zugleich behaupteten – und auch weiterhin wohl annehmen –, das von *Jahve* auserwählte Volk zu sein. *Jahve* ist als «Gott der Väter» bei den Israelis – wie bei allen nomadisierenden Völkern – immer ein Stammesgott gewesen, und dadurch wurde die Universalität wieder zum Nationalismus reduziert.

Im Gegensatz zu Europa und dem Vorderen Orient, wo sich die Religion zur reinen Verstandessache hin entwickelte, ist die Religion

Asiens sehr viel natürlicher und praxisnäher geblieben. Dort ist auch das tägliche Leben noch religiös und mit viel Geistigkeit durchsetzt. Man bedenke dazu nur die unzähligen Lokal- und Feldgötter in und für alle möglichen Bereiche des Alltags, an all die Hoffnungs- und Hilfegläubigkeit.

Man benutzt dort die *Götter,* wie man in Europa früher die Schutzheiligen und Patrone, heute aber nur noch das Tageshoroskop benutzt.

Dennoch hat sich auch im Fernen Osten der Gottbegriff als Einheit über die Ebene der lokalen Götter herausgebildet und in einem Universalismus seinen Ausdruck gefunden, der dem Eingottglauben schon sehr nahe steht.

Die von Zarathustra der universellen Gottgeschichte auferlegte Grundformel ist zwar noch von großer Einfachheit geprägt, ihre Anlage ist aber schon allgemein gültig.

Am Anfang stand auch bei Zarathustra schon eine ungeteilte *Gottheit* als das ursprünglich *Gute* obenan. Aus Gründen der Schuld des Menschen trennte sich diese Gott-Einheit in zwei gegensätzliche Wesenheiten, die sich danach als die Macht des *Guten* und des *Bösen* diametral gegenüberstanden.

Diese Gegensätze drückten sich in *Ormuzul* und *Ariman, Gott* und *Satan* oder *Gut* und *Böse* aus.

Bei Konfuzius stehen am Anfang die Vorbild- und Idealgestalten *Yao, Schun* und *Yü.* Sie werden als ewige Ur-Bilder begriffen und von Konfuzius mit den Worten gepriesen:

«Nur das jenseitige Reich des Himmels ist groß, nur *Yao* hat ihm je entsprochen.»

In diesem rein asiatischen Glaubensbegriff kommt eine große Souveränität des eigenen Inneren deutlich und viel stärker zum Ausdruck, als es im Vorderen Orient und im Okzident je der Fall gewesen ist.

Weil allzu abstrakte Weltanschauungen dem Bedürfnis der Menschen, jeder Begrifflichkeit auch eine entsprechende Sinnlichkeit zugrunde zu legen, nicht entsprechen konnte, hielt sich der aufkommende *Monotheismus* noch nicht gleich überall.

Die feinfühligen Hellenen der Antike unterlegten ihrer Glaubens- und Götterwelt eine rein menschlich-sinnliche Anschauungsweise und statteten ihre Götter mit den herrlichsten Attributen stolzer

Menschlichkeit aus, wie sie nirgendwo je wieder gefunden werden konnte.

Die Helden der griechischen Antike lebten zudem einst in einer mythischen Weltgegend, wo noch die Menschen zu den Göttern gelangen und diese sich zuweilen unter die Sterblichen mischen konnten.

Die Rede von den Göttern war alltäglich und wörtlich gemeint.

Ihre Götter erschienen ihnen in ihren Schlachten noch als Vorkämpfer und Helden des Tages, denen der Sieg persönlich zu danken war. Bei Salamis erschien *Ajas,* der Held der Ilias, bei Marathon gar *Theseus* selbst, der sagenhafte Gründer Ur-Athens und Besieger des *Minotaurus,* und stürmte den Heerscharen voran.

Nach Homer, Hesiod und allen, die da dichteten und das hohe Lied der antiken Helden anstimmten, war aber *Zeus* der herrschende *Gott* und wirkliche Vater des ganzen Volkes. Ihn wähnte man auf dem Ur-Olymp thronend, umgeben von all den strahlenden Gestalten der Unsterblichen und der Sterblichen.

Athene war noch in ihren Epen lebendige Wirklichkeit, *Apollo, Artemis, Aphrodite* und *Hermes* waren in ihrem Bewußtsein geblieben.

Die Mannigfaltigkeit und das Verwirrende ihrer Götterwelt rührte aus so vielen Quellen, daß darin auch noch Anschauungen anderer Völker und Stämme, mit denen die Hellenen im Verlaufe ihrer stürmischen Geschichte in Berührung gekommen waren, leicht Aufnahme finden konnten.

Dasselbe trifft für die Götterwelt Roms zu, die ja ohnehin einen großen Teil ihrer Theologie von den Griechen entlehnt enthielt.

Eigentümliche Götter der Römer waren nur: *Janus, Jupiter, Mars, Quirinus* und *Vesta.*

Der doppelgesichtige *Janus,* der zugleich in die Vergangenheit und in die Zukunft zu schauen vermochte, verkörperte sowohl den Begriff des Entstehens als auch den der weltenbeherrschenden Umsicht und Voraussicht. Er galt als «selbstursprünglich» und beließ nur noch dem *Jupiter* den ersten Platz unter den Göttern.

Ihm stellte man in Gestalt der schönen *Juno* die reine Sinnlichkeit zur Seite und erhob beide zum «All-Elternpaar».

Die babylonische Schöpfungsgeschichte begann noch mit einem formlosen *Chaos* und näherte sich damit stark dem griechischen Mythos, dessen Titanenkampf sie gleichfalls streift.

Die Götter bestellten in ihrem Götterkampf *Marduk* zum Vorkämpfer gegen «Empörer», die als Vasallen des Urmeeres *Tiamar* dargestellt wurden. *Tiamar* selbst an ihrer Spitze erschien als grausliches Ungeheuer verkörpert.

Marduk rüstete sich zum Kampf mit blitzsprühenden Speeren und rief den *Orkan* sich zur Seite. Mit dessen Hilfe öffnete er *Tiamar* den Riesenrachen und ließ ihn am Sturmwind ersticken, bevor er ihn zerstückelte.

Eines der Stücke, so heißt es, richtete er auf und machte daraus das Himmelsgewölbe, aus einem anderen formte er die Erde als Berg über dem Urmeer. Am Himmelsgewölbe brachte er die Sterne als Standort der Götter an.

Betrachtet man diese Schöpfungssage, dann hat auch sie noch das Gepräge reiner Naturmythologie bewahrt. Mit der hebräischen verglichen, stellt sich *Marduk* als «Herr der Schrift» dar, der auch in der biblischen Geschichte im Anfang über den Wassern schwebte und dort dann die Feste errichtet hat.

Ein Bruchstück der Keilschrifttafeln Babyloniens wie auch andere Quellen der Mythologie lassen ahnen, daß sich sogar auch die Reihenfolge der Erschaffung des Menschen aus Ton oder Lehmerde als Höhepunkt und Abschluß der Schöpfung bei den Babyloniern auf vergleichbare Weise vollzogen hat wie bei den Hebräern.

Herakles kämpft mit dem Nemeischen Löwen.

Der hebräische Schöpfungsmythos ist noch weitgehend erhalten geblieben, nachdem er zuerst durch das Judentum abgeklärt und im monotheistischen Begriff umgestaltet worden ist. Erst das Prophetentum hat ihm später die Eigenschaft einer *Offenbarung* zuerkannt.

Nachdem dann das Christentum zur mächtigen Staatskirche aufgestiegen war, bestand es mit seiner vollen Autorität und seiner ganzen Macht auf die Aufrechterhaltung dieser *Offenbarung,* und so wurde die Bibel zum ungewollten Erhalter und Träger der babylonischen Glaubenslehre.

Der sich aus der vorgängig verbreiteten Vielgötterei entwickelnde *Monotheismus* schien zuerst eine ganz fortschrittliche IDEE zu sein, ließ er doch der Philosophie und den Naturwissenschaften nun ihren Freiraum in den aufgegebenen Gefilden und schaffte die Hinderlichkeiten der Götzenanbetung sowie die Tabus der Naturgötter ab.

Solange die Denker und Forscher die neuen Dogmen nicht anrührten, konnten sie die Dinge betrachten und wenden, wie sie wollten, und in Details zergliedern, was sie wollten, ohne noch auf irgendwelche Naturgeister oder Dämonen Rücksicht nehmen zu müssen.

Betraf aber etwas die Wahrheitsbehauptungen der Heiligen Schrift oder deren gerade gültige Auslegung, dann allerdings hatte alle Wissenschaft zu schweigen.

Noch Martin Luther konnte unter Berufung auf die Autorität der Bibel den Versuch des Kopernikus, den Lauf der Planeten neu zu erklären, mit der lapidaren Bemerkung abtun: «Der Narr will die ganze Kunst der Astronomiae umkehren, aber die Heilige Schrift lehrt uns doch, daß *Josua* die Sonne stillstehen ließ und nicht die Erde.»

Zwar konnte die Verquickung von Glauben und Wissenschaft den sich offensichtlich darin verselbständigt habenden und unaufhaltsam voranschreitenden Geist und den damit zwangsläufig einhergehenden Fortschritt des Denkens nicht aufhalten, sie versperrte ihm aber für lange Zeiten den Weg in die große Öffentlichkeit und vermauerte ihn in einen Elfenbeinturm der Esoterie.

Je mehr die Erkenntnisse der Wissenschaften mit der Zeit an der reinen Behauptung einer metaphysischen Existenz *Gottes* zu kratzen begannen und je zweifelhafter diese Existenz dadurch erschien, um so intensiver waren die Glaubenseiferer bemüht, redegewandte und redefigürliche Beweise für diese Pseudo-Existenz zu finden.

Mit sogenannten «Gottesbeweisen» versuchten sie ihre Gefolgschaft zu bannen und ihre Gegner derart zu verblüffen, daß sie ihrem unseligen Tun endlich ein Ende bereiten.
Das konnte auf die Dauer aber nur mangelhaft gelingen. Schon Thomas von Aquin hielt seinen «Beweisern» vor, daß sie damit nicht *Gott* schon bewiesen hätten, wenn sie zum Beispiel vorgaben zu wissen, was und wie dessen Beschaffenheit denn wohl sei, sondern ihn allenfalls dadurch erst voraussetzten. Denn, weil ja überhaupt keine unmittelbare Wesensschau *Gottes* erreichbar sei – so Thomas –, könne ein solcher Beweis auch nur dann gegeben sein, wenn aus der wahren Erfahrung seines Wirkens allein nur auf *Ihn* als einzigen Verursacher zu schließen sei.
Diese überaus kluge Erkenntnis und alle Ergebnisse der Naturforschung hinderten aber die vielen «Beweiser» nicht daran, mit ihren Spekulationen fortzufahren, bis sie so eine ganze Reihe von *Gottesbeweisen* aufgestellt hatten.
Die Tatsache zum Beispiel, daß die Schöpfungsgeschichten, Sagen und Mythen aller Völker ohne jede Ausnahme von einem *Gottbegriff* wesentlich geprägt waren und mit Gottgedanken erfüllt sind, deuten die «Beweiser» nicht in einem historischen Sinne, sondern allein als Beweis ihres eigenen monotheistischen *Gottbegriffes*.

Weil jedoch ein einziger «Beweis» nur auf gar zu schwachen Füßen steht, hat man sich noch die folgenden ausgedacht:
Man behauptet mit Sicherheit, noch einen «ontologischen Gottesbeweis» in Händen zu haben, der darin seinen bestimmten Ausdruck findet, daß ja dem allerhöchsten Wesen – *Gott* – nur allein alle Weisheit und Allmacht gegeben sein könne. Denn, gäbe es *Gott* nicht, dann gäbe es auch nicht diese Welt und das Vollkommene auf ihr.
Dieses Argument wurde durch Anselm von Canterbury aufgestellt und verbreitet. Er sagte damit aus und hat behauptet, daß jenseits von *Gott* kein vollkommenes Wesen denkbar ist.
Stimmt diese Aussage, dann muß es danach entweder *Gott* wirklich und tatsächlich geben oder, wenn dieses Argument nur einen Gedanken ausdrückt, muß das Denken dieses Satzes noch vollkommener erscheinen als der Gedanke selbst.
Folglich, so schließt Anselm danach, besitzt nur *Gott* die Vollkommenheit und ist somit auch notwendige Realität.

Kaum ein Beweis ist willkürlicher als gerade dieser. Entweder ist *Gott* danach ein großer Zyniker, der neben dem Vollkommenen und dem Guten auf der Welt alles Unvollkommene und auch das Böse erschuf und bestehen ließ, oder er ist ebenso ohnmächtig dagegen, wie die Menschen selbst es sind.

Immanuel Kant widerlegte dieses Argument, indem er einfach nur bestritt, daß die Existenz von *irgend etwas* in seiner Definition bereits enthalten sei oder dadurch gar als bewiesen gelten könne.

Anselm hat offensichtlich von seinem Denken viel zu sehr auf die Wirklichkeit geschlossen und dabei nicht bedacht, daß die Zuerkennung einer *Allmacht, Allgüte* oder *Allwissenheit* keineswegs schon Attribute sind, die die Vollkommenheit erschaffen, sondern vielmehr nur ein Wesen mit solchen Eigenschaften annehmen. Vergessen hat er dabei wohl auch, daß die Anerkennung solcher Eigenschaften zugleich die Anerkennung ihrer Gegensätze *Ohnmacht, Bosheit* und *Unwissenheit* postuliert.

Des weiteren spricht man von einem «kosmologischen Gottesbeweis» und leitet diesen davon her, daß es der Wissenschaft bis heute nicht gelang und niemals je gelingen wird, zu erklären, wer oder was – wenn nicht *Gott* der Allmächtige allein – alle Bewegungen im Universum verursacht haben kann.

Dieser Beweis geht auf Aristoteles zurück und taucht abgewandelt in den Schriften des Philosophen Gottfried Wilhelm Leibniz wieder auf. Zwar billigt das Argument dem fortschrittlichen Gedanken der logischen Abhängigkeit bereits eine Richtigkeit zu, unterstellt aber, daß, wenn alle Ereignisse im kosmischen Bereich die Folge von Ursachen sind, das erste Glied dieser Beweiskette als das «*Begründende Wesen*» selbst, also *Gott,* zu begreifen sei. Wäre demnach das *Selbstursächliche* nicht auch das *Schöpfende* selbst gewesen, gäbe es nur das *Nichts*.

Dieses Argument widerspricht seiner eigenen Logik: Auch wenn an der Vorstellung einer beliebigen Folge und Vorgängigkeit (Kausalität) im Prinzip des Wandels aller Dinge im *Sein* nichts einzuwenden ist, zwingt uns diese Logik eine erste Ursache zunächst noch gar nicht auf, denn entweder ist die Herkunft und Existenz dieser *Selbstursächlichkeit* dann erst noch plausibel zu erklären, oder – wir kommen später noch darauf zurück – ihr Vorhandensein ist nicht erforderlich.

Leibniz gab diesem Argument eine andere, eigenwillige Form: Er ignorierte den Begriff der Verknüpfung von Ursache und Wirkung, deren erstes Glied ja *Gott* sein soll, und operiert mit dem «Satz vom zureichenden Grunde der Dinge», nach dem die Existenz ohne zureichenden Grund gar nicht denkbar ist. Nur scheinbar liegt darin die Eleganz einer denkbaren Lösung. Dieser Gedanke führt uns ja wiederum in die Unbeweisbarkeit zurück. Selbst dann nämlich, wenn Leibniz als den ersten und letzten zureichenden Grund für alle Existenz den metaphysischen Begriff *Gott* hinstellte, setzte auch er diesen nur voraus und bewies ihn nicht schon.

Der dann noch angebotene «theologische Gottesbeweis» wird mit der etwas einfältigen Behauptung begründet, daß ja aller Aufwand im Universum nicht völlig sinnlos sein könne und darum nur von der weise lenkenden Hand der Allmacht *Gottes* geplant und erschaffen worden sein könne. Dieses Argument setzt eine zielgerichtete Zweckmäßigkeit (telos) voraus und postuliert, daß die Natur überall entsprechend funktioniert, damit die Menschen in ihr existieren können. Wäre sie anders beschaffen, könnten sie nicht darin leben, also muß sie einem weisen Plan entsprungen sein. Das anthropische Prinzip setzt zwar auch einen dem Entwicklungsziel entsprechenden Anfang voraus, kann darin aber nur Bedingung, nicht einen Plan ausmachen. Es heißt, daß alle Menschen nach irgend etwas streben, was außerhalb ihres Selbst liegt. So streben sie nach der absoluten Vernunft, nach Liebe und Glück und sehnen sich offenbar nach einem unbekannten Reich des Himmels, das nicht von dieser Welt sein kann.

Diese behauptete Gemeinsamkeit aller Menschen auf Erden gilt den «Beweisern» als «eudämonologischer Gottesbeweis», weil sie davon ausgehen, daß diese im diesseitigen Leben ungestillt bleibende Sehnsucht nach Vollkommenheit dem Menschen nur von seinem *Schöpfer* eingeflößt worden sein kann, der ihm damit eine Ahnung von seinem Himmelreich geben wollte, von dem kein Sterblicher schon erfuhr. Die traurige Tatsache, daß es auf der Erde überhaupt keine Gerechtigkeit und wenig Glückseligkeit gibt, ist ihnen nicht etwa ein Zeugnis dafür, daß es diesen gerechten *Gott* offensichtlich gar nicht gibt, sondern sie behaupten eben, daß es darum eine andere, gerechtere Welt geben muß, in der *Gott* die Guten zu sich ruft, um sie zu belohnen, und die Bösen zur Hölle schickt, um sie zu bestrafen. Welch komödiantenhafte (un)göttliche Narretei, welche Bosheit überhaupt,

etwas zu schöpfen, das – weil damit begonnen – endlich auch wieder vergehen muß. Ein boshaftes Spiel auf Zeit also nur und dabei für die meisten der Kreaturen so erbärmlich.
Immanuel Kant bezeichnete dieses Argument als den «moralischen Gottesbeweis» und erklärte es zum Postulat.
Bertrand Russel sagte dazu: «Nehmen wir an, jemand bekäme eine Kiste Orangen und stelle beim Öffnen fest, daß die ganze obere Lage verdorben sei. Sicher würde er nicht daraus schließen, daß die unteren Lagen dafür nun gut sein müssen, um der Gerechtigkeit und des Ausgleiches willen sozusagen; er würde vielmehr wohl annehmen, daß wahrscheinlich die ganze Kiste verdorben ist.» Er wollte mit diesem Beispiel erklären, daß alle Menschen gleich gut oder schlecht sind und sie deshalb auch niemand zu sortieren vermag.

«Mit den alten Göttern ging es ja lange
schon zuende: – Und wahrlich, ein gutes
und fröhliches Götter-Ende hatten sie!
Sie dämmerten sich nicht zu Tode»,
das lügt man wohl!
Vielmehr: Sie haben sich selber einmal
zu Tode gelacht.
Das geschah, als das gottlose Wort von
einem Gotte selber ausging, – das Wort:
«Es ist nur ein Gott! Du sollst keinen
anderen Gott haben neben mir!»
Und alle Götter lachten damals und
wackelten auf ihren Stühlen und riefen:
«Ist das nicht eben Göttlichkeit,
daß es Götter, aber keinen Gott gibt?
Wer Ohren hat, der höre –»
Nietzsche – Also sprach Zarathustra

Götterdämmerung

Das Drängen der wissenschaftlichen Erkenntnisse und der untaugliche Versuch der «Beweiser» nahm endlich dem Gottgedanken seine

Eindeutigkeit. Er ist nicht mehr das, was er einmal in seiner Absolutheit schon gewesen ist.

Während man heute den im Glauben Naiven noch immer den drohenden Finger eines steng-gütigen *Gott Vaters* weist, um ihn zu ermahnen oder wieder zur Räson zu rufen, wenn er im Leben einmal fehlte, erfahren zugleich andere – fortschrittlichere Geister –, daß *Gott* als die IDEE in vollkommener Vergeistigung zu begreifen sei und von rein metaphysischer Existenz, worin er unerreichbar bleibt.

Heinrich Heine sagte vom in humanitäre Ideale und Programme aufgelösten und abgelösten Gott der ausgehenden Neuzeit:

«Wir sahen, wie er sich noch mehr vergeistigte, wie er sanftselig wimmerte, wie er liebevoller Vater wurde, ein allgemeiner Menschenfreund, ein Weltbeglücker, ein Philanthrop – es konnte ihm alles nicht helfen – Hört ihr das Glöckchen klingeln? Kniet nieder – Man bringt die Sakramente einem sterbenden Gott.»

Die mit diesem Niedergang einhergehende große Verwirrung im Denken unter den Gläubigen und der damit einhergehenden Autoritätskrise der Kirche hat ihre Ursache weniger bei den Glaubensbringern der ersten Tage, als vielmehr bei deren Epigonen, denen Glaube keine Erinnerung mehr war. Sieht man einmal, was diese «Nachbeter» in bewußter oder unbewußter Furcht um die Glaubwürdigkeit ihrer Dogmen und Thesen aus den alten Texten der Schrift, die sie noch immer als das reine «Wort Gottes» zu bezeichnen pflegen, in Auslegung und Interpretation, Weisung und Erklärung für den gottgefälligen (sprich: kirchengefälligen) Gebrauch fabrizierten, dann will es einem erscheinen, als sei alles nur ein wortreiches und redegewandtes Verstecken des grundsätzlichen Mangels an Übereinstimmung der Lehre mit der Wirklichkeit.

Mehr und mehr wurde die Wissenschaft über die Bibel zum Ersatz des Weltbewußtseins, was sie natürlich immer weiter erniedrigt hat. Ausgelöst wurde das alles von den eigentlichen Dienern der Texte, den eifernden Mönchen des Mittelalters selbst. Sie waren ja für lange Zeit die einzigen Vertreter der Wissenschaften auf Erden oder hielten sich zumindest dafür. Ihr dogmatisch beschränkter Geist, der die monotheistischen Religionen schon bald nach ihrem Entstehen völlig zu beherrschen begann, machte es diesen «Geistlichen» zur Gewohnheit, ein Rütteln an ihren Auslegungen des Glaubens – ihren selbsternannten Glaubenssätzen nämlich – als ebenso ketzerisch anzusehen und zu verdammen, wie die Zweifel an der unmittelbar aus göttlicher Offenbarung abzuleitenden Glaubenslehre selbst. Solange sie die Herrschaft hielten, haben sie ihren gefährlichsten Feind im *Geist* des Menschen unter ihnen gesehen. Ihn haben sie durch Dogmen zu binden versucht, und sie sind zuhauf über ihn hergefallen, sobald er sich frei zu machen versuchte.

Vermutlich wurden die Texte der Bibel mit großer Aufrichtigkeit und dem reinen Bewußtsein ihrer Zeit erstellt und niedergeschrieben. Der Umstand, daß die Weltgeschichte in vielen Punkten damit nun nicht mehr im Einklang ist, steht dazu nicht im Widerspruch. Erst im Besitz der mächtigen Kirchen und deren Anspruch wurden die Worte verfälscht. Man wollte die Gläubigen stets in heiliger Furcht behalten und sie vor den Schrecknissen der «verfluchten» Wahrheit bewahren.

Wenn eine reine Quelle durch schmutzige Hände rinnt, muß ihr Wasser bitter und trübe werden. Das kirchlich-religiöse Denken umkreist seit seinen Anfängen fast immer nur die Kirche selbst und läßt den Menschen in seiner Verlorenheit allein, wie es im Grunde auch seinen *Gott* alleine gelassen hat.

Dieser Religionszentrismus hat auch zur Entfremdung des Menschen von seiner Natur geführt und ihn zum Abenteurer in seiner Welt werden lassen. Die Auffächerung der Inhalte in Religion, Naturwissenschaften und Philosophie führte mit zunehmendem Wissen des Geistes über das Wesen der Dinge zu einer introvertierten Selbstgerechtigkeit beim Menschen. Er fing an zu glauben, daß die große «Show des *Daseins*» nur für ihn allein inszeniert worden sei, und hält sich seitdem für den Mittelpunkt des Universums.

Kein Zweifel, wer unplausible Vorstellungen zu erforschen unternimmt, die sich aus ihrer falschen Anlage heraus immer wieder als untauglich erweisen müssen, der vergeudet seine Vernunft am Sinnlosen. Er muß sich am Ende gefallen lassen, der Scharlatanerie oder gar Dummheit geziehen zu werden, zumal wenn er dann auch noch offensichtlich Falsches als reine Wahrheit zu verkünden versucht.

Es konnte danach nicht ausbleiben, daß die Menschen ihr Heil zunehmend bei den Wissenschaften und ihrer zivilisierenden Technik zu finden hofften. Die darin angelegte Freiheit der Wahrheitsfindung wurde zu ihrer neuen Weltanschauung.

Von den Religionen endlich völlig frei, nur noch ihrer eigenen Logik unterworfen, nahmen die Naturwissenschaften seit Thomas von Aquin den Verlauf ungebremster Aufwärtsentwicklung. Nichts konnte sie aufhalten, und der gerade Weg zur reinen Wahrheit schien offen darzuliegen und endlich frei zu sein für das Heil und das Wohl der Verirrten.

Man glaubte sogar entdeckt zu haben und meinte zu wissen, daß die exakten Natrwissenschaften den Glauben an sich unmöglich machen, und hatte damit doch nur teilweise recht.

Heute gilt auch das nicht mehr ohne Einschränkungen. Gar zu gewaltig und erdrückend geriert sich die Maschinerie des Fortschrittes. Nach Jahrhunderten uneingeschränkter Fortschrittseuphorie stellt sich auch hier nun der große Jammer ein. Die großen Ideologien - Religion und Wissenschaft - scheinen sich immer wieder gegenseitig zu zerstören, und keine gibt eine Basis für die zufriedene Existenz der Menschheit, geschweige denn eine Antwort auf die Frage nach dem Zweck ihrer Existenz.

Nichts ruft so viel Beschränkung hervor wie die Besessenheit von einer Wahrheit, die man als absolut begreift.

Die Krise der Autoritäten findet darum ihren schärfsten Ausdruck stets dort, wo theoretischer und theologischer Sachverstand zuerst in Frage gestellt werden. Es war ja die Hoffnung, die dem Leben der Menschen bis dato so etwas wie einen Alltagssinn gegeben hatte; die Hoffnung nämlich, diese «schlechteste aller möglichen Welten», um mit Schopenhauer zu sprechen, in eine «gut mögliche Welt» zu verwandeln, die besser erschien, als diese es ist.

Im Dialog zwischen dem «Wirklichen» und dem «Möglichen» hat die IDEE ihre Aufgabe und muß erfüllen, was die Ideologien nicht erfüllen konnten. Der Vernunft ist sie als Mittel zur Lösung der Rätsel des *Seins* gerade so wichtig wie die Wirklichkeit selbst.

Wo es sich um den Menschen selbst und seine Ambitionen handelt, erhält das Wort «natürlich» in seiner befreienden Bedeutung erst wieder seinen Sinn, wenn die Naturwissenschaften und ihre Techniken der Natur nicht mehr widersätzlich und einander entgegengestellt erscheinen und ihm die Hintergründe eröffnen und die Theologie diese Wahrheiten als darstellende Betrachtungsweisen in ihre Glaubenssätze einbeziehen.

Der heutige Mensch hört nicht mehr nur gehorsam zu, er stellt die Fragen und fordert selbst Gehör. Nur der naiv Gläubige wartet noch immer auf die Oblate, von der er sich die Erlösung erhofft.

Es hat Versuche gegeben, den Glauben zu entmythologisieren und für den modernen Menschen annehmbar zu machen. Die wesentlichen Schwierigkeiten für solche Vorhaben liegen aber doch wohl darin begründet, daß die Kirche immer wieder ihre Autorität auf die stets gleiche starre Lehre begründet und dadurch der Wahrheitsfindung im Wege steht.

Was die exakte Wissenschaft anbelangt, so konnte diese zwar die ganze Logik so lange auf ihrer Seite bringen, wie sie sich damit begnügte, ausschließlich die physikalische Natur des *Daseins* zu betrachten und in mathematischen Formeln auszudrücken; der IDEE von der *Schöpfung* hat sie aber kaum mehr zu geben gewußt als den Ausdruck der *Unerklärlichkeit* des ersten Beginnens.

Ihre rein dem Kausalprinzip unterstellte Denkweise kam in der Betrachtung des universellen Geschehens nicht über die Annahme eines selbstursächlichen «unbewegten Bewegers» hinaus.

Während die Theologen ihren *Schöpfer* immer genau dort angesiedelt haben, wo es die Erkenntnisse der Wissenschaften gerade noch zuließen, hatte die Wissenschaft sich diesen Ausweg selber verbaut, indem sie den Anspruch erhob, in ihren Erkenntnissen für immer unwiderlegbar zu bleiben.

Dabei hat die Wissenschaft für sich selbst nie eine eigene Philosophie entwickelt und nie einen Modus vivendi gefunden, um mit ihren Resultaten leben zu lernen.

In jüngster Zeit erhebt sich sogar auch für die Wissenschaft der leise Verdacht, sie richte ihre Fragen zunehmend an sich selbst und produziere in vielen Fällen bereits auch die Antworten dazu, um auf solche Art und Weise der Not des Zwanges zum schlüssigen Beweis zu entkommen.

Manches oder gar vieles von dem, was die Wissenschaften mit ihren Theorien und Hypothesen heute behaupten – so der Verdacht –, haben sie sich aus einer Reihe willkürlich gewählter oder erfundener Meßdaten einfach nur zusammengereimt. Manche Behauptung wird nur dadurch bewiesen, daß ein anderer Wissenschaftler dem, der da behauptete, nun bescheinigt, daß es sich dabei tatsächlich um das handelt, was da behauptet worden ist, mehr nicht.

Der Blick über die Grenzen (Holzschnitt aus dem 16. Jahrhundert).

Wissenschaftliches Denken an und für sich ist älter als die Bibel. Bereits Anaximander von Milet dachte nach den Gesetzen der Logik über das Wesen der Dinge, was er in seinen «Welterklärungen» zum Ausdruck brachte.
Von allen Fabulierungen und Phantastereien frei, suchte er bereits durch reine Schlußfolgerung zur wahren Erkenntnis vorzudringen.
Aristoteles hat mit solcher Denkungsart die Wissenschaften vieler Generationen maßgeblich beeinflußt.
Er wußte wie kaum ein anderer zu seiner Zeit vieles über das Wesen der Dinge zu sagen.
Über Fragen allerdings, zu deren Lösung es eines tieferen Eindringens in die Natur der Dinge bedurfte, half er sich mit vagen Ausdrükken und Begriffen hinweg.
Der Begriff der *Materie* zum Beispiel war bei ihm noch mit der Vorstellung verbunden, daß diese ihre endgültige Formgebung und Bestimmung als Anlage bereits in sich trage. Dadurch war es ihm ein leichtes, alle sich vollziehenden Veränderungen in der Natur aus dem Wesen des sich Verändernden selbst abzuleiten.
Die *Urkörper* unterschied er nach ihren Bewegungsformen in «kreisförmig sich drehende», «zum Mittelpunkt hinstrebende» und «vom Mittelpunkt hinwegstrebende». Dabei sah er in der kreisförmigen Bewegung die höchste Vollkommenheit und billigte sie den schweren Körpern zu. Die anderen, also gegensätzlichen Bewegungen wies er den leichten Körpern an. Diesem Grundschema gemäß unterschied er

zwischen der Erde als dem «absolut schweren Körper», dem Feuer als dem «absolut leichten Körper» und der Luft, die er neben dem Wasser zwischen beiden angesiedelt sich dachte.
Auf den Kosmos übertragen, stand im Mittelpunkt seines Weltbegriffes noch die Erde als der «absolut schwere Körper», deren Unebenheiten er sich mit Wasser gefüllt dachte. Alles war darüber mit einer Lufthülle umkleidet und schließlich vom Feuerkreis der Sterne umgürtet, den er sich noch täglich um die Erde kreisend vorstellte.
Als letzte Ursache aller Dinge hatte auch Aristoteles nichts Besseres anzubieten als den Begriff des *Ewig Unbewegten Bewegers.*
Nach ihm kam lange nichts. Die Wissenschaften des Mittelalters standen ganz unter der Herrschaft kirchlicher Dogmen.
Wohl hatte das Altertum mit der Alexandrischen Schule der damaligen Wissenschaft zeitig eine Erbschaft hinterlassen, die in ihrem Bestand wohl als höchste Stätte des Wissens jener Zeit zu betrachten gewesen ist, doch mit dem Vordringen des Kirchengeistes war sie rasch in Verfall geraten und schließlich von Theodosis durch die Vertreibung der «heidnischen» Philosophen und dem Weltverbrechen der Verbrennung der gesamten alexandrinischen Bibliothek völlig vernichtet worden.
Was die neuzeitliche Wissenschaft von der des Mittelalters so deutlich trennt und grundlegend unterscheidet, in dem – um mit Schiller zu sprechen – «Europa noch unter einem traurigen Geistesdruck seufzte», ist die Tatsache, daß diese sich jetzt selbständig innerhalb der Kreise abendländischer Gelehrter vollzieht.
Das klerikal bestimmte Denken des Mittelalters hatte im Gegensatz dazu noch einen beträchtlichen Teil seiner Entdeckungen und Erfindungen dem Morgenlande zu verdanken.

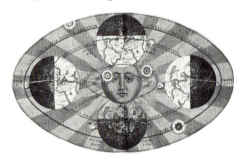

Kopernikanisches Weltbild (Darstellung von Cellarius 1660).

Gleich zu Beginn der Neuzeit gelang der Wissenschaft eine Geistestat, die vielleicht Pythagoras schon vorahnend gedacht haben mag, als er den Gedanken aussprach: daß nicht die Erde, sondern vielmehr möglicherweise die Sonne den wahren Mittelpunkt des Weltensystems darstelle.

Mit einem neuen Begriff – «De revolutionibus orbium coelestium» – beschrieb Kopernikus die in sich selbst zurücklaufenden Umlaufbahnen der Planeten um die Sonne. Mit ihm leitete er die sogenannte «Kopernikanische Wende» der Himmelskunde ein.

Kopernikus hat mit seinen revolutionären Erkenntnissen nicht nur die selbstgerecht gewordene Menschheit aus ihrem «Mittelpunktstraum» herausgerissen, er verschob auch die Örtlichkeiten und Lagen im kosmischen Raum und legte die ersten Zweifel an den damaligen Himmelsbegriff, in welchem man noch *Gott* selbst mit seinen Engelscharen thronend glaubte.

Der *allmächtige Schöpfer* aller Dinge mußte zum ersten Male aus seinem Himmelreich ausziehen und in metakosmische Gefilde ausweichen. Der biblische Schöpfungsgedanke erlitt damit vielleicht die erste entscheidende Niederlage.

Als der Begründer der nächsthöheren Stufe des Weltbegriffes wird zu Recht Isaak Newton bezeichnet. Im Alter von 22 Jahren bereits – mit 28 war er schon Mitglied der «Königlichen Gesellschaft der Wissenschaften» – soll er durch den Anblick eines vom Baum fallenden Apfels auf den Gedanken verfallen sein, daß es wohl *Kräfte* geben müsse, die jeden Körper auf den Erdmittelpunkt zutreiben. Wie er auch immer darauf wirklich kam: Indem er diesen Gedanken auf den Kosmos übertrug, gelangte er als erster zu einer Theorie der *Schwerkraft* oder der *Gravitation*.

Für Newton war die Welt eine große Maschine, einem Uhrwerk vergleichbar, das der *Weltenschöpfer* am Anfang der Zeiten einmal aufgezogen und in Gang gesetzt hatte und das nun dabei ist, abzulaufen. Die Entdeckung der Gesetzmäßigkeiten dieses Laufwerkes, die sich ihm als die Naturgesetze darstellten, schienen ihm beherrschbar und haben in der Folge ja auch der Wissenschaft eine gefährliche Macht in die Hand gegeben.

Immanuel Kant stellte auf Grund dieses neuen Wissens die großartige Theorie auf, nach der der gesamte Raum, den das Sonnensystem für sich einnimmt, ursprünglich ganz von in ihre Grundelemente aufgelöste *Materie* erfüllt gewesen sein muß, die nun zusammengefügt in den Himmelskörpern des Sonnen-Planeten-Systems erscheine.

Laplace, ein Zeitgenosse von Kant, nahm für den Anfang der Entstehung dieses Sonnensystems bereits einen feurig glühenden Zentralkörper an, der von einer ebenfalls glühenden Atmosphäre umgeben gewesen sein müsse, die ihre Hitze allmählich in den Weltenraum abstrahlte, sich dadurch zusammenzog und an Rotationsgeschwindigkeit zugenommen hat. Nachdem dadurch die Zentrifugalkräfte Übergewicht bekommen hatten, habe sich aus der Atmosphärenschicht Materie abgelöst und das Material für die Bildung der Planeten abgegeben.

«Die Wissenschaft», hat der amerikanische Wissenschaftsschriftsteller Jacob Bronowski gesagt, «ist eine Welt der unwahrscheinlichsten Wahrheiten. Und wenn wir meinen, daß sie funktioniert, dann haben wir das dem Mut von Menschen zu danken, die gewillt waren, ihren fünf Sinnen ein Schnippchen zu schlagen – von Galilei bis Einstein.»

Als Naturwissenschaft wird heute nur noch diejenige Denkweise begriffen, in der das methodische Bewußtsein (logos) der Vernunft zu immer größerer Klarheit gelangend erscheint.

Die Namen: Kopernikus, Kepler, Galilei, Newton, Laplace, Kant und Einstein bezeichnen sicher nur eine unvollständige Reihenfolge dieser Entwicklung und sind dennoch immer dafür gültig.

Waren diese Großen unter den Wissenschaftlern damals noch dadurch in der Erkenntnisfähigkeit beschränkt und eingeengt, daß es ihnen fast völlig an technischen Hilfsmitteln und Geräten zur Überprüfung ihrer Entdeckungen fehlte, kann die Großwissenschaft (big science) heute in dieser Hinsicht wahrhaftig aus dem Vollen schöpfen.

Ausgerüstet mit den teuersten und modernsten Geräten und scheinbar unbegrenzten technischen Möglichkeiten für deren Nutzung, kann die Wissenschaft nun alles Mögliche ermessen und in Bruchteilen von Zeiteinheiten errechnen, was früher noch als gänzlich unmöglich galt.

Wen wundert's, daß sie sich danach bei der Verkündung immer neuer Erkenntnisse geradezu überschlägt und man ihr in all den phantastischen Theorien – die sie übrigens fast ebenso schnell wieder verwirft, wie sie diese aufgestellt hatte – kaum noch zu folgen vermag.

Es scheint, als müßten die Wissenschaftler auf Erden noch erst lernen, mit diesen Apparaten richtig umzugehen.
Im wesentlichen streiten sich heute die Glaubensrichtungen zweier Basistheorien um den Anspruch der Wahrheit: Ein Teil der mit dem Thema der Weltentstehung (Schöpfung) befaßten Wissenschaftler hängt einer als «Beständigkeitstheorie» bezeichneten Denkrichtung an, die auch unter dem englischen Begriff «Steady-state» bekanntgeworden ist. Sie sind wahre Kantianer, denn nach ihrer Auffassung war vom Anfang an bereits alle Materie, die dem Universum innewohnt und es erfüllt, alle Zeit vorhanden. Lediglich durch Veränderungen, Zusammenziehungen, Erhitzungen, Turbulenzen usw. sollen daraus immer wieder Weltensysteme entstanden sein.
Das ist, wie bereits beschrieben, die Kantsche «relativistische Weltidee», und viele hängen ihr wegen ihrer klaren Überschaubarkeit an. Dieses Entstehungsprinzip bedingt, daß es im ganzen Universum keine einzige Region geben kann, die sich gegenüber anderen Regionen durch irgend etwas besonders auszeichnet. Man setzt damit voraus und impliziert, daß das ganze Universum, abgesehen von einigen lokalen Unregelmäßigkeiten, gleichförmig und in sich völlig homogen sein muß. Selbst dann, wenn sich der Himmelskörper zufällig im Mittelpunkt des Universums befinden würde, ist er darum nicht schon dessen Zentrum. Dadurch wird jene Regelmäßigkeit denkbar, die zwar auch von anderen Kosmologien in der universellen Wirklichkeit gesehen und als Phänomen aufgefaßt wurde, aber bisher noch nicht gedeutet werden konnte.
Die Aussage der «Steady-State-Theorie» erhebt zum Postulat, daß sich auch die Position eines erkennenden Subjektes wie die eines menschlichen Beobachters im Universum durch nichts als nur lokale Besonderheiten von irgendeiner anderen Position darin prinzipiell unterscheidet. In dieser Kosmologie gibt es darum auch keine Erkenntnisse, die nur für die Erde oder den Menschen Gültigkeit hätte, sondern sie treffen grundsätzlich für das ganze Universum gleichermaßen zu.
Ohne dieses Erkenntnisprinzip wäre jede Kosmologie sinnlos, denn dann könnte man praktisch alle Befunde als Besonderheiten der von den Menschen bewohnten Lokalität Erde abtun.
Für dieses Steady-State-Prinzip der Kosmologie spricht zudem auch die Erfahrung, daß sich die fundamentalen Gesetze des Universums

regelmäßig und überall reproduzieren lassen. Nimmt man beispielsweise die Bestimmung der Lichtgeschwindigkeit mehrfach vor, dann erhält man erfahrungsgemäß immer wieder das gleiche Resultat. Zeit, Ort und Lage haben keine Auswirkung auf das Experiment. Diese Beobachtung ist denn auch eine Bedingung für die Theorie, wonach ja das Universum in sich homogen ist und diese Struktur im wesentlichen auch stets beibehält.

Um der bisher unwiderlegten Beobachtung Rechnung zu tragen, daß sich das Universum entgegen der Forderung dieser Theorie scheinbar ständig ausdehnt, führte man die Annahme ins Feld, daß im Universum selbst kontinuierlich Materie erzeugt wird, die einen zusätzlichen Raumbedarf in Anspruch nimmt.

Die Steady-State-Theorie schien aber kaum noch aufrecht erhaltbar, nachdem 1965 eine Mikrowellenstrahlung als rundum wirksame Hintergrundstrahlung in allen denkbaren Himmelsrichtungen festgestellt wurde, die man sich nur als Überbleibsel von explosiven Ereignissen der frühen Phase des Universums erklären zu können glaubte.

Obgleich diese geheimnisvolle Strahlung den Glauben an eine Homogenität in der *Zeit* zerstörte, lieferte sie zugleich aber den Beweis für eine Gleichmäßigkeit im *Raumbegriff*. Die empfangene Mikrowellenstrahlung ist nämlich *isotrop,* das heißt, man findet sie aus allen denkbaren Himmelsrichtungen mit der gleichen Intensität wirkend vor.

Es scheint also, als würde diese Eigenschaft das kosmische Prinzip der Gleichförmigkeit sowohl widerlegen, als auch untermauern.

Auch die beobachtete Expansion des Universums gibt den Steady-State-Anhängern Rätsel auf. Einerseits nämlich bezeugt sie eine explosiv-expansive Bewegung, andererseits ist überhaupt kein Zentrum dieser Bewegung auszumachen. Hinzu kommt, daß man nach dem Stand des Wissens über die Massen im *Raum,* viele Himmelskörper entdecken müßte, die bedeutend älter wären, als die ältesten der bekannten Sterne und viele, die weit jünger wären. Weil all diese Diskrepanzen nicht plausibel erklärt oder ausgeräumt werden konnten, kamen Zweifel auf, ob diese Theorie bestehen bleiben könne.

Die andere in Mode gekommene Theorie – die fast schon zu einer «heiligen Kuh» der Astrophysik herangewachsen ist – geht davon aus, daß sich das ganze Universum in einem Prozeß explosionsartiger

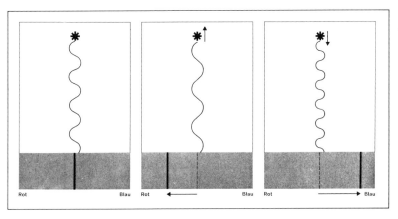

Prinzip der Rot-Verschiebung.

Ausbreitung befindet und alle Himmelskörper einander in größter Eile fliehen.
Der Entdecker dieser (Katastrophen-)Kosmologie war der amerikanische Astrophysiker Hubble, der in den späteren zwanziger Jahren dieses Jahrhunderts festgestellt zu haben glaubte, daß sich das Licht aller der Erde fernen Himmelsobjekte um so mehr zum roten Ende seines Spektrums hin verschoben zeigt, je weiter diese von der Erde entfernt sind.
Die Größe der *Rotverschiebung* ist mit der Entfernung gekoppelt zu denken, und ihr Maß wird als *Hubble-Konstante* angegeben. Hubble selbst hat die Entdeckung zunächst mit einer Fluchtgeschwindigkeit von 180 km pro Sekunde angenommen und damit erst einmal zu rechnen begonnen.
Ein Himmelskörper, eine Million Lichtjahre entfernt, flieht danach mit einer Geschwindigkeit von 180 km/s von allen anderen, ein anderer, welcher zwei Millionen Lichtjahre entfernt ist, flieht entsprechend mit zweimal 180, also 360 km/s und so weiter.
Nimmt man die *Hubble-Konstante,* wie er selbst sie vorgestellt hat, dann wäre zu folgern, daß das Universum vor nun etwa 1,7 Milliarden Jahren geboren worden sein muß.
Weil man aber bereits zu seiner Zeit für Teile der Materie ein erheblich davon abweichendes höheres Alter mit Sicherheit errechnet zu

haben glaubte und einige der Himmelskörper für mehr als vier Milliarden Jahre alt hielt, mußte die «Konstante» schon bald einer Revision unterzogen werden.

Mittlerweile rechnet man nur noch mit einer Fluchtgeschwindigkeit von 17 km/s je Million Lichtjahre Entfernung und das Weltenalter addiert sich zu einer Größe von nahezu 18 Milliarden Jahren seit seiner Geburt.

Das kann sich noch einige Male ändern. Boshafte Zungen schlugen bereits vor, die «Hubble-Konstante» in «Hubble-Variante» umzubenennen.

Mag auch die Konstante in Wirklichkeit eine Variante sein, die Tatsache der steten Flucht aller Himmelsobjekte voneinander wird weiterhin als richtig angenommen, und man rechnet in der Wissenschaft damit.

Aus heutiger naturwissenschaftlicher Sicht vollzog sich die Schöpfung – legt man ihr diese Theorie zugrunde – nach folgender Reihe: Am Anfang allen Geschehens war ein *Nichts* in Form reiner Energie – woher diese auch immer rühren mochte. Diese Energie erschien derart ungeheuer verdichtet, daß es irgendwann aus ganz und gar unerklärlichen Gründen zu einem großen Knall, dem *Urknall* oder «big bang» – womit diese Theorie auch bezeichnet wird – kam, aus dem alle Massen explosionsartig hervortraten und sich rapide ausdehnten. Daher die Flucht aller von allen im Weltenraum. Die zuerst entstehende Masse befand sich noch im Zustand des Plasmas, aber schon Sekunden später füllte sich das Universum dann mit Inhalten aus Teilchen, Strahlen und Kräften.

Die ersten Teilchen stießen sich – aus welchen geheimnisvollen Gründen auch immer – noch gegenseitig ab, zerbarsten erneut zu Energie und bildeten neue Teile. Darunter befanden sich nun auch Partikel, die sich ihrer gegensätzlichen Ladung wegen angezogen und als Atome stabilisiert haben. Die wesentliche Frage, wer oder was diese gewaltige Explosion einmal ausgelöst hat – so jedenfalls die Wissenschaftler und Anhänger dieser Theorie –, wird man nie beantworten können.

Denn, nie wird man wissen können oder erfahren, was vorher existierte, weil mit der zermalmenden und zerstörenden Gewalt dieses ersten Geschehens alle Beweise in der sengenden Hitze dahingeschmolzen sind.

Eine große redefigürliche Eleganz und Gewandtheit zeichnet diese an sich unhaltbare Ausrede aus. Man braucht nicht einmal mehr zu belegen, was da behauptet wurde.
Das größte Hindernis für den Fortschritt der Wissenschaft scheint tatsächlich die Annahme einiger Wissenschaftler zu sein, daß unbegreifliche Dinge wirklich geschehen können.
Ach, hätte man den Schluß doch noch nicht gezogen. Erklärt diese Theorie durchaus auch eine Reihe von ungelösten Rätseln der Wissenschaft über die Weltenwerdung – das hat sie ja so überaus handlich und beliebt gemacht –, kann sie sich aus mancherlei Gründen selbst nur noch mühsam aufrecht erhalten.
So vermag sie zum Beispiel schon nicht mehr zu erklären, warum nach ihren eigenen Gesetzen die entferntesten Himmelskörper im Universum schneller fliehen müßten, als das Licht sich fortsetzt.

Die *Lichtgeschwindigkeit* nämlich – eine andere Konstante der Physik – gilt auch dann noch absolut und bleibt konstant, wenn sich zwei Lichtquellen mit jeder denkbaren Geschwindigkeit relativ einander nähern oder voneinander entfernen, weil sie sich zu keiner anderen Bewegung addieren läßt.
Zum Wissen über die Strukturen des Universums gehört auch die Tatsache, daß ein Beobachter – wir deuteten das bereits an – in allen Raumrichtungen praktisch immer das gleiche sieht, die Isotropie nämlich.
Diese Gleichmäßigkeit aber schränkt die Ausgangsbedingungen für jedes Weltmodell erheblich ein. Sowohl die Big-Bang- wie auch die Steady-State-Theorie erlauben zunächst noch eine Vielzahl von denkbaren Anfangsbedingungen. Will man aber die Isotropie darin erklären, dann schrumpft diese Vielzahl zur Einzahl.
Konnte beispielsweise die Steady-State-Theorie die stete Flucht nicht erklären, dafür aber mit der Gleichmäßigkeit ganz gut vorankommen, so können die Diskrepanzen, die sich aus der Isotropie des Universums ergeben, von der Big-Bang-Theorie nicht auf den Nenner gebracht werden. Nach ihr begann ja die Entwicklung des kosmischen Geschehens mit einem Anfangszustand, in dem sich die gesamte Materie des Universums im Zustand unendlicher Dichte begriffen, zum Singular massiert vorfand, bevor alles zu explodieren begann. Extrapoliert man die jetzigen Verhältnisse auf einen solchen Anfangszu-

stand, dann bedingt solches die erkennbare Herausbildung eines Explosionszentrums, aus dem mittlerweile alle Materie entflohen ist.
Explosionen haben es ja nun einmal in sich, daß ihr Wirkungsausdruck auf ein Zentrum schließen läßt.
Doch dieses Zentrum hat bisher niemand ausgemacht, und der große *Urknall* erschien darum selbst Einstein nur als eine abartige Spekulation. Er verfaßte bereits eine Entgegnung auf die Veröffentlichung des «Friedmannschen Weltmodells», in der ein Ursprung des Weltalls aus einer großen Explosion erstmals erschienen ist.
Die Rechnungen der Wissenschaften gehen einfach nicht mehr auf. Mit ihren Hypothesen und Theorien, die sie großspurig als Entdeckungen ausgeben, können sie zwar noch die Kleingeister und ihresgleichen verblüffen, der großen Mutter Natur, nach deren Gesetze ja alles, was sie entdeckt zu haben glauben funktioniert, machen sie nichts vor, sie läßt sich davon nicht beeindrucken und stellt dem mit Sicherheit irgendwann die Wirklichkeit entgegen.
Gegen Ende der dreißiger Jahre hatte Dirac merkwürdige Beziehungen zwischen verschiedenen dimensionslosen Größen entdeckt, die in der Astrophysik offenbar eine Schlüsselrolle spielen. Er hatte dabei drei Größen besonders im Auge: Die sogenannte Kopplungskonstante für die Gravitation, sie beträgt 10^{-40} und ist das Maß für die Stärke dieser Grundkraft.
Die zweite Größe war das errechnete Alter des Universums in atomaren Einheiten ausgedrückt: das Verhältnis der *Hubble-Zeit,* zu der Zeit, die das Licht benötigt, um die Spanne eines Protonenradius zurückzulegen. Die sich ergebende Zahl lautet 10^{40}.
Die dritte der dimensionslosen Größen war die Gesamtzahl der Teilchen (Protonen und Neutronen) im sichtbaren Bereich des Universums. Diese Zahl liegt nach letzten Erkenntnissen bei 10^{80}. Die Gravitationskonstante entspricht also etwa dem Kehrwert vom Alter des Universums, die Zahl der Teilchen dessen Quadrat und die Kopplungskonstante wiederum dem Kehrwert von der Quadratwurzel der Teilchenanzahl.
Dirac vermutete dahinter eine noch unbekannte physikalische Ursache.
Dem Einwand, daß sich das Alter des Universums und damit die Relationen ständig ändern würden, also nur für diese Zeit zufällig gültig wären, trat Dirac vorsorglich entgegen, indem er postulierte, daß sich

die Kopplungskonstante und die Zahl der massiven Teilchen mit derselben Zeit ebenfalls ändern, und zwar gerade so, daß zwischen ihnen immer die gleiche Relation gelten wird.

Das würde bedeuten: Die Stärke der Gravitation muß umgekehrt proportional zur Zeit abnehmen und die Teilchenzahl im Quadrat der Zeit zunehmen. Nach einem Prinzip, das bereits Ernst Mach entdeckt hatte, ist aber die träge Masse eines Teilchens durch dessen Gravitations-Wechselwirkung mit entfernter Materie verbunden. Wenn das der Fall ist, dann gibt die Gravitationsstärke die genaue Masse der Materie im Universum an. So betrachtet, überrascht es zunächst noch nicht, daß eine zahlenmäßige Beziehung zwischen der Gravitationsstärke und der Teilchenmenge besteht, stellt sie doch das Maß für die Gesamtmasse im Raum des Universums dar. Wieso aber die Gravitationsstärke mit der Zeit bei gleichzeitiger Zunahme der Teilchenzahl in deren Quadrat abnehmen sollte und was nun die Kopplungskonstante mit der Zeit zu tun hat, die das Universum insgesamt besteht, ist alles andere als klar.

Was – so muß man sich überdies auch fragen – ist in weiteren Millionen von Jahren, wenn sich die entferntesten Himmelskörper noch weiter entfernt haben und immer schneller fliehen müßten? Sind sie dann schneller als das Licht, oder paßt sich die Konstante ihnen wieder an?

Wenn sich das Universum nach jenem spektakulären *Urknall* denn wirklich explosionsartig ausgebreitet haben sollte und – weit genug in den Anfang zurückgedacht – ursprünglich dann einmal nur stecknadelkopfklein gewesen sein muß, wirft das auch noch die bedeutsame Frage auf, was hier und dort denn wohl derzeit gewesen ist, wo sich die Erde oder der am weitesten von ihr entfernte Himmelskörper im Raum gerade jetzt befinden.

Kann man denn einfach annehmen, hier habe sich das absolut *Leere* noch befunden? Muß man nicht unterstellen, dort wäre auch stets schon Raum im *Nichtsein* seiner selbst begriffen doch immer gegenwärtig gewesen und ist nicht das Bedingung überhaupt?

Die Frage stellt sich auch, wie weit denn wohl das unerfüllte Leere reichen mag. Ist es denn wohl endlich, oder konfrontiert die Frage uns bereits wieder mit dem Begriff der «Unendlichkeit»?

Implodiere allerdings der Raum, anstatt zu explodieren, und weite er sich durch ständige «Einbeziehung» weiter aus, dann könnte man

sich nicht allein die Weiterung erklären, der ganze Raum würde auch den Mittelpunkt selbst darstellen, und die Verteilung darin könnte beliebig, also auch isotrop sein.
Abgesehen davon und noch vielen Ungereimtheiten, stört es seriöse Wissenschaftler überdies, daß sich alle Himmelskörper mit ein und derselben Beschleunigung voneinander entfernen und mit nahezu derselben Häufigkeit in allen Himmelsrichtungen verteilt erscheinen. Für die Erde ergäbe das eine völlig ungerechtfertigte Zentrallage im Universum. Wäre die *Rotverschiebung* im Spektrum des Lichtes – aus der man die Flucht aller von allen im wesentlichen ja herleitet – nur ein Maß der Entfernung und nicht der Schnelligkeit, die Sache sähe völlig anders aus.
Nachdem schon bei näher zur Erde hin angesiedelten Galaxien bemerkenswerte Diskrepanzen in der Rotverschiebung der Spektren gefunden wurden, haben jüngst Bottinelli und Gougenheim, zwei Wissenschaftler am Observatoire de Meudon, noch eine weitere Ungereimtheit entdeckt. Die beiden Wissenschaftler analysierten das Licht von zwanzig hellen Galaxien und deren Satellitengalaxien, von denen erstere umkreist werden. Es stellt sich nun heraus, daß die Trabanten eine erheblich größere Rotverschiebung ausweisen als ihre Muttergalaxien, obwohl sie diese umkreisen und sie nicht fliehen.
Da systematische Fehler bei diesen Untersuchungen völlig ausgeschlossen wurden, blieb nur noch die Erklärung, daß ein bisher unbekannter Effekt die zusätzliche Rotverschiebung bewirkt haben muß und die Fluchtgeschwindigkeit nur vorgetäuscht worden ist.
Man hört schon kompetente Stimmen, die auch diese Theorie für gescheitert erklären möchten.
Einige andere Hypothesen oder Theorien können einen geradezu erschrecken. Man berichtet von sogenannten «schwarzen Löchern» (black holes) und versteht darunter Schwerkraftstrudel unvorstellbaren Ausmaßes und gewaltiger Wirkungskraft. Ihre implodierende Wirkung hält man für derart groß, daß selbst das Licht in ihrem Wirkungsfeld gefangen wird und darin verschwindet. Sie verschlingen alles, was in ihre Nähe gerät, am Ende auch alle Welten und das ganze *Sein*.
Zum Glück ist es bis heute nicht gelungen, auch nur eines dieser Weltraummonster eindeutig nachzuweisen. Man spekuliert damit vermutlich nur, um seine allgemeine Unkenntnis von den Dingen und

Vorgängen im All zu verbergen. Daß sie auch alles Licht absorbieren und darum nie in unser Gesichtsfeld gelangen, es sei denn, sie verschlingen uns einmal selbst, läßt auch diese Behauptung – wie so viele andere neuerdings – zu, ohne daß man dafür den Beweis anzutreten hat.

Solche Hypothesen stellen sich am Ende immer als völlig unhaltbare Hilfskonstruktionen heraus. Es bleibt immer ein Rest. Dort nämlich, wo vom Akt der Schöpfung selbst die Rede sein sollte, ist Stetes schon «Etwas» vorhanden. Entweder ist es das Unbewegte-Bewegende, ein in seiner Herkunft unerklärliches Energiebündel oder der Schöpfer persönlich gar. Wer wie wir hier die Dinge aus einer selbst angenommenen fernen Warte vor sich sieht, erfährt bereits aus der besseren Übersicht eine korrigierend wirkende Ansicht.

Zum Glück muß man auch nicht unbedingt begreifen, was mit all den Hilfshypothesen ausgesagt werden soll, denn die Weltbilder der sich modern gerierenden Wissenschaft verbrauchen ihre inspirierende Kraft ebenso schnell, wie sie entsteht.

Bemerkenswert ist allenfalls, daß von denselben Wissenschaftlern, die solches ernsthaft erklären, zugleich das Deuten religiöser oder anderer dem mentalen Bereich entnommener Begriffe als völlig «unwissenschaftlich» abgelehnt wird.

Man überläßt dieses Feld den Theologen, allenfalls noch den Philosophen, die man ohnehin in der Nähe der Sterndeuter angesiedelt glaubt.

Des Menschen Geist plagt sich zur Zeit mit undurchschaubaren Weltansichten und überlebten Glaubensbegriffen herum. Kein Theologe und kein Wissenschaftler kann noch ernsthaft behaupten, daß er der Glaubens- oder Naturforschungsdiskussion auch nur annähernd noch gewachsen ist.

Das Denken selbst befindet sich in einer Krise, von kopernikanischer Geradlinigkeit ist nirgendwo mehr etwas zu bemerken.

Mit ihren Schöpfungsglauben haben sich die Menschen einmal selbst in den Mittelpunkt der Existenz zu stellen versucht. Mit ihrer Technik haben sie ihre Muskelkraft vervielfältigt und mit der Wissenschaft ihre Sinne geschärft.

Ihre Mängel und ihre geringe Größe haben sie dabei ganz vergessen. Unkontrollierte Macht über die Natur und grenzenlose Überheblichkeit zeichnet sie aus.

Die Ideen Keplers haben einmal die Welt erschüttert, vermochten dem Menschen noch das Zweifeln zu lehren.

Exkursionen in den Weltenraum und andere technische Meisterleistungen dieser Zeit konnten allenfalls nur noch den Sensationshunger stillen, sie verblaßten bereits mit den Meldungen des nächsten Tages. Superlative werden kaum noch registriert, und Schlagzeilen von Dauer kann man mit den Ergebnissen der Wissenschaften und der Technik kaum noch produzieren.

Das Dilemma der Naturwissenschaften liegt unter anderem auch darin begründet, daß sie mit ihrer Vorgehensweise überhaupt nicht mehr in der Lage zu sein scheint, die wahre Natur des universellen *Daseins* zu erfassen, geschweige denn, sie plausibel zu erklären. Ihr Horizont hat sich auf das Einblickfeld der Rastermikroskope fixiert und reduziert, in dem die Ganzheit nicht mehr erkennbar wird. Es ist in der Welt der Wissenschaften heute Mode, das Experiment als einzig legitime Quelle der Erkenntnisse zu sehen. Die Darstellung der Wahrheiten des in der Natur Gegebenen wird als vor-, wenn nicht gar als unwissenschaftlich angesehen.

Man häuft eine derartige Überfülle von ausschnitthaften Fakten und Details in die Texturen des Wissens, daß nun der Gedanke, aus diesem Berg von wissenschaftlichen Mosaiksteinchen ließe sich einmal wieder ein umfassend ganzes Wissensgebäude erstellen, zunehmend phantastisch genannt werden muß.

Hinzu kommt, daß die Wissenschaft von heute möglicherweise den Spuren von Problemen nachjagt, die sie in ihren Riesenapparaten selbst erst erzeugt hat und die in der Natur zwar möglich, aber gar nicht anzutreffen sind. Sie sucht vielleicht die Ostereier, die sie selbst versteckt hat.

Es ist dennoch faszinierend zu beobachten, wie die Wissenschaft eifrig bemüht ist, in diesen zum Detail hin völlig offenen und zur Teilung beliebig fähigen Größenordnungen eine Gesetzmäßigkeit auszumachen und nachzuweisen.

Nichts scheint ihr zu kompliziert, um in dieser Vielfalt nicht auch denkbar zu sein.

Das moderne Weltbild der Wissenschaft ist verwirrend und befindet sich in einem raschen Wandel. Kaum können noch die Änderungen und Ergänzungen ihre Veröffentlichungen den Gedankensprüngen folgen.

So ist denn zum Beispiel auch die Preisgabe einer so fundamentalen IDEE, wie die Ur-Nebel-Theorie eine war, noch nicht einmal ins öffentliche Bewußtsein vorgedrungen. Diese Wesentliches beinhaltende Theorie, nach der die meisten Himmelskörper – insbesondere auch die Erde selbst – sich einst in einem Zustand des Nebelhaften und danach der Glutflüssigkeit befunden haben, bevor sie sich dann endgültig sich verfestigen konnten, wird angezweifelt, ohne daß an ihre Stelle schon ein Ersatz gesetzt werden konnte.

Der Geologe William Hobbs sagte dazu: «Viel mehr als man denkt, bringt die Preisgabe der ‹Ur-Nebel-Theorie› über die Entstehung der Welten uns dazu, alle unsere wissenschaftlichen Schriften zurückzuziehen. Dieses gilt insbesondere in der Geologie für alles, was zur Seismologie, zur Vulkanologie und zum ganzen großen Gebiet der Entstehung der Kontinente und Gebirge gehörte.»

Ungelöst bleiben dann auch die Rätsel der Ureiszeiten in heute tropischen und subtropischen Zonen der Erde, ebenso natürlich auch die Warmzeit-Vergangenheit der Polregionen. Unbeantwortet die Frage, welche Kräfte die Kontinente auf der Erde wohl driften lassen.

Dennoch, die Flut der Entdeckungen reißt nicht ab. Wo vor wenigen Jahren noch abenteuerliche Experimente und Exkursionen nach unglaublichen Mühen nur wenige erregende Tatsachen zutage förderten, liefern die modernen Roboter der Wissenschaft und Technik heute Fakten in Hülle und Fülle und dazu auch noch in Sekundenschnelle, man braucht sie nur noch abzurufen.

«Die Wissenschaft sucht nach dem Perpetuum mobile, sie hat es, ohne zu wissen, schon gefunden, sie ist es selbst», hat Victor Hugo gesagt.

Und ohne eine neue problemauflösende IDEE wird es den Menschen am Ende möglicherweise so ergehen, wie dem Landvermesser in Kafkas Roman «Das Schloß»: Bereitwillig werden auch ihm immer neue Informationen zuteil; der Schlüssel zur Wahrheit scheint jeden Moment griffbereit für ihn dazuliegen. Doch die Desillusionen folgen stets auf dem Fuße, und die Wahrheit am Ende ist die: Es gibt für dieses Schloß überhaupt keinen Schlüssel.

Mahner gegen all diesen Unsinn hat es immer auch auf Erden schon gegeben. Bereits Kopernikus widmete einen großen Teil seiner Studien der bedeutenden IDEE, daß die Natur – im krassen Gegensatz zu den Auffassungen vieler Naturforscher seiner Zeit – im Grunde ganz einfach sein müsse. Die theoretisch aufgefaßten Umlaufbahnen der Sonne und der anderen Planeten um die Erde, dem gültigen ptolemäischen Weltbild noch entsprechend, hielt er für viel zu kompliziert, um naturgemäß und wahr zu sein. Er fand das unerträglich und suchte nach neuen Wahrheiten.

«Die wilden Wasser, sagt man, hat entbunden
Ein Lehrling einst, vorwitzig und vermessen,
Doch hinterdrein den Zauberspruch vergessen,
Der streng die Elemente hielt gebunden.
Ein tödlich Pulver, sagt man, zu erkunden
Hat einst ein Mönch sich überklug vermessen,
Und als im tiefen Grübeln er gesessen,
Im Zauberdampf den eignen Tod gefunden.
So habt den Zeitgeist ihr gebraut, gemodelt,
Und wie so lustig dann der Brei gebrodelt,
Ihm eure Zaubersprüche zugejodelt.
Und da's nun gärt und schwillt und quillt –
was Wunder,
Wenn platzend dieser Hexentopf zetzunder
Euch in die Lüfte sprengt mit allem Plunder.»
Joseph Freiherr von Eichendorff

80 Berthold, der Schwarzkünstler, nach Francesco de Marchi 1810.

Beklage dich nicht über dein Fundament,
das so ist und nicht anders,
denn es ist vor allem eine Eigenschaft
der Fundamente, daß sie existieren.
Antoine de Saint-Exupéry

Auch noch Darwins unerhörte Thesen

Was den Theologen und den Naturwissenschaftlern nicht gelungen war, hat endlich Charles Darwin mit seiner Theorie «Über die Entstehung der Arten durch natürliche Zuchtwahl» (The Origin of Species by Means of Natural Selection) geradezu schockartig bewirkt.

Keine Erkenntnis seit den Anfängen der Selbsterkenntnis hat die so selbstgerechte Menschheit je tiefer getroffen, als die Theorie, die Darwin auf 500 Seiten nüchterner Prosa ausgebreitet und der baß erstaunten Welt vorgelegt hat.

Er legte damit den Konflikt offen, der lange schon zwischen Religion und Wissenschaft geschwelt hatte. Mit der ketzerischen Lehre von der Entwicklung des Menschen aus dem Tierreich besiegelte er die Spaltung des abendländischen Geistes und trieb die Geisteswelt in zwei sich feindlich gegenüberstehende Lager: hie forschender Geist, da frommgläubige Seele. Diese Kluft ist heute noch wirksam.

Dabei hat Darwin nicht einmal jene ihm stets vorgeworfene Theorie des reinen Zufalls aufgestellt und auch nicht die Abstammung des Menschen vom Affen behauptet, sondern wie kein anderer das schöpferische (kreative) Zusammenspiel des sich zufällig Ergebenden mit der daraus resultierenden Notwendigkeit offenbart. Das Spiel der Varianten und die Auslese der zum Gebrauch Geeignetsten und damit Optimalen, begriff er als ein stetes Abtasten der Natur nach den Möglichkeiten, die in ihr verborgen schon latent vorhanden waren, durch welche sich die Variante zum Zweig herausbilden konnte und angepaßt wurde, oder unter den Widrigkeiten der Natur wieder untergehen mußte.

Darwin sah darin nicht reinen Zufall, sondern einen Rechenplan voller Geistesinhalte, der alle Möglichkeiten erst bedenkt, bevor er sich entscheidet herauszufinden, was möglich ist und in der Wirklichkeit dann auch bestehen kann.

Der eigentliche Verbreiter des Darwinismus war Ernst Haeckel, er stellte – von Darwins Theorie hell begeistert – einen fix und fertigen Stammbaum der Lebewesen auf, der sich aus der «Ur-Suppe» hervorkommend zu seiner vollen Größe entwickelt hat und in der Ausbildung des neuzeitlichen Menschen seinen Höhepunkt erklomm.
Fehlende Glieder in dieser Kette ersetzte er noch durch rein theoretische Zwischenglieder wie zum Beispiel seinen berühmten «Pithecanthropus». Obwohl man inzwischen eine Reihe von Fehlern und Irrtümern in dieser ersten Ahnenreihe und Entwicklungen entdeckte, denken die Darwinisten im wesentlichen weiterhin wie er.
Andere melden Zweifel an, weil es ihnen bis heute nicht gelang, die fehlenden Glieder dieser Kette, die «Missing links», darin zu finden und ohne sie nur Entwicklungssprünge sichtbar werden, deren Weite sich aus der Erfahrung nicht erklären lassen.

Nachdem Haeckel seine Entwicklungslehre der Lebewesen auch auf die Natur selbst ausgedehnt hatte und damit eine ganz neue Weltanschauung konzipierte, die stark an den Vorurteilen der damaligen Geisteswelt kratzte, und nachdem dann Goethe dieser evolutionistischen Naturauffassung auch noch poetischen Glanz verliehen hatte, stimmte am Ende selbst die Kirche als Hauptbetroffene dieser Lehre dem Anschein nach zu und räumt ein, daß die ersten Kapitel der Bibel, die Genesis, wohl nicht in des Wortes direktem Sinne aufzufassen seien.
Unmittelbar hinter dieser Einsicht gähnt aber nach wie vor die Kluft, die Darwin aufgerissen hat.
Seit die in ihrer Herkunft geschichtslose Menschheit sich wieder einen Weltbegriff zurechtgezimmert und selbst zurechtgelegt hatte, mit dem sie auch das Unvereinbare zu vereinbaren vermochte, indem sie ihren Schöpfer einfach aus allen Widersprüchen löste und in den fernen Himmel des Metaphysischen – von diesseits nach jenseits der *Utopie* sozusagen – erhoben hatte, glaubte sie fest, daß dann wohl auch ihr Wesen besser sei als ihre Existenz und hielt letztere durch das erste für gerechtfertigt.
In diesem überheblichen Begriff seiner selbst war es dem Menschen danach nicht mehr möglich, den unerträglichen Gedanken aufzunehmen, daß alle Menschen eines Stammes seien, geschweige den von der gemeinsamen Herkunft mit den *Primaten,* die er nur als grimas-

senschneidende Affen kennenlernte. Er wies diese Gedanken darum weit von sich und verhielt sich absolut elitär.
Noch im vorigen Jahrhundert drangen die sich selbst für ach so kultiviert haltenden Weißen auf die eindeutige wissenschaftliche Entscheidung, daß es niedere und höhere Menschenarten gibt. Wohl gemerkt, es ging ihnen nicht etwa um die Frage, ob es solche gäbe, sondern vielmehr, daß es solche gibt.
Francis Galton - ein Verwandter Darwins übrigens - beklagte seinerzeit ungerügt die unvernünftige Sentimentalität vorgeblich human gestimmter Kollegen gegen die endgültige Ausrottung aller primitiven Rassen.
In den Vereinigten Staaten, wo der Vererbungspsychologe Goddart entdeckt zu haben glaubte, daß 83% aller nach Amerika eingewanderten Juden offensichtlich schwachsinnig seien, trat am Anfang dieses Jahrhunderts noch in mindestens 24 Teilstaaten ein Gesetz zur Sterilisierung «Nichtangepaßter» und zur Einschränkung gemischtrassiger Ehen in Kraft. Daß diese Denkweise hier - im Zentrum des christlichen Europa - dann ihren mörderischen Höhepunkt, den Holokaust, erfuhr, ist Ausfluß dieses barbarischen Denkens.
Die einen, so glaubte fast die ganze Menschheit - und glauben es viele wohl immer noch -, seien eindeutig von *Gott* zur Herrschaft auserkoren, der ganze Rest aber zur Knechtschaft und zum Untergang verdammt.
Nur kopfschüttelnd vernahm man, daß es der offensichtlich ganz und gar verbohrten Wissenschaft nicht einmal gelang, in den körperlichen Anlagen der sogenannten *Primitiven* oder auch *Wilden* gegenüber den selbsternannten *Kultivierten* einen gravierenden Unterschied festzustellen. Angenommen, so lautete ihre Erwiderung nun, die Wissenschaftler hätten denn recht, was nur die körperlichen Merkmale anbetreffe, dann blieben doch unbestritten die hervorragenden und deutlich herausragenden Anlagen des Geistes beim *Kulturmenschen* und dessen unleugbare Überlegenheit gegenüber der Geistesleistung der *Wilden,* wenn man bei denen von solchen Anlagen überhaupt reden könne.
Weil nun der vermeintlich aus einem großmütigen Schöpfungsakt hervorgegangene Kulturmensch in seinem Selbstbegriff auch alles für primitiv erklärte, was die wilden Völker sich in ihren Herkunftsgeschichten zusammengereimt hatten und an Götzengläubigkeit rituell

zelebrierten, hielt er folgerichtig auch für zu phantastisch, dumm und unsinnig, was diese in ihren Sagen und Mythen auszusagen hatten.
Von dieser Verachtung schloß er selbst seine angeblichen Vorfahren nicht aus, an deren zwar behauptete, aber Gott sei Dank niemals bewiesene einstige Existenz er ohnehin niemals geglaubt hatte. Auch deren Sagenwelt mit ihren göttlichen Gestalten, Heroen und Dämonen hielt er für märchenhaft und allzu phantastisch, um sie noch für wahr zu nehmen.

Wo immer die Priesterschaften und Missionare dieser Schöpfungsreligionen auf Zeichen solcher vermeintlich primitiven Denkungsart noch stießen, hielten sie dieselbe für reines Teufelswerk und verbrannten, was davon an Zeichen vorgefunden ward mitsamt all denen, die daran glaubten und nicht willig retirierten.

Tot sind alle Götter:
nun wollen wir, daß der Übermensch lebt!
– dies sei einst am großen Mittage
unser letzter Wille!
Nietzsche – Also sprach Zarathustra

Zukunft im Unglauben?

Allein nur das, was er sich in seiner grenzenlosen Selbstüberschätzung ausgedacht oder von seinesgleichen hat zurechtlegen lassen, glaubt der Mensch, und er klammert sich daran mit allen Fasern seiner unbewußten oder auch bewußten Bangigkeit vor allen Wahrheiten.
Willig und gern griff er darum einst auch nach der *Schöpfungsidee,* war sie ihm doch ein Anfang, der es möglich werden ließ, sich nun nicht mehr seiner primitiven Herkunft schämen zu müssen. Mit allen Anlagen zum *Kulturmenschen* schon begabt, fixfertig von seinem allmächtigen *Gott* erschaffen, fühlt er sich erhaben und allen niederen und primitiven Geschöpfen weit überlegen. (Noch heute glaubt etwa

die Hälfte aller Erwachsenen, daß sie in direkter Linie von einem einzigen Mann, *Adam,* und einer einzigen Frau, *Eva,* abstammen.)
Der Schreck erfaßte sie darum auch und fuhr ihnen heftig in die Glieder, als Darwins Thesen ruchbar wurden und plötzlich das Gesprächsthema der intellektuellen Avantgarde waren.
Nur wenige hatten Darwins Werk gelegen, fast alle meinten aber etwas darüber sagen zu können. So wurde denn auch viel Unsinn darüber verbreitet, und man konnte sich entsetzen über das schreckliche Gerede von der Affenabstammung und was es daraus zu folgern gab.
Seit Darwin streiten sich nun die Geister. Zwar geht es heute kaum noch darum, ob es eine Artentwicklung wirklich gegeben hat, selbst Theologen sind mittlerweile bereit zuzugeben, daß die sieben Schöpfungstage der Genesis eher wohl Entwicklungsphasen gleichzusetzen seien. Der Streit geht immer noch um die angeblich behauptete Affenabstammung, weil es manchen gut in den Kram paßt und Wirklichkeiten aus dem Gedankenspiel nimmt. In hartnäckigen Hirnen wirkt diese bewußt gemachte «Unidee» noch immer diskriminierend weiter, und man versteigt sich in Details um zu beweisen, daß Darwins Thesen entscheidende Mängel aufweisen, um selbst im Unrecht recht behalten zu können. Man ist noch nicht bereit und will nicht akzeptieren, daß ja Darwins Arbeiten, wie alle originären Geistesleistungen, unter dem naturgemäßigen Mangel leiden, daß für sie das Feld noch nicht bereitet war.
Denker wie er mußten selbst immer erst das Fundament für eine große Anzahl unabhängiger Elemente legen, bevor sie zu einem einzigen bemerkenswerten Eindruck verschmelzen und als Theorie ausgebreitet werden konnten.
Fehler, die Darwin unterliefen, bedürfen der Korrektur vielleicht, doch nicht der Widerlegung. Darwinismus heute sollte nicht mehr die ursprünglich von Darwin selbst formulierte These sein, die zwangsläufig in vielen Details nur eine Hypothese bleiben mußte, sondern eine um das danach erworbene Wissen erweiterte Version, die man als Neo-Darwinismus oder Synthese desselben bezeichnen kann.

Nachdem der irrende Mensch aber erst einmal an seinem Schöpfungsglauben neuen Halt gefunden hatte, vernachlässigte er in unverzeihlicher Ignoranz für viel zu lange Zeit nun die Bewahrung und Erforschung dessen, was ihm von seinen Ahnen selbst mit auf die Reise

gegeben worden ist und als Menschheitswissen in Sagen, Mythen und Märchen übermittelt wurde.
Die Schöpfungsidee war immer nur ein Ausweg, eine Antwort war sie nie.
Heute nun, nach langem Herumirren auf allen denkbaren Irrwegen, wagt es kaum noch einer unter diesen Menschen, sich gegen die Irrtümer aufzulehnen, um ja nicht die schreckliche Revolution der Wahrheit heraufzubeschwören, die den Irrweg aufzeigen und die Überheblichen der Schmach einer Niederlage überlassen würde.
Wahrheiten aber sind nicht abzuweisen, sie bedrängen die Gewissen und drücken sich in Unbehagen aus. So sucht der Mensch noch immer nach neuen Wegen, auch, wenn es sich dabei erst wieder nur um einen Ausweg handeln kann.
In solchen Zeiten kommen die Ideologien zur vollen Blüte – Sektenwesen und Obskurantismus haben Hochkonjunktur –, die, kaum der Wahrheit näher, für sich nichts mehr erreichen, als nur die Begriffe umzudrehen und auf einem anderen Irrweg anzusiedeln.
Der *Atheismus* ist eine Ideologie der Art, er verändert die herkömmlichen Begriffe, ohne selbst einen brauchbaren Ersatz dafür zu setzen. Atheisten sind pure Verleugner, weiter nichts.
Ursächlich dafür und schuldig allemal ist das immer brüchiger gewordene Fundament längst überlebter und jeder Wahrheit ferner Ideologien, die sich der Wirklichkeit immer weiter entfernt haben und der Heilung selbst bedürfen.

Das große Unbehagen heute gründet zutiefst im Zweifel an der *Allmacht,* ja der Existenz des All mächtigen *Schöpfers,* den die Menschen *Gott* zu nennen pflegten und an den sie Ströme der Güte in großem Überfluß verschwendet haben, während sie für ihre Nachbarn und Mitmenschen fast nur das Böse übrig hatten.
Nietzsche hat damit seinen Angriff auf *Gott* im «Antichrist» begründet und gesagt: «Ihr macht es euch zu leicht, ihr Gottlosen! Gut, es mag so sein, wie ihr sagt: die Menschen haben Gott geschaffen, ist dies euer Grund, sich nicht mehr um ihn zu kümmern?»
Zwar hat Nietzsche im «Ecco Homo» zum Maßstab des Denkens erhoben, daß «sich die Lüge im Glauben an Gott verbietet», aber zugleich hat er auch daran erinnert, daß der Atheismus weder als Ergebnis noch als Ereignis anerkennenswert sein kann.

Auch streng Gläubige können heute nicht mehr an die Krippe zurückgeführt oder noch zum Fasten für die Sünden angehalten werden, nachdem sie täglich sehen und miterleben, wie die großen Sünder dieser Welt im Golde schwimmen und die armen Gläubigen verhungern, während andere Völker straflos Atheisten sind. Die bisher Gläubigen sind dabei zu bemerken, daß sie einem großen «Hokuspokus» aufgesessen sind.
Ein Teil der Suchenden wurde zum Opfer von Sektierern, andere schlossen sich der neugläubigen Gefolgschaft scheinbar neuer Propheten oder Gurus an, die ihre Gefolgschaft nur zur Mehrung ihrer Macht und ihres Reichtums nutzten.

Wieder andere wurden Opfer wahnsinniger Idioten, wenn man Johnstown nicht vergessen will.
Noch andere glauben den Extraterristen, die ihnen weismachen wollen, daß der Geist vom Himmel fiel und die Götter nichts als Wesen fremder Welten seien.
Viele resignieren und nennen sich seither Atheisten oder *Heiden* ohne selbst nun schon zu wissen, was sie damit sind und was der Inhalt ihres neuen Aberglaubens werden soll.

E. Richter hat in seinem Werk: «Der Götterkomplex» ausgeführt, daß der Atheismus – im Widerspruch zum Monotheismus scheinbar nur – die eigentliche Ausprägung des Gotteskomplexes der Menschen ist. Dieser Komplex folgt für ihn zwangsläufig aus der hoffnungslosen Mittelalterlichkeit einer frömmelnden Kirche, die heute, wie schon am Anfang ihrer eigenen hohen Zeit, noch wider besseres Wissen im Dogmatismus verharrt und eingebunden ist.

In Wirklichkeit ist offenbar der Atheismus keinesfalls so unreligiös, wie er sich selbst zu sehen scheint, sondern vielmehr nur erst der Ausdruck des Zweifels und des unbewußten Verlangens, die Wirklichkeiten zu begreifen.
Zwischen Mensch und *Gott* hat sich die Kirche breitgemacht, zwischen Mensch und Wirklichkeit schiebt sich die Wissenschaft.
Seit der Aufklärung galt der Traum des geistbegabten Menschen, sich von allen Repressionen zu befreien. Ist dieses rein formell auch schon gelungen, angesichts der Freiheiten, die der Mensch sich

nimmt, führte es ihn doch noch nicht in die Zufriedenheit. Das krasse Gegenteil ist doch der Fall.
Der Mensch, unter unzähligen von seinesgleichen dennoch ganz allein, leidet unter seinem Geist.

Habe nun ach! Philosophie,
Juristerei und Medizin
Und leider auch Theologie
Durchaus studiert mit heißem Bemühen.
Da steh ich nun, ich armer Tor,
Und bin so klug als wie zuvor.

Goethe - Faust I.

II. Buch | Der erste Tag der Schöpfung

Die IDEE vom *Dasein* begründet im *Nichtsein*. Denn *Sein* und *Nichts* bedingen einander und sind miteinander identisch.
Das *Dasein* ist der Ausdruck des *Nichtseins,* und alles Geschehen ist in diesem *Augenblick.*
Das *Jetztsein* vergeht, doch später wird es nicht.
Zeit und *Raum* sind Moden des *Seins,* und die *Ewigkeit* erkennt man im *Nichts* dieses *Augenblickes.*
Am Anfang aber war das *Nichts.*

Gib nach dem löblichen Verlangen,
Von vorn die Schöpfung anzufangen!
Zu raschem Wirken sei bereit!
Da regst du dich nach ewigen Normen,
Durch tausend, aber tausend Formen,
Und bis zum Menschen hast du Zeit.
Goethe – Faust II

IDEE der Schöpfung – ein Experiment mit der Wirklichkeit

«Ich habe den tollen Einfall, die ganze Welt, alles, was wir heute von den Erscheinungen der Himmelsräume und des Erdenlebens, von den Nebelsternen bis zur Geographie der Moose auf den Granitfelsen wissen, alles in einem Werk darzustellen – und in einem Werke, das zugleich in lebendiger Sprache anregt und das Gemüt ergötzt... Ich weiß, daß ‹Kosmos› sehr vornehm ist und nicht ohne eine gewisse Afféterie; aber der Titel sagt mit einem Schlagwort: ‹Himmel und Erde›, schrieb Alexander von Humboldt einem Freund, als er 1834 den ersten Band seines Werkes fertiggestellt hatte.
Er hatte eine neue IDEE, seiner Zeit das Wissen von den Dingen darzustellen. Die IDEE gehört an den Anfang des Experiments. Erst

durch sie wird die Existenz offenbar. Wie sagte doch George Wald? «Ein Experiment ist eine List, mit der man die Natur dazu bringt, verständlich zu reden, danach muß man nur noch zuhören lernen.»
Ein solches, alles umfassendes Vorhaben der Weltendarstellung, wie Humboldt es mit seinem «Kosmos» vorgenommen hat, möchte man meinen, sei heute keinem einzelnen mehr möglich, nachdem sich zwischenhin unzählig viel Wissen angehäuft hat. Doch, was ist wirklich anders geworden seit Humboldt? Muß man denn die Vielzahl der Sterne kennen, um von ihrem *Sein* überzeugt zu werden, muß man denn jede Wissenschaft selbst betreiben, um von ihrer zergliedernden Akribie überzeugt zu sein? Kann man nicht auch heute noch das *All* erfassen und im Gedanken voll und ganz ermessen, wenn man nur sein wahres Wesen aus der logischen Entfaltung einer IDEE erfährt? Den Versuch, so sei hier unterstellt, ist dieses Vorhaben allemal und einmal wieder wert.
In der philosophischen Wissenschaft ist dafür jeder Weg gangbar, fast jedes Mittel recht. «Anything goes», hat Paul Feyerabend gesagt und keinerlei Methodenzwang mehr gelten lassen.
Im Gegensatz, doch nicht im Widerspruch zu den Naturforschern der reinen Wissenschaft, die erst schauen, um daraus dann zu schließen, betritt der Denker seine Stätten am besten a posteriori und richtet zuerst sein Denkgebäude auf.
Plato, Altmeister der Wissenschaft des reinen Denkens, untersuchte in seinem Dialog «Sophistes» die Folgerung des Parmenides, nach dessen Ausführungen *Denken* und *Sein* dasselbe seien. Was gedacht werden kann, so ist dort gesagt, das sei auch denkbar möglich und danach vorhanden. Was denkbar vorhanden sein kann, das ist auch Wirklichkeit.
Aus diesem gegenseitigen Bezug gewinnt er die Vorstellung eines Prinzipes, innerhalb dessen das Geschehen möglich wird, das sich allein aus der IDEE erklärt. «Nichts existiert außer Atomen und leerem *Raum*. Alles andere ist nur Meinung», hat Demokrit gesagt.
Die Attribute der Substanz sind laut Spinoza ausschließlich nur das, was wir darüber wissen: Denken und Ausdehnung (cogitatio et extensio). Diese Attribute drücken auch das Wesen jeder Substanz erst aus. Die Wirklichkeit und alle ihre Erscheinungsformen sind Moden denkbarer Existenz. Substanz ist unwirklich, wenn sie nicht auch gedacht werden kann.

»Als ob» nannte Immanuel Kant solche Form der Existenz, wenn sie logisch und errechenbar, aber nicht schon beweisbar erschien. Nach Heinrich Hertz müssen die notwendigen Folgen solcher «Scheinbilder» – wie er sie nannte – stets auch Abbilder der naturnotwendigen Folgerungen davon sein.

Wenn Gedanken allerdings gegen den kategorischen Imperativ der Logik verstoßen, dann stellen sie kein reines Denken im Sinne dieser Philosophie mehr dar. Befinden sie sich innerhalb der Grenzen oder gar im vollen Einklang damit, dann sollen und können sie nicht nur gedacht werden, um die Wirklichkeiten zu bezeugen, dann müssen sie auf jeden Fall vollzogen werden.

Um in der Schule des Brahmanismus zu sprechen: *Nichts* ist es und war es am Anfang, *Nichts* gleichsam auch im *Sein*. Das *Sein* findet sich wahrlich erst im *Denken*.

Die Götter selbst sind als Teil der Schöpfung nur denkbar, sie sind diesseits davon.

Parmenides verstand unter «Logos» das *Denken* selbst. Aus dem Geist hervorgehend, ist es der Ausdruck und der Weg, auf dem der Mensch das Wesen der Dinge und des Universums zu durchdringen und zu erkennen vermag. Nach ihm ist *Denken* die einzige Möglichkeit, da jede Anschauung trügt.

Das *Denken* hat das *Sein* in seiner ganzen Wirklichkeit stufenweise erst ersichtlich werden lassen.

Diesen klugen Gedanken gehorchend, soll in diesem Werke das *Dasein* an einer modellhaft erdachten Welt als IDEE nachvollzogen und als zunächst noch logische Vermutung mit den Realitäten des bestehenden Universums verglichen werden. Der Betrachter behält dazu die einmal eingenommene ferne Warte bei und versucht den Gesamtüberblick, bevor er die Details ins Visier nimmt.

Der Grundstein eines solchen Denkgebäudes ist die Erkenntnis des *Daseins* selbst, auf dessen Fundament die Welten ruhen.

MEPHISTOPHELES Ich wünsche nicht euch irrezu-
führen, was diese Wissenschaft betrifft,
Es ist so schwer, den falschen Weg zu meiden;
Es liegt in ihr soviel verborgnes Gift,
Und von der Arznei ist's kaum zu unterscheiden.
Am besten ist's auch hier, wenn ihr nur einem hört
Und auf des Meisters Worte schwört.
Im ganzen: haltet Euch an Worte!
Dann geht ihr durch die sichre Pforte
Zum Tempel der Gewißheit ein.
SCHÜLER Doch ein Begriff muß bei dem Worte sein.
Goethe - Faust I

Sein oder Nichtsein ist die Frage aller Fragen

Die Dinge des *Daseins* gilt es (glas)klar zu sehen, um sie zu durchschauen. Um aber durchscheinendes Glas selbst überhaupt sehen zu können, müssen wir unseren Blick zwischen Durchblick zu den Wahrheiten dahinter und dem Spiegelbild von der eigenen Existenz davor, hin und her gehen lassen, um in diesem Vorgehen die nach dem Gesetz der Grenzen absolut dimensionslose Oberfläche zu erkennen.

Alle Existenz ist nur möglich aus einem Dialog mit der Reflexionsebene des eigenen Bewußtseins, welches sich aus der erfahrenen Erinnerung und der Ahnung des danach zu Kommenden aus dem *Jetzt* zur Wirklichkeit erhebt.

Daß dieses so ist und gar nicht anders denkbar wird, beweist sich, indem die Dinge für uns niemals dort sind, wo sie wirklich liegen, sondern immer dort, wo wir sie zu sehen glauben. Bei der Betrachtung der Himmelskörper beispielsweise handelt es sich stets nur um Aberrationen. Sie nehmen den Charakter der Legende an, weil nur die Phantasie dem Geist ihren Standpunkt darstellt; sie selbst haben sich zur gleichen Zeit bereits gewandelt, sind fortgezogen und vielfach gar schon längst Vergangenheit.

Nachdem wir annehmen, daß allein das Denkbare wohl wirklich existiert, muß vernünftigerweise das ganze Universum von uns nachgedacht werden können und danach wirklich werden.

Leukipp von Milet fand im fünften Jahrhundert vor der Zeitrechnung die atomare Struktur der Materie durch reines Denken. Dieses Produkt der Evidenz, seine ureigene IDEE nämlich, verfestigte sich in der Wissenschaft danach erst im neunzehnten Jahrhundert und bestand die experimentelle Überprüfung. Erst also kommt die IDEE, dann folgert man daraus die Wirklichkeit zu ihrem Beweis.
Wenn wir das *Dasein* bedenken und darin Dinge bemerken, die wir selbst nicht sind, dann stellt sich uns die Frage, was wir denn sind und woher die eigene Existenz wohl rühren mag.
Wir bemerkten an den Dingen auch, daß alles Existierende ausnahmslos aus «etwas» hervorgegangen ist, was vorgängig bereits vorhanden und dafür befähigt gewesen ist.
Das diesem Gedankengang zugrunde liegende Prinzip der funktionellen Abhängigkeit zwischen den Ursachen und ihren Wirkungen – das *Kausalprinzip* – beherrscht das *Dasein* und bestimmt dessen wesentliche Strukturen. Wie weit wir uns auch in etwas Existierendes vertiefen und dessen Wandel mit der Zeit verfolgen, immer ist «etwas» denkbar schon davor gewesen, und nie wird die exemplarische Ursache selbst für uns bemerkbar.
Indem wir aber für eine Sache die Ursache erkennen und damit anerkennen, daß es eine solche auch gibt, stellen wir zugleich deren Jetzt-Zustand als einen vorläufigen Endzustand und Anfangszustand unzweifelhaft fest, und das hat Konsequenzen.
Anfang und *Ende* scheinen danach zwingend für den logischen Schluß (Prämisse), und dennoch sind sie darin nicht denkbar, weil ihre Reihenfolge eine falsche ist. Steht doch in diesem Augenblick das *Ende* (des Gewesenen) vor dem *Anfang* (dem Kommenden).
Dieser dialektische Widerspruch besagt nichts weniger, als daß sich das Denken nur zusammenfassend auf das *Dasein* hin beziehen läßt. Denken allein, wenn es als solches schon zu erkennen vermeint, ist stets noch Lug und Trug. Als Bedeutung bedarf es der Erfüllung durch das Bild der Wirklichkeiten selbst.
«Erkennen», hat Plato einst gesagt, «findet durch das (Denk-)Vermögen in uns statt, das dem wahrhaft *Seienden* verwandt ist.»
Erfaßt der Logiker darum eine Voraussetzung mit seinem Verstande (dianoia) und versteht er mit seiner Intelligenz daraus den logischen Schluß zu ziehen, verschafft er dem Gedanken damit eine Wirklichkeit.

Wo keine Ursache erkennbar ist, da denkt er probeweise, um in der logischen Vermutung überprüfend zu erkennen, ob seine Folgerung dem Spiegelbild der Wirklichkeit entspricht.

Keiner wird den Anfang aller Dinge schon ergründen, der nur vom Heute auf das Gestern schließt. Nur der, der darin auch zu sehen weiß, erkennt vielleicht, was sich daraus ergibt.

Vorstellungskraft war schon Albert Einstein wichtiger als Wissen.

Ein «Seher» muß sein, wer das ganze *Dasein* begreifen lernen will. Ein «Seher» überdies, der dazu begabt ist, sich das ganze große Universum aus der Ferne vorzustellen, um es im ganzen betrachten zu können. Dabei muß er sich alle Zeit erinnern können, daß er davon ein Teil ist und all den Wandel in sich trägt.

Man weiß und hat davon gehört, daß es einzelne gibt, die sich in ihrem Unbewußten an Dinge und Geschehnisse erinnern, die weit vor ihrer eigenen körperlichen Existenz geschehen sind. Solches Nacherleben bezeugt, daß jedes Individuum der Lebewesen im Stammbaum seiner Herkunft nur ein vorläufiges Endprodukt sein kann. Weil das so ist und weil die Herkunftsreihe zu ihm gerichtet durchgehend und ungebrochen ist, muß jeder auch in seinem Geiste, wenn er sich nur verinnerlicht, das ganze Welterlebnis tragen.

Das *Seiende* ist die vorläufig letzte Wandelstufe des veränderlichen Gewesenen. Das *Ich* ist der Jetztzustand seines ganzen Stammes und trägt dessen Lebenserfahrung in sich fort. So ist das Wissen um die Existenz nicht in erster Linie eine Frage der Wissenschaften, sondern des intensiven und extensiven Denkens. Die Natur offenbart sich dem Geist in ihrer ganzen Breite und Tiefe. Die Wissenschaften entheben den Denker aber der Zeitverschwendung, indem sie schon Gedachtes in den Prozeß der Erkenntnis einbringen.

Marcel Proust hat das zu beschreiben versucht, als er einmal sagte, daß die fernste Erinnerung im Unbewußten eines jeden ruht, sich aber nur demjenigen wieder eröffnet, der dieses zu berühren weiß.

Einmal angestoßen – das läßt sich bezeugen –, öffnen sich die Schleusen des Unbewußten willig und lassen den «Sehenden» in alle Vergangenheiten schauen, als hätte er sie selbst erlebt.

Bei Sigmund Freud war das *Unbewußte* der Bewahrungsort für alle verlorenen oder verdrängten Inhalte, sowohl der individuellen als

auch der völkisch kollektiven Existenz, die ja nur vermöge der ungebrochenen Fortsetzungsreihe individueller Existenzen eine eigene Bedeutung erwerben konnte. Hinter dem Persönlich-Unbewußten erkannte er darum das Kollektiv-Unbewußte, welches die archaischen Inhalte bewahrt.
Freud unterschied das Persönlich-Unbewußte nicht prinzipiell vom Kollektiv-Unbewußten. Beide sind nur aus dem täglichen Bewußtsein verdrängte Inhalte der Gesamterinnerung und gleichermaßen weit davon entfernt.
Indischen «Upanisten» gilt das im Unbewußten Ruhende als entscheidend für die Selbsterlösung, als die wahre Erkenntnis des *Atman,* in dem sie sowohl das *Es,* wie auch das *Ich* begreifen. Vom urersten Tag an schon – so glauben sie zu wissen – hat jedem geistbegabten Individuum sein *Atman* einen alles bewahrenden Wert verliehen. Wer sein *Atman* kennt, hat alles *Sein* durchschaut.
Die Fragen nach dem SEIN haben die Philosophen aller Zeitalter und Generationen beschäftigt.
Bei Laotse drückt sich das ganze *Sein* im *Tao* aus, das schon Wirklichkeit gewesen ist, bevor es Himmel und Erde gab. Das *Tao* war sogar schon vor dem *Ti,* dem höchsten aller Wesen gegenwärtig. Das *Tao* ist *All*-gegenwärtig und dabei unwahrnehmbar in sich selbst. Dennoch ist es das *Seiende* an sich und im *Dasein* erfahrbar vorhanden. Zugleich ist es aber auch als das *Nichtsein* zu begreifen. Auge und Ohr suchen vergeblich danach, es ist aber allerorten.
Es ist vergleichbar demjenigen, das auch die massiven und die porenlosen Körper ohne weiteres zu durchdringen in der Lage ist. Das *Tao* durchdringt selbst das absolut Zwischenraumlose, weil es zugleich das *Nichts* darstellt und das *Sein* ihm darum auch keinen Widerstand entgegensetzt.
Es wirkt, als wirke es selber nicht: *Tao* ist ohne Tun und ohne Nicht-Tun immer *da.*
Schwach ist des *Tao* Ausdruckskraft. Und es ist darum auch *Ewigkeit,* weil es hervorbringen kann, während es selbst unscheinbar verbleibt. Obwohl es das übermächtig *Seiende* erschafft, gibt es dasselbe her, als ob es aus sich selbst entstanden sei.
Das *Tao* ist im ganzen *Sein* der Ursprung allen *Einsseins* und all das *Einssein* hat Teil am *Sein* in einem Maße, wie es durch das Band des unnennbaren *Tao* darin gehalten wird.

Das *Einssein* ist das Wesen, nicht die Zahl, die immer nur ein Teil desselben ist.
Im ursprünglich einen *Tao* sind aber zwei Wesensinhalte verborgen angelegt: Das «unnennbare-Tao» und das «nennbare-Tao», welches das *Einssein* (Dasein) selbst ist.
Beide sind desselben Ursprungs, tief und unergründlich zusammengehörig für alle Zeit und Dauer.
Im *Dasein* geschieht gleichsam der Prozeß des Wesens vom *Einssein*. Die Beweglichkeit der Wesen im ruhelosen Weltenall ist nur die Nichtigkeit des Werdens und Vergehens aus dem *Nichts* des *Tao* in das *Tao* des *Nichts*, ist Heimkehr also, in den eigenen Ursprung.
Und endlos ist der Kreis, dessen Mittelpunkt überall sein mag. Zurückzukehren in den eigenen Ursprung heißt Ruhe zu gewinnen, und Ruhe heißt das *Sein* erfüllt zu haben. Das *Sein* erfüllt zu haben, heißt die *Ewigkeit* zu begreifen.
Unvergleichlich, klug und voller Weisheit, ja, einzigartig ist das von Laotse Gesagte. Nie wieder wurde je erdacht, was er einst sah und geistreich deutlich machte.
Wer immer das *Dasein* definieren will, kommt ohne diese Gedanken nicht voran. Vorausgedachtes ist ja Bedingung für das Nachdenken und niemals spurenlos verschwunden. Es ist ein Teil des neuen Denkens und darin verwoben. Jedes Wissen kombiniert die Erfahrung, es tauscht nicht Altes gegen Neues aus.
Wenn wir das *Dasein* so bedenken und darin wandelbare Dinge und Vorgänge gewahren, dann stellt sich uns die Frage, woher und woraus diese hervorgegangen bzw. abgewandelt worden sind, und wir bemerken, daß alles offensichtlich erst geworden ist. Wir ahnen mehr, als daß wir schon begreifen, daß irgendwo in nebelhaften Fernen einmal alles irgendwie begonnen hat und einen Anfang nahm.
Nichts war immer schon, *Alles* mußte erst (da) sein und *werden*.
Akzeptieren wir das *Werden* im Begriff der funktionellen Abhängigkeit, müssen wir notwendig auch die Vorstellung eines *Anfangs* und eines *Endes* in unsere Philosophie mit aufnehmen.
Wenn sich uns ein Anfang im *Dasein* auch nicht zu erkennen gibt, sind die Bedingungen dafür dennoch gegeben.
Begrenzen wir damit aber das *Dasein* zwischen *Anfang* und *Ende*, dann zwingt uns diese Annahme zum Begriff von *etwas*, an das es grenzt, denn *Begrenztes* setzt ja *Angrenzendes* zwingend voraus.

Es bereitet überhaupt noch keine Schwierigkeiten, das *Jetzt* als den vorläufigen Endpunkt des ihm vorgängig Gewesenen zu begreifen, um anzunehmen, daß daran beliebig viel Kommendes anschließend wirklich werden kann.

Ein endgültiges *Ende* dieses *Daseins* ist uns aber ebenso unbegreiflich, wie der *Anfang,* weil wir nicht in der Lage sind, denkbar zu machen, was jenseits davon ist.

Parmenides, wohl der bedeutendste vorsokratische Eleate, lehrte im alten Athen, daß alle Vielfalt, Mannigfaltigkeit und Wandelbarkeit im *Sein* zu leugnen und alles nur auf *eins* zurückzuführen sei, welches nicht abstrakt, sondern ganz konkret begriffen werden müsse.

Das hört sich logisch an, weil nichts benennbar zu sein scheint, was es nicht gibt.

Die Eleaten gingen soweit, zu behaupten, daß es weder die Bewegung noch die Wandlung in der Wirklichkeit gebe und somit alles im *Sein* sich Befindende nur Trugbild sei. Während einer von ihnen gesagt hatte: «Die Fahne bewegt sich im Winde», ein anderer: «Der Wind bewegt sich und nicht die Fahne», hatte Zeno doch gelehrt: «Nicht der Wind, nicht die Fahne, sondern der *Geist* bewegt sich.»

Motion war nach seinem Lehrsatz Illusion. «Motion unexistiert», sagte Zeno aus Elea. Er sagte noch: «Mein Meister, der sechste Patriarch lehrte mich, daß alle Wirklichkeit nur eine *einzige* ist, unbeweglich und völlig unveränderlich. Pluralität, Veränderung und Bewegung sind nur Sinnestäuschungen.»

Diogenes in der Tonne – so geht jedenfalls die Mär – wurde von den Eleaten gescholten oder gar geprügelt, weil er, um ihre Ansichten zu widerlegen, vor ihren Augen auf und ab ging und sie damit verhöhnte.

Man sollte sich nicht zu früh über mögliche Denkfehler der frühen Denker mokieren, denn das macht uns lächerlich, nicht sie.

Was wir von ihnen ererbten und erfuhren, ist ein ebenso wichtiger Bestandteil der Wissensgeschichte, wie alles das, was nach ihnen bis heute hin gedacht worden ist.

Die frühen Denker waren die Baumeister der Fundamente des Turmes der Wissenschaften insgesamt, und wir – auch wenn wir vermeintlich ganz oben auf diesem Turm stehen – sind ihnen unendlich fern.

«Wenn ich weiter gesehen habe, dann darum, weil ich auf den Schultern von Riesen stand.» So hat Newton seine Rolle in der Wissenschaftsgeschichte einmal selbst beschrieben.

Auch das Wissensgebäude hat seine Weltgeschichte. Mit jeder neuen Erkenntnis, mit jeder neuen IDEE, lernt man erst die nächste Stufe dieser Leiter zur Turmspitze zu ersteigen. Selbst ein erkannter Irrtum ist ein Teil der Wahrheit.

Wenn die Wissenschaft aus der Erfahrung auf die Wirklichkeit trifft, entsteht Physik, wenn uns die Wirklichkeit aber durch reines Denken und bloße Erinnerung, also Philosophie, vergewissert wird, dann entsteht Metaphysik.

In beiden Fällen wird aber der Zugang zum Wesen der Dinge nur durch den *Geist* erschlossen.

Zuerst hat wohl Altmeister Plato mit souveräner Beherrschung der Mittel des *Geistes* die reine Seins-Spekulation (Ontologie) entfaltet und damit die Grundlagen der Metaphysik schon gelegt. Bei Plato ist Logik, Erkenntnis und Seins-Spekulation eine sich erfüllende und verwirklichende Einheit. Er ließ die IDEE des *Seins* und des *Nichts* aneinander teilhaben und erklärte beide für identisch.

In seinem Dialog «Sophistes» erklärt Plato uns, daß das Denken und das *Sein* ein und dasselbe sind. Indem er beide aufeinander bezieht, gewinnt er den Begriff, innerhalb dessen eine Beweglichkeit erst möglich ist und das Geschehen im *Dasein* beschrieben werden kann.

Die Vielfalt aber, die in der Bewegung begründet liegt, dachte er sich in einer «Geichzeitigkeit» die dadurch zum Ausdruck kommt, daß nun eine beliebige Zahl von *Vorherigem* und *Nachherigem* dem *Jetzt* zuaddiert werden könne und dieses dadurch denkbar wird.

Plato unterschied im *Sein,* das auch er sich nur als das *eine Sein* oder genauer das *Einssein* vorstellig machen konnte, «Identität» und «Differenz».

Die *Identität* findet er im *Jetzt* nur durch dessen *Differenz* zum Vorherigen und Nachherigen *Sein.*

Diese Gedanken wurden von den Neo-Platonikern weiterentwickelt, indem diese nun das *Eine* zugleich auch das *Viele* sein ließen und es die Begründung alles *Seienden* darstellen ließen.

Hier tritt bereits das Prinzip der «Gleichzeitigkeit» auf das Deutlichste hervor und mündet in einem dialektischen Seinsbegriff, der unwidersprochen logisch ist.

Man kann das *Sein* in seiner Unmittelbarkeit nur denken, wenn das *Nichtsein* zur Potenz des Daseins, zum *Nichtsein* von etwas Bestimmtem also, erhoben wird. Im *Dasein* zeigt sich danach die Verwirklichung dieser immanenten Möglichkeit durch die *Differenz,* wie sich der Akt von seiner Potenz unterscheidet.
Das Ruhende ist die Potenz, die Bewegung ist der Akt.
Bei Thomas von Aquin gab es das *Sein* und das «Am *Sein* Teilhabende». Die Dinge wiesen bei ihm durch ihre Teilhabe auf die Wirklichkeiten als ihren Maßgrund hin. Denn, so Thomas, jede Tätigkeit bedarf des Tätigen, ohne schon mit ihm identisch zu sein.
Bei Thomas weist dieser Unterschied als Differenz zwischen Möglichkeit und Wirklichkeit auf eine, von ihm als *göttlich* begriffene, Urgestaltung hin.
Immanuel Kant, der tief in die Problematik dieser Fragestellung vordrang, versuchte die Grenzen menschlichen Denkens überhaupt festzustellen und damit ein Grundschema der Ordnung des Erkennbaren als Wahrnehmung an sich aufzustellen. In den Mittelpunkt seiner Dialektik stellte er die Widersprüche der Vernunft des Denkens und deren Auflösung durch die Logik.
Er befaßte sich mit dem Widerspruch, zugleich behaupten und widerlegen zu können, daß das *Dasein* einen *Anfang* habe.
Lasse sich gar beides, die Behauptung und die Verneinung, beweisen, dann bliebe auch ihm, seinen eigenen Ausführungen zufolge, nur das Verzagen oder die Suche nach einer Lösung außerhalb uns logisch erscheinender Denkwege.
Auch Hegel rang verzweifelt um die IDEE des *Nichts*. Er konnte das *Sein* darin nur unterbringen, indem er der «positiven» Idee des *Daseins* eine «negative» Idee des *Nichtseins* gegenüberstellte und sie in dieser Dualität für identisch erklärte.
Es scheint, wir wissen nichts, das *Sein* bleibt eine ungelöste Frage.

Sieh diesen Torweg! Zwerg! sprach Zarathustra:
der hat zwei Gesichter.
Zwei Wege kommen hier zusammen:
die ging noch niemand zuende.
Diese lange Gasse zurück:
die währt eine Ewigkeit.
Und jene lange Gasse hinaus, das ist eine
andere Ewigkeit.
Sie widersprechen sich, diese Wege,
sie stoßen sich gerade vor den Kopf:
und hier, an diesem Torweg ist es,
wo sie zusammenkommen.
Der Name des Torwegs steht oben geschrieben:
«Augenblick».
Aber wer einen von ihnen weiterginge –
und immer weiter und immer ferner:
glaubst du Zwerg,
daß diese Wege sich ewig widersprechen?
Alles Gerade lügt, murmelte verächtlich der Zwerg.
Alle Wahrheit ist krumm,
Die Zeit selber ist ein Kreis.
Nietzsche – Also sprach Zarathustra

Das Dasein ist in diesem Augenblick

Wenn wir im Vorherigen die großen Philosophen sagen ließen, wie sie das *Dasein* begriffen haben, dann ging es uns nicht darum, uns hinter deren Autoritäten zu verschanzen, sondern vielmehr darum, aufzuzeigen, welchen Verlauf die Entwicklung des Denkens über die Begriffe des *Daseins* genommen hat. Erstaunlich ist es, festzustellen, daß es bis heute kaum einen Fortschritt darin gegeben hat und die antiken Denker mit Recht noch immer auf ihren Sockeln stehen. Wir werden uns darum auch weiterhin ihres weisen Ratschlags bedienen, wann immer es uns nötig erscheint.

Es gibt keine Frage zu den Rätseln dieser Welt, die jemals tiefer und intensiver bedacht wurde als die nach dem *Dasein* und dem *Nichtsein*. Viele haben viel gewußt, richtig deuten konnte dieses Rätsel keiner.

Hat Logik die Erfahrung zur Voraussetzung, dann muß man logischerweise auch von der *exemplarischen Ursache* lernen können, wie sie selbst beschaffen war oder ist, bevor man sich auf den Weg der methodischen Entfaltung einer neuen IDEE begibt. Wenn man das «rerum cognoscere causa», den absoluten Grund aller Dinge nämlich, als die Voraussetzung für den logischen Schluß (Prämisse) begreift, muß man auch dessen Wesen deuten und zu benennen wissen. Fundamentalbegriffe dieser Kategorie kann man eine Weile vor sich herschieben. Auf Dauer aber ist das nicht möglich, weil gegen alle falschen Annahmen und Gedankenbrücken ein unabwendbares Urteil wirksam wird: Sie nähern sich darum unaufhaltsam ihrer Selbstauflösung, weil sie dem unbändigen Verlangen des Geistes nach Erkenntnis des Wahren nichts entgegensetzen können und ihm ein steter Anreiz bleiben, sie durch wahre Erkenntnisse zu ersetzen. Es gibt keine größere Intoleranz als die der Wahrheit.
Max Planck hat einmal gesagt: «Die Wahrheit triumphiert nie, ihre Gegner sterben nur aus.»

Kann es nach herkömmlichem Begriff die *Unendlichkeit* in *Zeit* und *Raum* nicht geben, was ist dann *Zeit* und was ist dann *Raum*?
Wir reden ständig über die *Zeit,* und es würde uns arg treffen, sagte uns irgendeiner, wir wüßten gar nicht, worüber wir sprechen. Die *Zeit* vergeht uns hin und wieder gar zu schnell, ein andermal fließt sie nur träg dahin. Da wir uns sicher sind, daß sie vergeht, muß sie folgerichtig auch von irgendwo gekommen sein und irgendwo am Wege ihres steten Laufes zurückbleiben, wenn sie abgelaufen und verbraucht ist. Woher sie aber kommt und wohin sie vergeht, das weiß man nicht genau.
«Wenn keiner mich nach der *Zeit* fragt», sagte schon der heilige Augustinus, «so weiß ich es, will ich sie aber jemandem erklären, so weiß ich es nicht.»
Plato begriff die *Zeit* als das bewegte Bild der *Ewigkeit,* das wirklich *Seiende* war für ihn ohne *Zeit* und *Raum*.
Die *Zeit* war den Menschen schon immer kostbar, und sie teilten sie sich ein. Zuerst in so natürliche Unterteilungen, wie Jahreszeiten, Tageszeiten, Stunden und Minuten. Endlich unterteilte man den Tag noch in 86 400 Sekunden und ließ sich davon zu seinen Terminen hetzen.

Heute mißt man die *Zeit* mit ganz genau gehenden Quarzuhren, in der exakten Wissenschaft sogar mit der Genauigkeit der Strahlung, die manche Atome aussenden, wenn sie von einer höheren Energiestufe in eine niedere fallen.

Es war ein langer Weg von den ägyptischen Sonnenuhren, die man noch morgens gen Osten und mittags gen Westen drehen mußte, bis zur Atomuhr mit Jahrtausend-Genauigkeit.

Weil die Schatten der Sonnenuhren und die Zeiger der mechanischen Uhrwerke einen Kreis beschrieben und stetig ihren Weg zurücklegten, verfiel man in den Irrtum, daß dann wohl auch die *Zeit* selbst einen Weg beschreiten müsse, und glaubte seitdem an ihren steten Strom von irgendwo nach nirgendwo.

Man spricht von einem linearen *Zeit-Begriff,* seit Galileo Galilei mit seinen rollenden Kugeln bewiesen zu haben behauptete, daß die *Zeit* stetig und unumkehrbar abläuft.

Heraklit hat einmal gesagt: «Man kann nicht zweimal in denselben Fluß steigen»; sein Schüler Kratylos ergänzte: «Wer zum zweitenmal in denselben Fluß steigt, ist gar nicht mehr derselbe Mensch.»

Interessant ist es zu wissen, daß dem Menschen die Fähigkeit des Bemerkens von *Zeit* nicht schon bei seiner Geburt gegeben ist. Er hat dafür auch kein eigenes Sinnesorgan. Erst nachdem er den Begriff des *Raumes* und den der Dinge darin als subjektive Formen der Existenz bemerkt hat, um die Mitte seines dritten Lebensjahres etwa, wenn sich dann auch sein Geist zu seiner individuellen Fertigkeit des Relativierens unmittelbar gemachter Erfahrungen entwickelt hat, wächst dem Menschen ein Zeitbewußtsein zu. In der Tierwelt gibt es hingegen überhaupt keinen Hinweis dafür, daß sie ein Gefühl über das *Jetzt* hinaus entwickelt hat.

Bemerkenswert, ja verwunderlich ist auch, daß man zwar eine *Schallgeschwindigkeit* und eine *Lichtgeschwindigkeit* anzugeben weiß, eine unabhängig davon gegebene *Zeitgeschwindigkeit* aber kennt man nicht. Es gibt keinen bemerkbaren Unterschied zwischen der *Zeit* und den Dimensionen des Raumes, außer, daß sich unser Bewußtsein entlang der Bahn des Zeit-Ablaufes orientiert.

Ein Verständnis der *Zeit* scheint somit nur den geistigen Fähigkeiten vorbehalten und darum möglicherweise illusorisch zu sein.

Laut Einsteins «Allgemeiner Relativitätstheorie» gibt es denn auch keine absolute *Zeit* und keinen absoluten *Raum*. Die Strukturen wer-

den bei ihm erst durch die Anwesenheiten und Beweglichkeiten darin ausgedrückt. Zeit hat auch keine spezifische Qualität, Zeit ist kein Stoff, sondern immer nur die Differenz im Vergleich der Zustände im Raum und kann darum allein nur als Raum/Zeit begriffen werden. Zeit ist eine reine Konstruktion des Geistes.
Fast alle bisherigen *Daseins*-Philosophien beruhen auf einer Beweglichkeit des *Jetzt* mit und in Richtung des angenommenen *Zeitlaufes* und der damit einhergehenden «Außersichtstellung» des *Seins*. Hält man die *Zeit* an, dann bleibt nichts mehr außer sich, sondern alles in sich und identisch. *Vorhersein, Jetztsein* und *Nachhersein* wären dann ein und dasselbe.
Dieser Gedanke, wird er auf eine höhere Ebene des Denkens angehoben, stellt die *Gleichzeitigkeit* der Geschehnisse und Dinge im *Dasein* in Abhängigkeit und Lage (Nachbarschaft) zueinander als «Wandel in der *Zeit*» dar und bedingt nicht schon deren Beweglichkeit.
Es stellt sich uns immer wieder die Frage, warum ein «Etwas» überhaupt existieren muß, warum es Welten gibt, Leben darauf und den *Geist,* der alles Leben noch überragt.
Warum nicht einfach *Nichts,* wo doch das *Nichtsein* eine entschiedene Möglichkeit darstellt.

Weil wir offensichtlich mit unseren bisherigen Denkgewohnheiten und Denkwegen nicht zum Ziele kommen, sollten wir uns nicht scheuen, diese anzuzweifeln und ihre eingewurzelten Besetzungen durch einen Sprung in ihre Widersprüche notfalls alternieren. Wir müssen die Begriffe richtigstellen, damit nachher die Urteile auch stimmen.
Der Natur des *Daseins* eine *Zeit* in Form des chronologischen Ablaufes aufzubürden, dient ihrer Erklärung nicht. Jede Kosmologie bleibt unerklärt und nur vorgetäuscht, solange man vor und nach diesem Ablauf keinen Anschluß finden kann. Wenn sowohl vor wie auch nach dem *Sein* immer wieder nur das *Nichts* erscheint, dann muß der Versuch einmal unternommen werden, darin auch die *exemplarische Ursache* selbst zu suchen.
Allerdings müßte dazu zwischen den beiden «Idealen» eine Äquivalenz erst hergestellt werden. Nach unserer bisherigen Begriffsauffassung ist ja das *Dasein* alles und das *Nichtsein* gar nichts. Entweder werten wir das *Nichtsein* derart auf, daß es für uns nicht mehr das

absolut Inhaltsleere bedeutet, sondern vielmehr das *Nichtsein* von etwas ganz Bestimmtem, oder wir werten das *Dasein* entsprechend ab und gesellen es dem *Nichts* hinzu.

Sind wir zu dieser Gedankenradikalität bereit und in der Lage, dann treten erst die fundamentalen Ausdrücke der Existenz ins Blickfeld: die *Zeit,* der *Raum* und die *Unendlichkeit* als deren unbegrenzter Ausdruck.

Es stellt sich uns die alles bedeutende Frage, ob die uns an sich so geläufigen Begriffe vom *Dasein* überhaupt genauso gewichtig sind, wie sie uns bisher immer erschienen.

Die Wissenschaft von *Zeit* und *Raum* geriet ja stets in große Beweisnot, wenn sie den Versuch unternahm, dem allgemeinen Fortschritt der Wissenschaft zu folgen und die Ergebnisse ihres eigenen Denkens zu offenbaren.

Es stellte sich dann nämlich heraus, daß weder menschliche Intelligenz noch der Geist selbst je einen eigenen Sinn für die fraglichen Ideale *Zeit* und *Raum* entwickelt haben.

Ach ja, da ist ja noch der Begriff des *Raumes,* den die *Zeit* auf ihrem *Zeit-Pfeil* (Time Arrow) durchmißt und so geschwind durcheilt. Zwar glaubt jeder, genau wie den Ablauf der *Zeit,* den *Raum* ganz intensiv schon zu empfinden, wenn er sich zum Beispiel mit einem Schiff inmitten des weiten Ozeans befindet, um sich nichts als Wasser und über sich nichts als den Himmel, dessen Raumausdruck nur durch die Kreislinie des scheinbaren Horizontes eingeengt wird. Noch größer wird der Eindruck, wenn die Nacht hereingebrochen ist und das Himmelsgewölbe mit allen seinen Sternenlichtern im großen All aufgelöst erscheint und man die Uferlosigkeit empfindet. Doch *Raum-Unendlichkeit* erschließt sich uns darin noch nicht.

Da sowohl der *Raum-* wie auch der *Zeit-*Begriff nur durch ihr Größenverhältnis zum Ausdruck kommen, müssen wir ja notwendigerweise der Vorstellung eines *unendlichen Raumes* und einer *unendlichen Zeit* auch diejenige einer *unendlichen Größe* beigesellen.

Dieses aber ist undenkbar, weil jede *Größe* mathematischen Funktionen unterliegt und darum beliebig dividiert oder multipliziert werden kann.

Durch die Vervielfältigung des *unendlichen Raumes* aber würden wir ja immer nur wieder dieselbe Größe, die des *unendlichen Raumes,* erhalten. Wäre das nämlich, was wir als Produkt dieses Rechenprozesses erhielten, verschieden von dem, woraus wir es errechneten, dann wäre letzteres eben nicht *unendlich Groß* schon gewesen, sondern *endlich* und *begrenzt.*

Die Unvereinbarkeit des Begriffes der *Unendlichkeit* mit der scheinbaren Offensichtlichkeit der eigenen Erfahrung im *Dasein* tauchte bereits in den «Paradoxien» des Eleaten Zenon im vierten Jahrhundert auf, in denen er mit verblüffender Logik aufzeigte, daß unter Einbezug des Begriffes der *Unendlichkeit* jede Bewegung unmöglich sei. Bewegung nämlich – so Zenon – setzt ja voraus, daß sich das Bewegte in endlicher *Zeit* auf endlichen Wegen über unendlich viel *Singulare* bewegt. Wie aber kann es möglich sein, daß etwas *Endlich* und *Unendlich* zugleich ist?

Newton führte dann den Begriff der *unendlich kleinen Veränderung* mit seiner Infinitesimalrechnung ein, war aber selbst nicht in der Lage, sie mathematisch auszudrücken.

In Hegels «Dialektik des Unendlichen» ist ausgesagt, daß das *Endliche* wohl nur ideell begriffen werden kann. Der Idealismus besteht darin, daß dieses *Endliche* noch nicht das *Seiende* an sich darstellt, sondern lediglich die negative Form des *Unendlichen* ist.

Siewerth hat die *Unendlichkeit* sogar der *Endlichkeit* unterzuordnen versucht und damit unsere herkömmlichen Begriffsauffassungen völlig umgekehrt.

Fragt man also nach der *Zeit,* dann wissen wir sie nicht zu erklären, fragt man uns nach dem *Raum,* dann wissen wir ihn nicht zu begrenzen, fragt man nach der *Unendlichkeit,* dann entzieht sich diese jedem plausiblen Begriff, und fragt man nach dem *Dasein* selbst, dann gibt es dafür keinen Begriff. Darum: ein Königreich für eine neue IDEE!

Wir sind auf die hohen Gipfel gestiegen und in die Tiefen der Erde eingekrochen und möchten gar zu gerne der großen formenden Hand nächste Spuren entdecken.
Es kommt gewiß noch ein Mensch, der darüber klar sieht.
Wir wollen ihm vorarbeiten.
Goethe an Charlotte von Stein

Das Sein vergeht, doch später wird es nicht

Jede begreifliche Erklärung setzt voraus, daß die Bedingungen dafür bekannt werden. Für den Begriff des *Daseins* kann diese offenbar nur im *Nichtsein* gefunden werden. Bisher vermochte aber noch niemand zu sagen, wie und warum das *Dasein* im Gegensatz zum *Nichtsein* und nicht im Widerspruch dazu entstehen konnte.
Etwas benennen heißt auch es bemerken. Das *Nichtsein* ist dem Anschein nach aber die totale Verneinung des *Bermerkbaren* und konnte – wenn überhaupt – erst dadurch Bedeutung erlangen, daß es im *Dasein* einen Akt-Charakter erfuhr und sich unterschied.
Bemerkbares, und das ist das eigentlich Bedeutsame daran, setzt ein bemerkendes Subjekt voraus, welches im Menschen mit seiner Geist-Begabung exemplarisch existiert.
Der Akt-Charakter des wirklichen *Daseins,* des «ens realissimum», drückt sich in dessen Dynamik und Mobilität als Universum aus, in dem letztere einen ständigen Wandel verursacht und den Ausdruck damit bestätigt.
Nach den Gesetzen der funktionellen Abhängigkeit ist jede Wirkung zugleich eine Folge und Modus dessen, was die Ursache dafür gewesen ist. Die Ursache für den Wandel eines Felsbrockens, zum Beispiel in Kieselgeröll des Flusses, ist der Schliff, den der Gesteinsbrocken im steten Strom des Wassers erfuhr. Schaut man genau hin, dann kann man in demselben Fluß sowohl das Kieselgeröll, den Felsbrocken selbst also, den Abschliff als Sediment und irgendwo auch das Wasser noch finden, welches im steten Strom den Abschliff bewirkte.

Die Ursache für den Wandel, den Wandel und die jetzige Form des Wandelbaren selbst ist noch aufzufinden. Nichts ging verloren, nichts blieb zurück.

Im *Dasein,* welches nur durch seine Differenz zum *Nichtsein* und dem steten *Wandel* zum Ausdruck kommt, muß darum die exemplarische Ursache noch ebenso erhalten und also erkennbar sein. Man muß das *Nichtsein* im *Dasein* ebenso wiederfinden können wie die Reste des Gesteins im Fluß, wenn es denn die Ursache dafür war.

Die indisch-brahmanische wie auch die altgriechische Metaphysik – Vorbilder des abendländischen Denkens – lehrten noch übereinstimmend den Grundsatz, daß aus *Nichts* auch nichts werden könne. «Immer war, was war, und es wird immer sein. Denn, wenn es entstanden wäre, so müßte es vor seiner Entstehung *Nichts* gewesen sein. Nun kann aus *Nichts* unmöglich *Etwas* werden», meinte Melissos von Samos. Ihm schien noch undenkbar, daß «etwas» aus dem *Nichts* entstehen und spurlos darin irgendwann wieder verschwinden könne. Die Philosophen seiner Zeit ließen darum jedem *Dasein* ein *Vorhersein* vorangehen und erklärten beide zusammen für *Unendlich.*

Diese als klassisch zu bezeichnende Begriffsauffassung findet ihre Begründung allein in der Annahme, daß das Nacheinander im *Dasein* seinen bestimmten Ausdruck in der *Zeit* gefunden hat und diese darum ebenfalls als ein Nacheinander zu begreifen sei.

Man wußte von der Mangelhaftigkeit solchen Denkens und nahm dabei in Kauf, daß damit nicht erklärt werden konnte, was jenseits von Anfang und Ende des Wandels angesiedelt ist.

Bevor eine neue IDEE von der Schöpfung ausgebreitet und anschaulich gemacht werden kann, muß ein Denkweg gefunden werden, wie man die Fundamentalbegriffe des *Daseins* plausibel und darstellbar machen kann.

Die Frage ist dabei allerdings immer: Hilft das Gefundene bei der Lösung des Problems, oder gehört es selbst zu dem, welches es zu lösen gilt. Mag sein, daß man dabei am «Laufe der Zeit» und anderen als gesichert geltenden Begriffen noch zweifeln lernen muß.

«Denn in der *Ewigkeit»,* hat Meister Eckehart gesagt, «gibt es nicht Gestern und Morgen, da gibt es nur ein gegenwärtiges *Nun.*»

Wie ist es übrigens mit den exakten Wissenschaften? Können die Mathematiker und Astrophysiker uns vielleicht helfen?

Nachdem die reinen Wissenschaften sich erst etablieren und emanzipieren konnten, war auch das *Zeit/Raum*-Problem nicht nur ihr Thema, es blieb vielmehr ihre ständige Herausforderung und nach der durch Newton hervorgerufenen Gedankenrevolution sogar Gespräch der Physiker unter ihnen.

Als absolute Konstante oder Ausrichtung aufgefaßt, hat der Begriff der *Zeit* entsprechend unterschiedliche, zum Teil widersprüchliche Auslegung im Denken der Fakultäten gefunden.

Die *Zeit-Konstante* wurzelt im Determinismus der klassisch newtonschen Dynamik. Die *Zeit-Ausrichtung* dagegen in der Argumentation der Thermodynamik, genauer im «Satz der Entropiezunahme», welcher besagt, daß bei Erreichen des absoluten Nullpunktes aller Temperaturen die Entropie als Austauschgröße und Möglichkeit an sich, dem Nernstschen Wärmesatz zufolge, diesen Wert als Ausdruck des *Nichts* erreicht.

Der Begriff der *Entropie* wurde von Rudolf Clausius bereits 1865 eingeführt und nach ihm mit dem Einheitszeichen (C1) abkürzend benannt. Die Entropie eines Körpers nimmt danach um 1 C1 zu, wenn ihm bei der absoluten Temperatur T reversibel eine Wärmemenge $Q = (T)$ cal. zugeführt wird. Der Begriff wurde als der größte Beitrag des 19. Jahrhunderts zum wissenschaftlichen Denken, aber auch als anstehender Beweis für den nihilistischen Grundzug alles *Seienden* erklärt, das darin dem Wärmetod im *Nichts* zustrebt.

Das bedeutet anders ausgedrückt: Da die Natur scheinbar nur unumkehrbare und zielausgerichtete Vorgänge produziert, muß die Entropie im Universum, solange man es als ein geschlossenes System begreift, schließlich zum Übergang aller Energie in Wärme und endlich zum Nullpunkt der Temperaturen führen.

Weil überdies Energie- oder Temperaturdifferenzen die Voraussetzungen der materiellen Existenz an sich und für das *Dasein* sind, muß nach diesem theoretischen Satz einmal alles materielle *Dasein* auch im *Nichts* unwiederholbar vergehen.

Der darin zum Ausdruck kommende Endzustand wird als der *Wärmetod* des Universums bezeichnet.

Der aufmerksame Leser hat es schon bemerkt, wir sind mal wieder genau dort angelangt, wo wir schon so häufig waren. Wird nämlich *Anfang* und *Ende* postuliert, dann muß wieder einmal erklärt werden können, was jenseits davon liegt und woran die Enden grenzen. Eine

«Hyperzeit» und einen «Hyperraum» kennen wir nicht und könnten wir dafür nicht setzen, weil auch deren *Endlichkeit* oder *Unendlichkeit* der Beweispflicht unterliegen müßten.

Die Philosophie hat schon immer einen großen Teil ihres Denkaufwandes dafür eingesetzt, plausible Denkwege, wenn nötig sogar Auswege, für scheinbar unlösbare Problemstellungen oder Fragen von universeller Bedeutung zu konstruieren.
Was die Problemstellung der Begriffe *Zeit* und *Raum* allerdings betrifft, bestritten viele der damit befaßten oder darauf gestoßenen Denker lieber den Sinn der Fragestellung selbst, als die eigenen Antworten darauf immer wieder verwerfen zu müssen.
Um eine schlüssige Antwort auf die Frage nach dem Beginn aller Existenz abgeben zu können, so deren Argument, müßte man ja über denselben hinaus auch denken können.
Das aber sei schon deshalb gar nicht möglich, weil das Denken wie auch das Denkbare selbst mit der *Zeit* und dem *Raum* erst seinen Anfang gefunden haben kann.
Ganz so bequem machten es sich die wahren Größen unter den Denkern der Wissenschaften nicht.
Für Newton war der *Raum* und die *Zeit* etwas Absolutes und damit auch Wirklichkeit.
Leibniz hielt sie für Erscheinungen und leugnete zugleich ihre unendliche Teilbarkeit sowie ihre Wirkungen im Fernen ganz und gar.
Schopenhauer erklärte *Zeit* und *Raum* für wesensnotwendige Erscheinungsformen des *Daseins* und verwarf dafür den Rückschluß auf die Existenz eines jeweils vorgängig Vorhandenen. Er sah darin einen unlösbaren Widerspruch, solange die exemplarische Ursache selbst in ihrer Qualität nicht erkannt werden kann.
Kant ließ den Schluß gelten, von der Wirkung auf die Ursache zu kommen, die er aber für eine dem urteilenden Subjekt selbst anhaftende Urteilsform erklärte und ihr keine objektive Geltung zubilligte.
Das vom Subjekt – dem Intellekt – aufgrund räumlicher und zeitlicher Begriffsformen aufgefaßte, erkannte oder erlebte *Dasein* wäre demnach bloße Vorstellung und pure Fiktion.
Schopenhauer erkannte die reale Existenz hingegen ausdrücklich an und behauptete zudem – im Widerspruch zu Kant –, deren Qualität auch schon zu kennen. Er glaubte das Wesen des *Daseins* als *Willen*

erkannt zu haben und hat das am *Sein* Teilhabende und den *Willen* zur wahren Existenz erklärt. Während für ihn auch eine imaginäre Welt, die er als reines Phänomen des Geistes begriff, durchaus auch existieren konnte, unterschied er die reale Welt davon als ursprünglich ohne jeden *Willen* und hielt sie für die schlechteste aller möglichen Welten.

Je länger man über diese Phänomene und Fragestellungen philosophiert, um so weniger weiß man endlich davon. Die Geschichte der Wissenschaften lehrt uns jedoch, daß das scheinbar Unerklärliche niemals unerklärlich an sich sein kann, sondern sich nur deshalb unserer Logik entzieht, weil unsere Begriffsauffassung davon eine falsche ist.

Wenn sich also *Zeit* und *Raum* im Begriff des *endlichen,* wie auch des *unendlichen* Ausdruckes jeder Plausibilität entziehen, müssen wir den Mut fassen, eingefahrene Gleise und geläufige Begriffsauffassungen aufzugeben und unser Denken für völlig neue Betrachtungsweisen öffnen. Man muß erst einmal alles vergessen, was man als sicher zu wissen glaubte, und sehen, was passiert, wenn man die strikte Kehrtwendung wagt.

Auch das hat es schon gegeben: «Das *Sein* hatte seinen Anfang in der *Zeit»,* meinte Kant und führte aus: «Man nehme einmal an, diese Welt habe in der *Zeit* keinen Anfang, dann wäre folgerichtig zu jedem beliebigen *Zeitpunkt* bereits eine *Ewigkeit* schon abgelaufen, eine unendliche Zahl aufeinanderfolgender *Jetztzustände,* und das momentane *Jetzt* wäre somit deren vorläufiger Endpunkt. Nun wird die *Unendlichkeit* aber gerade dadurch bestimmt, daß sie in allen denkbaren Richtungen niemals vollendet sein kann. Wenn *Jetzt* aber einen vorläufigen Endpunkt darstellt, ist die *unendliche Zeit* auch nicht denkbar.»

Auch Aristoteles stellte bereits scharfsinnig fest, daß die *Zeit* selbst nicht durch die *Zeit* gemessen werden kann, weder nach ihrer Quantität noch nach ihrer Qualität. Also war für ihn klar, daß die *Zeit* nicht eine Bewegung ist. Konsequent reduziert er das *Jetzt* auf einen Punkt – «gegenwärtig existiert nichts» – und führt sie als lineare Größe in seine Physik ein.

So logisch das auch klingen mag, den Anschluß an die Wirklichkeiten findet man mit solchen Schlüssen nicht. Hier nun die totale Umkehr:

Was passiert mit unserem Problemkind *Zeit,* wenn wir einmal probeweise annehmen, daß der Anfang eines jeden Geschehens im *Sein* – also auch der Anfang des *Daseins* selbst – nicht irgendwo im *Gewesenen* – fern oder nicht so fern – zurückbliebe, sondern vielmehr mit der *Zeit* ginge und im *Dasein* mit seinem Wandel stets noch immer gegenwärtig wäre?
Zunächst würde das ja bedeuten, daß das *Jetzt* nicht mehr das vorläufige Ende des vergangenen Geschehens darstellt, sondern, wenn es allen Wandel in sich trägt, vielmehr die Summe allen Geschehens sein muß. *Beginn* also, *Wandel* und *Gegenwärtigkeit* in einem.
Das *Jetzt* wäre dann auch der *Augenblick,* der das Gewesene und das Kommende addiert und alles *Dasein* in sich trägt.
Das bedeutet aber auch, nun nicht mehr die Wirklichkeit und Existenz des «Letztgeschehenen» (hysteron) vom «Vorhergeschehenen» (proteron) her- oder abzuleiten, sondern es hieße vielmehr, das Nachgängige dem Vorgängigen zu addieren und in dieser Summierung das *Jetzt* zu erkennen.
Das Kommende stellt sich dem Gewesenen dadurch diametral gegenüber (coincidentia oppositorum) und läßt sich nur im *Augenblick* des *Jetzt* auflösen.
Welch ein Gedanke, die IDEE ist ganz phantastisch: *Etwas,* das sich im *Dasein* stetig wandelt und als Modus dieses Wandels im *Jetzt* nur existiert, läßt seine Frühformen nicht hinter sich im längst Vergangenen zurück, es trägt sie vielmehr mit sich fort und addiert sie zu seiner eigenen *Existenz.*
Alle Formen sind danach nicht mehr nur der *Jetztzustand* und Modus des Wandelbaren, sondern die ganze Summe einer einzigen großen Existenz. Nicht nur Ergebnis, sondern einheitlich das Ganze?
Wenn das der Fall ist, dann tragen also auch wir das ganze «Welterlebnis» in uns und ahnen vielleicht darum seine Ehrfurcht heischende Größe, weil es in unserem Unbewußten verborgen weiterlebt?
Zugegeben, das ist ungewohnt, doch was ergeben sich daraus für neue Denkmöglichkeiten?
Bedeutsam daran ist, daß es nunmehr keinen Anfang im fernen Vergangenen und kein Ende in weiter Voraussicht geben muß, es muß nicht einmal mehr die *Zeit* vergehen, und es bedarf nur noch eines einzigen und absolut einzigartigen *Augenblicks* (gr. = rhopè) und der ist dann die *Ewigkeit* an sich.

Der Weg des Verständnisses des Neuen wird um so kürzer, je eher man begreifen lernt, daß alles, was bisher und je geschehen ist – alles, ohne jede Ausnahme –, in diesem *Augenblick* geschah und auch in ihm noch gegenwärtig ist. In diesem *Augenblick* – man bemerke es wohl und wirklich – begegnen wir der *Ewigkeit,* dem *Sein* und auch sogar dem *Nichts* zugleich.

Wie muß man das begreifen, wie läßt es sich denn nur erklären? Nun, wenn man das *Jetzt* bereits bisher als das vorläufige Ende des Vergangenen begriffen hat und den Anfang alles Kommenden darin gesehen hat, hätte man damit ja bereits den *Zeitring* schließen und das *Jetzt* wie den Zeiger einer Uhr um diesen endlosen, doch nicht *unendlichen* Ring eines beliebig groß gedachten Zifferblattes laufen lassen können. Bereits das würde Anfang und Ende erklären, die unendliche *Ewigkeit* jedoch noch nicht.

Hielte man jedoch den Zeiger an und ließe das Zifferblatt sich drehen, dann durchliefe das Geschehen der *Zeit* den *Augenblick,* auf dem der Zeiger steht, und wandele sich darin, ohne diesen nun noch zu bewegen.

Es ist sicher noch ein wenig schwer für jeden, der sich der absoluten Richtigkeit seiner Gedanken und seines bisherigen Begriffes stets bewußt gewesen ist, diese radikale Umkehr mitzumachen und im Gedanken zu vollziehen.

Dennoch – es muß ja irgendwann ohnehin geschehen – ergeben sich doch daraus eine derartige Fülle neuer Gesichtspunkte und Denkmöglichkeiten für bisher fragliche Begriffe und Unerklärlichkeiten, daß wir im weiteren darauf angewiesen sein werden, wenn wir unser Denken auf die nächste Stufe des Begreifens heben wollen.

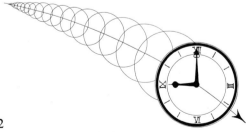

Die Zeit vergeht, doch später wird es nicht.

Wir denken und begreifen nunmehr, daß nicht die *Zeit* auf ihrem *Zeitpfeil* jedem Geschehen voraneilt, sondern vielmehr das Geschehen selbst sich stets nur im *Zeitpunkt* dieses *Augenblicks* wandelt und darin summiert. Auch hier geht nun nichts mehr verloren, *was ist, das ist in diesem Augenblick.*
Was bedeutet das und was ist so neu daran?
Wir müssen unsere bisherigen Denkgewohnheiten sicher noch nicht allzusehr strapazieren, wenn wir uns vergegenwärtigen, daß alles zukünftige Geschehen, alles, was noch gar nicht ist, nur das *Nichts* sein kann und folglich ohne weiteres dem (noch) *Nichtsein* zuzurechnen ist.
Das, so scheint es jedenfalls, ist eine Binsenweisheit, die auch von niemandem angezweifelt wird.
Ganz so einfach ist es aber nicht. Die Vorstellung, daß alles zukünftige Geschehen im *Jetztsein* bereits als eine Art von «Prädestination» vorhanden und vorausschauend angelegt ist – vom Schicksal sozusagen vorgeplant wurde –, ist auch heute noch weit verbreitet. Wenn die Flugbahn und Richtung des *Zeitpfeiles* vorgegeben ist, warum dann nicht auch das Geschehen auf ihr?

Jedoch, selbst dann, wenn wir uns aus der Erfahrung ableitend ahnend ein Bild von dem erstellen können, was bald wohl hier oder dort geschehen könnte, manchmal auch tatsächlich etwa so geschieht, zeigen uns doch die ungezählten Irrtümer, die den Wahrsagern, Weisen und Zukunftsdeutern unterlaufen, daß es sich dabei nur um im *Jetzt* konstruierte Bilder der Phantasie handeln kann, dem Kommenden womöglich ahnlich, doch nie die Zukunft selbst darstellend.
Denn jedes gesprochene Wort, jeder gefaßte Gedanke und jedes Geschehen überhaupt sind nur in diesem *Augenblick* wirklich, nicht einen Bruchteil von *Zeit* vorher und nicht einen einzigen Moment danach.
In demselben *Moment* nämlich, in dem wir ein Wort aussprechen, einen Gedanken fassen, eine Singwiese hören oder irgendein Geschehen miterleben, verwehen und verschwinden diese auch schon wieder und sind bereits dahin und weg, wenn wir noch glauben, ihren Nachhall zu verspüren. Ja, dieser Nachhall selbst ist gar kein Hall davon, sondern vielmehr nur das Echo in uns, welches wir uns neu in das Gedächtnis rufen. Anamnese wohl, nicht aber Emergenz.

Wir fordern unsere Erinnerung sozusagen immer wieder auf, bereits Erfahrenes neu zu erschaffen, ein möglichst getreues Abbild davon zu erstellen. Auch wenn daraus zu häufig nur ein Trugbild wird, welches oft genug nicht einmal mehr der Wirklichkeit entspricht, ist das vermutlich aber doch die Gabe, die den *Geist* des Menschen ausmacht, sich zu erinnern und aus dem *Augenblick* einen Vorgang des *Wandels* herzustellen.

Das, so wird nun mancher sagen wollen, mag ja mit einiger Phantasie für den Bereich des rein Mentalen gelten und denkbar sein, daß es aber in der Welt der soliden und massiven Dinge offensichtlich völlig anders ist, beweisen diese durch ihre dauerhafte Existenz doch selbst.

Sie waren gestern schon da, sind heute hier und werden nach aller Erfahrung auch morgen noch bestehen. Wer möchte daran wohl zweifeln?

Durch diese bemerkbare und bemerkenswerte Stabilität beweisen sie der Zeiten Lauf und sind die besten Zeugen ihrer Dauer.

Da ist was dran, doch ist das wirklich so?

Mit raffiniert ausgeklügelten Methoden und kaum zu übertreffender Präzision mißt man in der exakten Wissenschaft heute die *Zeit,* wir erwähnten es ja bereits. Man zählt, um ganz präzis zu sein, das regelmäßige Ticken der aus der Unstabilität bestimmter Atome entspringenden Teilchen, welches radioaktive Elemente der Materie in Geigerzählern hervorrufen.

Wenn diese Atomuhren aber die *Zeit* in nie gekannter Genauigkeit so aufzeigen, dann sind sie zugleich auch dazu der Widerspruch und widerlegen selbst die *Zeit.*

In der Radioaktivität der Elemente nämlich zeigt die Materie ihr wahres Gesicht der Ruhelosigkeit und Unbeständigkeit im Schein der Stabilität. Die Wissenschaft erfuhr daraus, daß Materie aus weiter nichts besteht als aus geballter, heftig bewegter Energie. Ihre Substanz besteht aus einer Unzahl im eignen *Spin* sich drehener und rotierender, ihren Standort ständig wechselnder winziger Energiebündelchen.

Was sich unseren Blicken als scheinbar stabile Masse darstellt – Steine zum Beispiel oder Metalle – ist in Wirklichkeit nur ein wimmelnder Haufen flimmernd aneinander- und durcheinanderwirbelnder Ladungen und Kräfte, die nur vermittels der besonderen Gesetz-

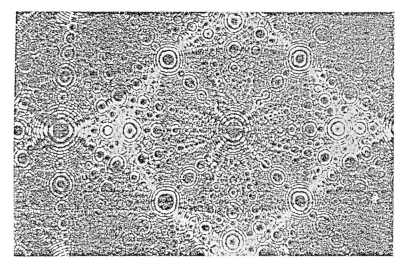

Feldionenmikroskop-Photo einer Platindraht-Spitze. Die zum Teil einzeln erkennbaren Punkte, aus denen die Kreise bestehen, sind Abbildungen der Platin-Atome.

mäßigkeit ihrer Wechselbeziehungen und Nachbarschaften so gesteuert werden, daß ihre gleichförmigen Bewegungen eine Stabilität vortäuschen.

Anzunehmen, daß in einem solchen wimmelnden Haufen voller Energiebündelchen auch nur für Bruchteile einer *Zeit* im herkömmlichen Begriff ein und derselbe Zustand herrschen könnte, wird mit der Kenntnis von den Dingen gar zu phantastisch, um noch wahr zu sein.

Wirkliches *Sein* gibt es auch in der dinghaften Welt also nur in diesem absoluten *Augenblick*. Das Kommende und das Gewesene ist gar nicht existent.

Bekanntlich hinkt jeder Vergleich, doch es mag dennoch hilfreich sein, sich dieses neue Denken einmal bildhaft darzustellen: Nimmt man zur Veranschaulichung des neuen Begriffes einmal das Beispiel der Leinwand eines Kinotheaters in Anspruch, dann ergibt sich für die Darstellung des *Augenblickes* folgender Verhalt: Auf der Leinwand laufen täglich dramatische oder romantische Geschichten wie Geschehnisse ab und hören wieder auf.

Die Leinwand selbst ist davon völlig unberührt und nicht betroffen, sie ist an den Geschehnissen auch völlig unbeteiligt, sie ist nur gegenwärtig wie der *Augenblick.*
Stellt man sich zur besseren Veranschaulichung des Vergleiches nun auch noch seitlich zu der Leinwand auf, von wo man nur deren Dikkenprofil noch sehen kann und den Ablauf des filmischen Geschehens auf ihr allenfalls als ein Flimmern im Staub wahrnimmt, dann erscheint sie als ein mehr oder weniger dicker Strich, auf dessen einer Seite der Film abläuft. Denkt man sich dann auch noch die Dicke der Leinwand weg und zieht nur die dem Projektor zugewandte Oberfläche selbst in Betracht, dann bemerkt man und erfährt zum Teil erstaunt, daß diese Oberfläche ja den Gesetzen der Grenzen unterliegt und selbst ganz ohne jede Dimension existiert.

Grenzen nämlich, so lernten wir schon im Naturkundeunterricht an der Schule, haben keine eigene Dimension. Sie sind nur die Trennungen – Trennlinien ist schon zuviel gesagt – des aneinander Grenzenden und bedürfen nur des Angrenzenden selbst, um existent zu sein.
Der Film läuft also im *Nichts* ab und zeigt dennoch eindrucksvoll sein erregendes Geschehen.
Ohne einen Betrachter im Saal, und das ist das Bemerkenswerte auch an diesem Beispiel, wäre es dieser dimensionslosen Oberfläche völlig gleichgültig, ob auf ihr ein Film abläuft oder nicht, ob irgendwann ein Film endet, ein neuer beginnt oder niemals wieder eine Vorführung stattfindet, sie bliebe immer gleich und völlig unberührt. Auch der Film bedarf des erkennenden Subjektes, um illusionäre Wirklichkeit zu werden.
Wenn wir – vom Beispiel wieder abgewandt – den *Augenblick* nun geradeso begreifen, ihn also stehenlassen und als Grenze zwischen dem Gewesenen und dem noch Kommenden ansehen, dann bleibt er ebenso das *Nichts,* und alles *Dasein* geschieht durch oder in ihm selbst.
Da jede Physik im *Augenblick* absolut dimensionslos ist, bleibt Existenz auch nur Metaphysik. Bedenken wir danach, daß in diesem *Augenblick,* genau wie auf der Leinwand, Zustände des *Daseins* nacheinander gegenwärtig und als Wandel sichtbar sind und existieren, ohne daß dieses den *Augenblick* auch nur im geringsten berührt,

dann ergeben sich ungeahnte und völlig unausgeschöpfte Möglichkeiten für das Denken über *Zeit* und *Raum* und *Ewigkeit*.
Den Dreitakt *Vergangenheit, Gegenwart* und *Zukunft* gibt es also darum gar nicht, weil es die Gegenwart darin nicht wirklich geben kann. Sie setzt sich erst aus der Erfahrung vom Vergangenen und der Ahnung vom Kommenden zusammen. Die Wirklichkeit der Gegenwart wird erst vom *Geist* in uns erschaffen und ist genauso groß, wie er das *Dasein* zu ermessen weiß. Um die Gegenwart überhaupt zu erfahren, müssen wir immer wieder in die Vergangenheit enteilen und von der Zukunft erfahren. Nur weil in der Vergangenheit zugleich auch viel Zukunft bereits vollzogen und erfahren ist, kann unser *Geist* das Kommende erahnen, denn was gerade erst geschah, war vorher Zukunft und harrte noch des *Augenblicks*.
Unsere IDEE – kaum daß es noch erstaunt – beginnt bereits zu leben und von ganz allein zu laufen. Je mehr wir uns darin vertiefen, um so fester zieht sie uns in ihren Bann.

Muß nicht, was laufen kann von allen Dingen,
schon einmal diese Gasse gelaufen sein?
Muß nicht, was geschehen kann von allen
Dingen, noch einmal geschehen, getan,
vorübergelaufen sein?
Und wenn alles schon dagewesen ist:
was hältst du von diesem Augenblick?
Muß nicht auch dieser Torweg schon dagewesen sein?
Und sind nicht solchermaßen fest alle Dinge
verknotet, daß dieser Augenblick alle
kommenden Dinge nach sich zieht?
Also auch sich selber?
Nietzsche – Also sprach Zarathustra

III. Buch | Der zweite Schöpfungstag

Das *Dasein* ist als Ausdruck des *Nichts* im Spannungsfeld des *Augenblickes* nur dann möglich, wenn dessen Zustandsform als Differenz zu vorhergehenden Formen und Moden subjektiv erkannt und objektiv relativiert wird.

Das *Nichts* ist das Substrat der Existenz, ist die eigenschaftslose Substanz der Dinge und Träger der Eigenschaften, die exemplarische Ursache an sich. Das *Dasein* ist eine entschiedene Möglichkeit des *Nichts*.

Das *Urereignis* an sich fand in der *Zeit* nicht statt, kommt aber zur Wirklichkeit im Nebeneinander beliebiger Möglichkeiten. Der Beweggrund dafür ist *Spannung,* der Ausdruck davon die freie Beweglichkeit der Materie. Das eigentliche Ereignis ist der *Gedanke* selbst. Die IDEE zerteilt und durchsticht das *Nichts* und läßt bewegte Gegenteile entstehen. Das Streben nach dem Idealzustand der Ordnung ist des bewegten *Daseins* immanentes Prinzip und wohnt ihm als *All-Geist* (gr.: nus) bereits inne.

Das Alpha und Omega aller Existenz ist das *Nichts,* wir werden es an diesem Schöpfungstage erfahren.

Auf den feinsten Sphärensaiten
spielt ein Spielmann sein Gedicht.
Wohl fühlst du die Finger gleiten,
doch den Spielmann siehst du nicht.
Carl Ludwig Schleich

Am Anfang war das Nichts

Auch dann, wenn sich das am ersten Schöpfungstage hier Erfahrene nicht sogleich jedem Leser als denkbare Möglichkeit darstellt - schließlich ist eine solche radikale Gedankenumkehr nicht schon nachvollziehbar, wenn man zum ersten Male damit konfrontiert wird –, ist die IDEE der Identität von *Nichts* und *Sein* die einzige erkennbare Möglichkeit, sich die *exemplarische Ursache* für das *Dasein* überhaupt plausibel vorzustellen.

Ob für den Beginn des *Daseins* aus dem Tohu (Wüsten) und Vohu (leeren) oder Tohuvabohu im Begriff der Existenz auch noch eine besondere Initialzündung vonnöten war oder nicht – nachdem die *Zeit* ihre Dimension und jede Beweglichkeit für uns ja nun verloren hat –, muß uns das Geschehen selbst aufzeigen.

Fassen wir noch einmal kurz zusammen, was wir an Denkbarkeiten schon gewonnen haben: Wir meinen als sicher erkannt zu haben, daß *Sein* und *Nichts* ein und dasselbe sind und erst im *Augenblick* als *Dasein* ihren Akt-Charakter allein dadurch nur gefunden haben, daß wir vom Vorher wissen und auf das Nachher schließen können.

Wir schlossen daraus, daß *Zeit* und *Raum* nur Funktionen des *Augenblickes* sein können, der – selbst völlig unbeweglich und dimensionslos – (zeitlos) *Ewig* währt und den Wandel in sich möglich werden läßt.

Das hat uns von den undefinierbaren und nicht erklärbaren Begriffen eines *Anfanges* und eines *Endes* jeder Existenz befreit und uns die *Ewigkeit* erklärbar werden lassen.

Hält man die Hypothese der dimensionslosen Existenz im *Augenblick* zwischen dem Gewesenen und dem Kommenden für eine (denkbare) Möglichkeit, muß man konsequenterweise, und sei es erst mal nur für dieses Denkmodell, konstatieren, daß das *Dasein* an und für sich nicht fähig und in der Lage ist, einen Ausdruck seiner eigenen Existenz hervorzubringen und damit dem *Nichtsein* noch völlig gleicht.

Das *Dasein* erfordert den Einsatz und die Tat des *Geistes,* erfordert das erkennende Subjekt.

Die Existenz ohne Dimension in *Zeit* und *Raum* ist in sich selbst wirklichkeitslos. Sie bliebe das auch und für immer unerkannt, wenn es nicht in ihr, zugleich aber ihr gegenüber die Befähigkeit eines *Geistes* gäbe, die Zustände des Wandels nacheinander zu bemerken und sich ihrer wiederholend zu erinnern.

Erinnerung heißt hier: sich das Gewesene des Wandels in einer Art «Gedanken-Flickflack» zu vergegenwärtigen und mit dem *Augen-*

blicklichen zu vergleichen, um aus der *Differenz* dann auf die Beweglichkeit der Existenz und auf das Kommende zu schließen.

Das *Dasein* verliert dadurch seine illusionäre Dimension und stellt sich in seiner Wandelbarkeit dar. Es wird als physikalische Natur bemerkbar.

Ein Kriterium der dafür nötigen Intelligenz ist die Fähigkeit zur «Prognose». Die nahezu richtige Vorhersage (Ahnung) wiederum ist nur aus der Kenntnis des wahren Verlaufes im Wandel der Dinge aus der Erfahrung des Vorherigen möglich.

In den Philosophien über die Physik hat die Unterscheidung des Kommenden vom Gewesenen als Differenz nur die Bedeutung einer logisch angelegten Illusion. Sowohl in der «Relativitäts-Theorie» wie auch in der «Quanten-Theorie» sind dadurch Zeit-Inversionen auch denkbar.

Das Mosaikbildnis, welches sich der alles zergliedernde Forschergeist des Menschen vom *Dasein* und seinem Universum aus der Erfahrung und der Erkenntnis bisher schon zusammengebastelt hat, gleicht noch erst einem gerade angefangenen Riesenpuzzle.

Im Nahbereich seines Erbauers ist zwar schon so etwas wie ein bildhafter Ausdruck erkennbar, eine Reihe von Mosaiksteinchen haben ihren rechten Platz bereits gefunden und stellen einen naturgetreuen Ausschnitt des Bildes der Wirklichkeiten richtig dar. Versuche der Gruppierung und Zusammenfügung in ferneren Bereichen und an den Rändern dieses Bildes erscheinen noch sehr bruchstückhaft und sind erst nur recht stümperhaft gelungen.

Viele Steinchen liegen offensichtlich noch völlig falsch. Sie müssen irgendwann unweigerlich richtig plazierten Steinchen weichen. Sie fügen sich nicht wirklich in das Bild und passen nur so lange, wie der Platz, an dem sie jetzt noch liegen, nicht durch das rechte Bild besetzt worden ist. Das eine oder das andere der willkürlich geworfenen Steinchen mag dennoch zufällig an der richtigen Stelle liegen und wird sich einmal als wichtiger Anhaltspunkt für die bildhafte Darstellung dieses Universums eignen.

Vorlage dieses Welten-Mosaikbildes ist allein die Weltenwirklichkeit. Sie nur bestimmt die Lage jedes Steinchens darin. Das fertige Bild kann nur der Wirklichkeit einmal entsprechen, nicht mehr, aber auch nicht weniger, denn die Wirklichkeit ist nicht und nirgendwo zu übertreffen.

Der Menschengeist kann zwar spielerisch und rein spekulativ noch einige Steinchen im offenen Bereich nach seiner Phantasie und nur für sich gruppieren, kann sie zum Beispiel so auswerfen, als sei das Universum explodiert und alles nur zufällig gruppiert, nachdem ein Urknall alles chaotisch durcheinanderbrachte.

Er kann sich Steinchen zu einem Gruppenbild mit Gott und Posaunenengeln zurechtlegen, und er kann für Steinchen, die er verlegt hat und nicht mehr wiederfinden kann, auch ebenso spekulativ erklären, sie seien in einem riesigen «Schwarzen Loch» (black hole) verschwunden und nie mehr wieder auffindbar. Die zunehmende Erkenntnis der Wirklichkeiten wird ihn aber zwingen – und darin ist er absolut nicht frei –, alle Steinchen, deren Ausdruck oder Aufdruck richtig erkannt wurde, an ihren rechten Platz zu legen.

Es ist dem *Menschengeist* nicht möglich, über die Wirklichkeit zu verfügen. Sie ist es vielmehr, die allein bestimmt, wie das Bild des Universums sich zusammenfügt. Hat er nämlich als erkennendes Subjekt erst einmal das ganze Bild der universalen Existenz aufgenommen und kann es reflektieren, dann werden Objekt und Subjekt austauschbar. Das Subjekt-Objekt-Verhältnis, die Beziehung von Betrachter und Weltwirklichkeit also, muß dazu ins Gegenteil verkehrt begriffen werden. Das Bild der Sache überkommt den Betrachter, wird von ihm analysiert und reflektiert und wird dadurch selbst zur sich erkennenden Wirklichkeit.

Weil aber das *Dasein* in seinem dimensionslosen Zustand noch keine Wirklichkeit darstellt, bedarf es des Menschengeistes, um das Mosaik seines eigenen Abbildes für sich auszulegen und sichtbar werden zu lassen. Im Menschengeist entsteht das Abbild aller *Existenz, Alles* und *Nichts* zugleich.

«In jedem Nu beginnt das Sein; um jedes Hier rollt sich die Kugel dort. Die Mitte ist überall», sprach also Nietzsches Zarathustra.

Dieses *Nu,* der *Augenblick* jetzt ist selbst die ganze *Ewigkeit,* und jeder, der die Wirklichkeiten sehen kann, erkennt die *Existenz* darin. Konsequent und zu Ende gedacht bedeutet das bisher Gesagte aber auch, daß dieses *Dasein* und alle Existenz darin nur Illusion bliebe, gäbe es nicht den *Geist* des Menschen als sein erkennendes Subjekt. Um nicht bei dem Gedanken an einer rein illusionären Existenz nun zu verzagen, muß endlich auch der *Raum* mit ins Kalkül genommen werden. Das *Dasein* ist uns doch gewiß, Dinge fügen sich in *Zeit* und

Raum, bewirken und bedingen sich, bezeugen das universelle Streben zur Ordnung allgemein, und unser Daseins-Gefühl ist dafür der Ausdruck.

In dem hier angewandten Denkmodell vergeht keine *Zeit,* sie entsteht vielmehr und addiert sich im Wandel der Dinge zu einer *Gleichzeitigkeit* mit zunehmender Wirkungsgröße. Da auch der *Raum* – genauso wie die *Zeit* – eine Funktion des *Augenblicks* nur ist und als «gleichursprünglich» mit ihr gedacht werden kann, muß seine Addition und Ausweitung in *Zeit* berechnet werden.

Man muß die *Ewigkeit* nun nicht mehr jenseits des *Jetzt* suchen, sondern vielmehr mitten darin – in diesem *Augenblick* –, denn er enthält das ganze *Sein* und auch das *Nichts* zugleich.

Erhebend ist es, aus diesem *Nichts* emporzusteigen und die Fähigkeit bewußt auch zu erleben, das ganze *Dasein* im Geiste verwirklichen zu können. Wer kann und will denn noch im *Nichts* verharren, wenn er erst seines Geistes selbst und des Universums dadurch gewahrer geworden ist?

Wenn im *Augenblick* das *Sein* und das *Nichts* aber jetzt zugleich gegenwärtig sind, dann muß in ihm auch die *Zeit* und der *Raum* beliebig ausgedehnt erscheinen.

Aus dem Vergleich von Formen und Strukturen im *Raum* entnehmen wir, daß sich in der räumlichen Verteilung *Zeit-Prozesse* widerspiegeln. Es gibt nicht den Unterschied zwischen der *Zeit* und den Dimensionen des *Raumes;* einmal abgesehen davon, daß der Wandel – sprich die Existenz – darin zum Ausdruck kommt. Relativität von *Zeit* und *Raum* also nicht nur psychologisch, sondern auch physikalisch-astronomisch.

Weil das *Nichts* und das mit ihm identische *Sein* voraussetzend nirgendwo gegenwärtig ist, bevor es durch den *Geist* zum Ausdruck kommt, ist es omnipräsent und überall denkbar gegenwärtig; es kann an jeden beliebigen Platz in diesem absoluten *Augenblick* zum Ausdruck kommen. Das gilt für alle Bedeutungen dieses Wortes: Das *Dasein* und das *Nichtsein* sind überall zugleich als Abbild ihrer eigenen Wirklichkeit erfahrbar.

Der *Raum* ist mit der *Zeit* identisch, wie auch das *Sein* mit dem *Nichts* identisch ist, und mit dem Ende der *Zeit* muß auch der *Raum* vergehen.

Das scheint nicht nur in dieser IDEE, sondern in der Wirklichkeit ebenso der Fall zu sein: unterteilt oder zerlegt man nämlich die Mikrostrukturen der Materie, die Atome und ihre Teilchen in immer kleinere Bruchstücke, dann reduziert man dadurch am unteren Ende dieser Skala erstaunlicherweise – für uns hier aber nicht mehr ganz so unerwartet – auch die Dauer ihrer erkennbaren Existenz.

Von einer bestimmten Winzigkeit abwärts kann die minimierte Größe jeder Substanz nur noch in Verbindung mit einer ihr adäquaten Verweildauer erlebt und festgestellt werden.

Eine Existenz, die neben einer Stabilität in sich auch noch den Wandel zuläßt, ist offenbar dann nicht mehr gegeben, wenn deren räumliche Besetzung (Volumen) dafür zu klein ist. Undenkbar kleine Größen haben kein Vorher und kein Nachher, sie sind unexistent.

Ein in seiner ursprünglichen Ausprägung singulares System mit der Determinante Null ist seiner Möglichkeit oder Unmöglichkeit gemäß nur ein reines Gedankengebilde ohne jede Dimension, und es bleibt so lange ein diskretes System, bis es sich selbst zur Nachbarschaft wird und seinen eigenen Ausdruck berührt. Die Distanz oder der *Raum* zwischen beliebig vielen Null-Punkten, die ja irgendwo und überall denkbar erscheinen, entsteht nicht schon aus einer beliebigen Menge von Punkten auf der Zwischenebene (Kontinuum), sondern vielmehr aus einer beliebigen Zahl von *Singularen* im *Nichts,* die in dieser denkbaren Nachbarschaft ihr Wirkungsfeld als *Zeit* vorfinden. *Zeit* ist also auch das Denken von einem Null-Punkt zum anderen.

Da *Singulare* (Null-Punkte) – wenn denkbar vorhanden – zugleich auch immer Attraktoren sind, bewirkt nun jeder Wandel ihrer Lage und Struktur eine auf sich selbst zulaufende Impulsenergie. Für jeden Impuls gibt es eine thermodynamische Obergrenze der Auswirkung und Ausbreitung, die der Wirkung des Autoimpulses adäquat ist. Singulare können weder geschaffen noch zerstört werden, sie sind selber das *Nichts* und die ihnen von irgendeinem Impuls aufgeprägte Information markiert ihren eigenen Rückweg, weil sie erhalten bleibt und zur Funktion erhoben wird.

Mit ihren modernsten Rechencomputern befassen sich die Mathematiker u. a. auch als Darsteller bildhaft ausgedrückter Kunst in ihrer Wissenschaft und erzeugen ausdrucksvolle und bizarre Strukturen, die der Wirklichkeit kristalliner Existenzen der Materie sehr ähnlich sind. Hierbei bedienen sie sich der Rechenmethode des französischen

Mathematikers Henri Poincares, der bereits im vorigen Jahrhundert das Langzeitverhalten mechanischer Systeme untersucht, indem er deren Gleichungen fortlaufend mit ihren eigenen Ergebnissen rückkoppelte.

Indem sie ihre Computer also immer wieder nur mit den Ergebnissen ihres eigenen mathematischen Ausdruckes füttern und diese gegeneinander ausrechnen lassen, entstehen Ordnungen von außerordentlicher Vielfalt und Ausdruckskraft, die sich auf einer Zwischenebene abbilden lassen. Im Zustand des Chaos bilden die *Singulare* sogenannte (seltsame) Attraktoren, die sich durch die Nachbarschaft zwischen sich schlängeln und aus ihre Verschlingungen dann auch Wirkungen zeigen, obgleich sie selbst das Volumen Null besitzen.

Man muß zur Vorsicht mahnen, all dieses Denken ist IDEE, reine Spekulation mit der Logik sozusagen, allenfalls ein Experiment mit der Wirklichkeit. Wenn das Gesagte dennoch möglich erscheint, liegt das allein an der Fähigkeit des tieferen Einsehens dafür. Logik besteht ja immer nur aus «wenn – dann» Folgerungen, die bei der Suche nach Optionen und Alternativen durch die Wirklichkeiten gebunden sind.

Das Gehirn und der darin zur Funktion gelangende *Geist* sind sozusagen der natürliche Computer oder «Cosmic Cube», und damit nichts anderes als die Zusammenschaltung einer Vielzahl von Platinen der Erfahrung.

Auch die Atomphysik erfuhr inzwischen, daß die kleinsten unter den kleinsten noch erkennbaren Teilchen der Materie, die sie in ihren Riesen-Teilchen-Kanonen zertrümmert haben, nur mehr den millionsten vom milliardsten Teil einer Sekunde existieren. Sie zerstrahlen unmittelbar nach ihrer Entstehung und geben ihre Energien zurück an das *masselose Sein*.

Manche davon hängen sich noch kurz an größere Teilchen und leihen sich sozusagen von denen eine geringe zusätzliche Dauer der eigenen Existenz. Am Ende aber vergehen auch sie und verschwinden wie alle Artgenossen im *Nichts*.

Bei Untersuchungen an Linearbeschleunigern wurden dabei Strukturen gefunden, die sowohl in ihrem räumlichen als auch in ihrem zeitlichen Ausdruck nur noch punktförmigen, also singulären Charakter haben.

Heisenberg hat in seinen quantenmechanischen Gesetzen der «Heisenbergschen-Unschärferelationen», ausgeführt, daß in räumlichen Bereichen, deren Volumen kleiner ist als 10^{-35} Zentimetern sowohl über deren Massenlage wie auch über deren Verweildauer als Existenz keine sichere Aussage mehr denkbar möglich ist. Jedes Ur-Ereignis schrumpft hier zu einem *Raum/Zeit*-losen Beginn zusammen und nichts *(Nichts)* mußte bereits vorhanden gewesen sein, weder ein Energiemonster noch ein selbst unbewegter Beweger.

Raum und *Zeit* werden also erst existent, wenn denk- und bemerkbare Inhalte sie erfüllen. Im *Nichts* existiert zwar nicht grundsätzlich schon ein *Raum* oder eine *Zeit,* sie sind darin aber jederzeit und allerorten möglich angelegt und also auch denkbar.

Hören wir zu dem Gesagten einmal wieder einen Altmeister der Philosophie. Über die Erschaffung der *Zeit* als bewegliches *Abbild* der Unvergänglichkeit läßt Platon seinen Timaios sagen: «Da nun die Natur des Lebenden aber eine Unvergängliche ist, diese Eigenschaft jedoch dem Erzeugten vollkommen zu verleihen unmöglich war: so sann er (der Gott über den Göttern) darauf, ein bewegliches Bild der *Unvergänglichkeit* zu gestalten. Er machte – dabei zugleich den Himmel ordnend – dasjenige, dem wir den Namen *Zeit* gegeben haben, zu einem zahlenmäßig fortschreitenden unvergänglichen Bilde der in dem *Einen* verharrenden *Unvergänglichkeit.*» Und weiter führt er aus, «Da es nämlich – bevor der Himmel entstand – keine Tage und Nächte, keine Monate und Jahre gab, so ließ er damals, indem er jenen zusammenfügte, diese mitentstehen, die aber insgesamt nur Teile der *Zeit* und damit das ‹war› und das ‹wird sein› sind, also gewordene Formen, die wir selbst unbewußt und unrichtig auf das *vergängliche Sein* übertragen. Denn wir sagen doch: Es war, ist und wird sein; der richtigen Ausdrucksweise zufolge kommt aber jenem (dem Sein) nur das ‹ist› zu, das ‹war› und das ‹wird sein› ziemt sich dagegen nur für ein von der *Zeit* fortschreitendem Werden zu sagen, da es doch Bewegungen sind, dem sich stets selbst gleich und *unbeweglich Verharrenden* aber kommt es nicht zu, durch die *Zeit* jünger oder älter zu werden noch irgend einmal geworden zu sein oder es jetzt zu sein oder in Zukunft zu werden, ja es gilt überhaupt für nichts, das an das *Werden* dem in *Sinnenwahrnehmung Beweglichen* anknüpfen könnte; vielmehr sind diese nur entstanden als Begriffe

der die *Unvergänglichkeit* nachbildenden und nach Zahlenverhältnissen Kreisläufe beschreibenden *Zeit*.»
Das muß man zweimal gelesen haben, sagt Platon uns damit doch nichts weniger als das, was wir hier neu entdeckt zu haben glauben. Auch er läßt das Unvergängliche - die Ewigkeit (lat. Aeternitas) - stillstehen und sich die Zeit als das Bewegliche, als das Wandelnde, das sich in Kreisen darin dreht, erklären. Wie wir sehen, befinden wir uns darum in guter Gesellschaft und sollten dem mit den nötigen Respekt entsprechen.

Nur immer zu! Wir wollen es ergründen:
In deinem Nichts hoff ich das All zu finden.
Goethe - Faust I

Das Urereignis

Man sucht nach einem Anfang im *Sein* und nicht davor oder außerhalb desselben. Die Astrophysiker der modernen Wissenschaften setzen aus diesem Grunde auch das *Dasein* mit dem berühmten Urknall in Gang und gehen davon aus, daß diesem infernalischen Knall ein kollabiertes Vorhersein vorangesetzt werden muß, in welchem alle Energie des Universums geballt versammelt immer schon vorhanden war. Uns kann das nicht zufriedenstellen, diese Hypothese beinhaltet einfach zu viele Widersprüche.
Zum Glück fehlen in unserer IDEE alle Voraussetzungen für das vorgängige Vorhandensein von irgendwelchen unerklärbaren Energien, ganz gleich welcher Dichte oder Ballung. Wir haben buchstäblich *nichts* in den Händen und müssen daraus in diesem uns hier bewußt gemachten *Augenblick* ein ganzes *Universum* schöpfen. Einen wesentlichen Vorteil haben wir uns aber schon erschlossen, wir suchen den *Beginn* nicht mehr im Fernen, sondern hier und nur in diesem *Augenblick* des ewigen *Nichts*.
Bei der Mehrzahl von Ereignissen im *Dasein* lassen sich mehr oder weniger genaue Angaben über deren Ursache machen. Voraussetzung ist allein die Kenntnis von den Bedingungen dafür.

Bedingung für die Bewegung ist der Anstoß, für die Verbrennung ist es der Sauerstoff usw. Für ein *Dasein* muß die Bedingung im *Nichtsein* gesucht werden. Die Ursache muß daraus entweder zum Vorschein kommen oder niemals in ihm möglich gewesen sein. Wir müssen den Beweis für einen dieser Widersprüche finden, oder auch wir scheitern mit unserer IDEE.

Um es noch einmal zu verdeutlichen: Das *Dasein* ist damit noch nicht bewiesen, daß wir es zu empfinden glauben.

Die Frage kann jetzt lauten, wie *etwas* aus dem *Nichts* hervorgehen konnte, und man muß ihr die Gegenfrage entgegenstellen, ob denn wohl wirklich *etwas* hervorging oder ob alles nur eine Illusion ist und die Identität des *Nichts* noch ungebrochen gegenwärtig ist.

In der Philosophie wird bei einer solchen ins Unbekannte übergreifenden Fragestellung häufig die Methode der quantitativen Identifizierung angewandt, und man versucht, aus einer möglichst großen Vielzahl in sich logischer Denkvorgänge einen herauszufinden, der sich an der entsprechenden Stelle des großen Weltenpuzzles einfügen läßt und das Bild sinnreich ergänzt.

Oft muß man aber erkennen, daß alle möglichen Denkbarkeiten dabei nicht ausgeschöpft worden sind und die Möglichkeit niemals auszuschließen ist, daß es noch bessere Lösungen als die gefundene geben mag.

Das kann auch hier passieren. Denn, obgleich wir unsere IDEE unter strenger Einhaltung mathematisch logischer Beziehungen auf die Existenz eines realen Sachverhaltes hin sich entwickeln lassen, leidet sie unter den Mängeln, die einem unbeackerten Feld eigen sind, auf dem man die Saat erst selber legen muß, um von diesem Feld eine erste Ernte einzufahren.

Um in der IDEE voranzukommen, muß nun gezeigt werden, daß auf Grund des hier angenommenen Gedankenmodells de facto Vorhandenes eine plausibel erklärbare Chance hatte, in der empirisch bekannten Struktur und Größe aus dem *Nichts* hervorzutreten und im physikalischen Begriff zu entstehen. In die Philosophie muß nun das mathematisch-physikalische Argument mit aufgenommen werden.

Glaubt man den Anhängern der Urknall-Theorie, dann wäre ja alle Materie und Strahlung des Universums vor nunmehr zwölf bis zwanzig Milliarden Jahren herkömmlicher Zeitrechnung aus einem unvor-

stellbar heißen und dichten Klumpen, einem «Urklumpen» sozusagen, mit einem großen Knall explosionsartig entsprungen. Aber auch dann, wenn noch immer ein großer Teil der Wissenschaftler dieser inzwischen schon sehr unglaubwürdigen Theorie zuneigt – wir sprachen schon darüber –, bahnt sich bereits deren revolutionäres Verschwinden wohl an.
Denn abgesehen von der bereits erwähnten ungeklärten Existenz vor diesem Knall, sucht man dringend nach einer Antwort auf die Frage, warum sich das Universum entgegen und im Widerspruch zu den Bedigungen dieser Explosionstheorie so absolut isotrop ausbilden konnte, wie es sich uns tatsächlich zeigt.

Die Gleichmäßigkeit (Isotropie) des Universums verbirgt sich ja nicht, sie zeigt sich dem Betrachter schon bei der bloßen Betrachtung des Sternenhimmels. Wohin man auch blickt, in allen denkbaren Richtungen entdeckt man ungefähr die gleiche Verteilungsgröße an Himmelskörpern. Jüngstes Zeugnis dieser *Alluniformität* ist die von den Radioastronomen entdeckte Hintergrundstrahlung, die zunächst noch als der Nachhall des Urknalls gedeutet wird. Auch diese Mikrowellenstrahlung ist isotrop, und man empfängt sie aus allen Richtungen mit der gleichen Intensität. Entgegen jeder Wahrscheinlichkeit würde diese Gleichmäßigkeit jedoch voraussetzen, daß jener kosmische Urklumpen – die geballte Ladung des «Vor-Universums» sozusagen – immer und in jedem Augenblick seiner explosiven Entstehung genauso uniform geblieben sein müßte, wie er es in seiner eigenen Singularität ursprünglich einmal war.
Wäre aber das Universum wirklich irgendwann aus einer Explosion entstanden, dann hätte sich deren explosives Chaos an der Peripherie seines Ausdehnungsbereiches immer wieder zu einer idealen Ordnung finden müssen. Das aber ist so unglaublich wie auch unwahrscheinlich.
Was diese IDEE anbetrifft, so haben wir weder die Energien für eine solche infernalische Explosion noch die Voraussetzungen dafür. Wenn überhaupt, dann geht es hier erheblich leiser vonstatten. Was man mit *Anfang* bezeichnen kann, war allenfalls ein leises Rauschen, niemals ein großer Knall. Zwar gilt es auch hier, einen physikalisch determinierten Prozeß einzuleiten und in der Folge in Gang zu halten, doch dieses kann den Umständen nach nur ohne Gewalt gesche-

hen. Man kann nicht mit etwas spekulieren, was man gar nicht besitzt.

Die theoretische Physik beschäftigt sich u. a. mit dem Phänomen der außerordentlichen Attraktoren. Dabei handelt es sich um jene uns nun schon bekanntgewordene Art von Rückkopplungsmathematik, in der ein rechnerischer Ausdruck immer wieder nur mit seinem eigenen Ergebnis gefüttert wird. Aus der dabei allein aus der Differenz des Neben- und Nacheinanders entstehenden Eingabeverschiebung entsteht dann – wie im Playback – ein Resonanzmuster ungefähr dem

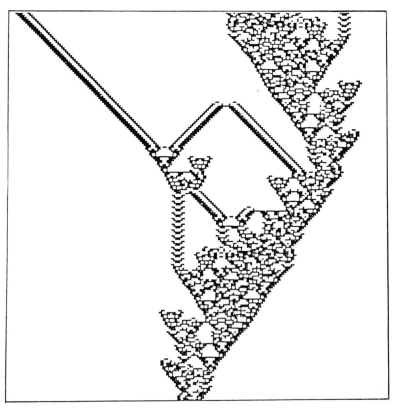

130 Bildschirmmuster im Spiegel der Rückkopplungen.

vergleichbar, was die besagten Computerkünstler auf ihren Bildschirmen erzeugten.
Diese rasterartige Erscheinung (phase) ist nur die gedachte räumliche und zeitliche Differenz mit der Dimension 2f, die nur durch die Koordinaten der *Zeit* und des *Raumes* zwischen ihnen impulsiv wirksam werden können.
Rückkopplungen (feedbacks) legen eigenwillige Verhaltensweisen an den Tag. Die einfachsten führen zu mehr oder weniger geordneten Mustern und unvorhersehbaren Strukturen an willkürlich eingebrachten Schnittlinien, andere bilden völlig chaotische Strukturen aus.
Ilya Prigogine, Physiochemiker an der Universität in Brüssel, kam bei Untersuchungen instabiler Zustandsformen zu dem immerhin erstaunlichen Ergebnis, daß ein komplexes System, hat es erst die Schwelle seiner Stabilität überschritten, an einen Scheideweg gelangt, der ihm die Möglichkeit der Wahl offen läßt. Es sieht ganz so aus, als wäre jedes *Singular* über den Gesamtzustand des Systems irgendwie informiert, denn nur unter den Bedingungen einer Art durchlaufender Kommunikation kann sich ein solches System auf seine spezielle Weise organisieren und reorganisieren.
Chaotische Rückkopplungen häufen ihre Wirkungen an und geben zu Übersteigerungen ihrer Resonanz Anlaß. Ihre ungenauen und unvorhersehbaren Wirksamkeiten verlaufen zum Teil auch gegensätzlich und lösen Vibrationen in ihrem Wirkungsbereich aus, die zur Selbstzerstörung führen können. Man erinnere sich in diesem Zusammenhang an das Zerspringen eines Kristallglases unter der Wirkung der Resonanz bestimmter Schallbereichsmuster. Man kennt in der Technik ein weiteres Beispiel solch ungewöhnlichen Verhaltens, welches sich unter Umständen in einer gespannten Stahlfeder ereignet: In ihr können sich durch Resonanzen im sogenannten Gittergas Migrationen vollziehen, die bewirken, daß die ganze Feder plötzlich eine Art Eigenleben gewinnt und – unabhängig von weiteren äußeren Einflüssen – zuerst kaum merklich, dann immer heftiger zu vibrieren beginnt, um schließlich mit lautem Knall zu zerspringen.
Polyvinylidenfluorid (PVDF) zum Beispiel, ein Kunststoff, läßt sich durch Nachbehandlung strukturieren und reagiert danach «piezoelektrisch». Der piezoelektrische Effekt wurde bereits vor mehr als hundert Jahren von den Gebrüdern Curie entdeckt, galt aber lange

als physikalische Kuriosität. Er besagt, daß bei oder nach einem kräftigen Druck auf geordnete Strukturen – die des Quarzes zum Beispiel – auf deren Oberfläche eine hohe elektrische Spannung entsteht. Es findet also eine Umwandlung von mechanischem Druck in elektrische Energie statt. Die Brüder Curie wählten darum die Bezeichnung für diesen Effekt nach dem griechischen Wort für drücken oder pressen, «piezein», und machten daraus den Wortbegriff piezo-elektrisch.
Untersuchungen ergaben, daß kristallartige Strukturen mit polaren Achsen ein kurzzeitiges Piezoieren ihrer Strukturen erlauben. Dabei ändert sich aber das Ladungsverhältnis ihrer Bildungsmasse, und die auftretende Spannung entspricht genau der Kraft, die auf sie wirkt. Wichtiger als dieser Effekt scheint für unser Modell allerdings die Umkehrung dieses Effektes zu sein. Wechselströme nämlich bringen Kristallstrukturen zum Schwingen. Mit diesem «Elektrostriktion» benannten Phänomen kann man Ultraschallschwingungen bis zu Milliarden Schwingungen pro Sekunde – also im Bereich von Gigaherz – erzeugen, und solche Schwingungen passen hier ins Bild.
Auch in der theoretischen mathematischen Rückkopplung sind solche Merkwürdigkeiten denkbar. Faszinierend ist dabei die Beobachtung, daß sich aus völlig identischer Singularität Strukturen ergeben können, wenn man örtliche Unterschiede rechnerisch und gedanklich einbezieht.
Erregungszustände solcher Art dürfen sich natürlich nicht im Widerspruch zu allen Energiegesetzen befinden oder entwickeln.
Wo noch keine gesondert ausgeprägten Energien gegeben oder schon vorhanden sind, wie bei unserer IDEE hier, können solche Resonanzen also zunächst nur als Quantenfluktuationen der räumlichen Differenz des überall denkbar möglichen *Nichtseins* begriffen werden. Bedenken wir überdies, daß wir hier keinen Anspruch auf eine Bewegung in der *Zeit* mehr erheben, dann müssen und können wir allein nur diese räumliche Differenz für uns in Anspruch nehmen. Hier – an irgendeinem Ort im *Nichts* – ein Singular, dort eines, dort und überall je eins zur selben Zeit und stets auch nur in diesem *Augenblick*. Weil wir sie allesamt aber nie im selben Augenblick zugleich auch sehen und bedenken können, sondern ihrer nur im Hin und Her der Blicke nacheinander erst gewahr werden können, erscheint uns auch das *Nichts* verschieden in der Zeit. Es scheint uns in der Diffe-

renz des Nacheinanders beim Erkennen raum-zeitlich angelegt, obgleich es doch im selben Augenblick überall denkbar vorhanden ist.
Da sowohl das *Nichtsein* als dann auch das *Dasein* als dessen Existenz an keinen Ort gebunden ist, muß es als «omnipräsent» begriffen und als Ausdruck der eigenen «Nachbarschaft» überall auch denkbar wirklich werden können.
Hier wird auch dem Philosophen bewußt, daß die «denkbare Existenz» durch eine «physikalische Existenz» erweitert werden muß, wenn man die Vorgänge nach den Gesetzen der Physik plausibel erklären und die IDEE einer logischen Auflösung zuführen will. Spätestens jetzt muß auch das mathematisch-physikalische Argument in der Philosophie hier zum Tragen kommen.
Stehen *Singulare* – die auch hier immer nur als «Nullpunkte» begriffen sein können – in Nachbarschaft zueinander, dann prägt diese ihnen in gegenseitiger Abhängigkeit nur eine Form auf und läßt sie als sogenannte «Geringspurenteilchen» wirklich werden.
«Geringspurenteilchen» – Teilchen, deren Ausbildung in *Raum* und *Zeit* so gering ist, daß sie nur beidseitig offen und ungepolt existieren können – nennt man in der Wissenschaft auch «Duodinos», womit man das Kleinste denkbar und als wirklich sich erweisend Vorhandene zu bezeichnen versucht. Ihre Einordnung hat ihnen also ihre Form aufgezwungen. Wenn es zwischen ihnen zu Erregungen kommen kann, muß man sie sich wohl auf Punkte hin konzentriert und ausgebildet denken und diese Ausrichtung (Struktur) zum Quantum der örtlichen Wirkung erheben, die es als Maßstab ihrer Bildung zu nehmen gilt.
Wohl sind der *Raum* und seine gedachten Inhalte durch den Faktor *Zeit* bereits verbunden, doch gerade die zeitliche Distanz, die aus der räumlichen hervorgeht, ist der Beleg dafür, daß alles sich im dimensionslosen *Augenblick* abspielt.

Folgern wir nun daraus, daß es auch in unserer IDEE hier zu Resonanzen und chaotischen Zustandsformen kommen konnte und gekommen ist, dann können auch wir davon ausgehen, daß es im Gefolge des Gezerres und Stoßens darin zur Zerstörung gerade erst entstandener Bindungen im Nebeneinander punktförmiger Existenzen gekommen ist. Es mußte danach ein Resonanzmuster entstehen, über welches sich trefflich spekulieren und nachdenken läßt.

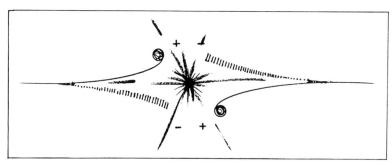

Ein Ur-Ereignis.

Befinden sich beliebige, aber mindestens zwei solcher singularen Wirkungszentren, Monopole oder «Duodinos» in gegensätzlicher relativer Bewegung zueinander, dann wirkt sich bereits diese Variable als physikalischer Vorgang zwischen ihnen aus, weil dann ja zwischen ihnen räumliche Distanz entsteht oder vergeht.

Mag sein, sie stoßen aufeinander und weichen sich aus, weil sie vorerst noch ohne Polung bestehen, es mag auch sein, daß sie sich voneinander entfernen und ihre Brücken zueinander abbrechen. Dann füllen sich entweder die Zwischenräume mit Teilchen ihresgleichen, oder es kommt zum Zerreißen der Bindung und zur Ausbildung von Schnellkräften im Wirkungsfeld dieser Turbulenz.

Auch die Wirklichkeit kennt offensichtlich solche Trennungen, wie aus der folgenden Blasenkammeraufnahme deutlich wird.

Die unter der zerstörenden Kraft solcher tiefgreifenden Wirkungen zerreißenden Bindungen und Verbindungen, zeigen ein für diese Vorgänge typisches Verhalten: Sie werden zunächst bis zur Höhe ihrer Bindekraft gespannt und zerreißen danach unter Mitnahme dieser Kraft. Die Enden der Bruchstellen schnellen unter der Wucht dieses Ereignisses auseinander und erfahren daraus eine losgelöste freie und unabhängige Beweglichkeit. Aus den Abrißenden werden «An-Teilchen», die dadurch ihren bestimmten Ausdruck erfahren, daß sie nun frei beweglich mit der Energie des Abrisses - den Bindekräften adäquat - ausgerüstet sind und diese Kraft als Ladung mit sich tragen. Die Ladung aber, die sie aufgeprägt bekamen, war, dem Vorgang des Zerreißens entsprechend, gegenteiliger Natur. Die Abrißenden wurden so zu ihren eigenen Gegenteilen, an die sie weiterhin lükkenlos paßten und sich fügen konnten, die sie aber auf Grund ihrer eigenständigen Beweglichkeit nur zufällig wieder finden und erreichen konnten.

Nach Hegel ist jede Bestimmtheit im *Sein* und im Denken nur durch ihre «Entgegengesetzte» das, was sie ist und darzustellen vermag, wobei sie sich von dieser Entgegensetzung gerade so viel unterschei-

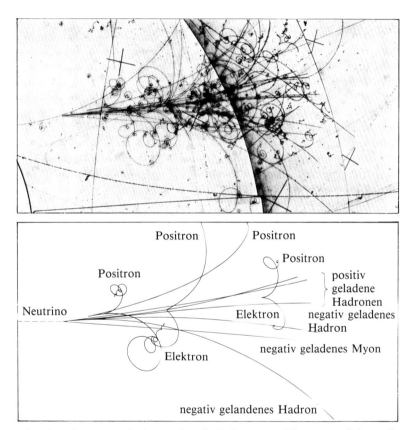

Die Blasenkammeraufnahme zeigt die Bahnen von Elementarteilchen, die beim Zusammenstoß zwischen einem Neutrino mit Protonen entstehen. Zusammenstöße dieser Art demonstrieren die Möglichkeit der elementaren Trennung in Gegenteilchen, wie sie als Annahme in unserer IDEE ausgedrückt ist.

det, wie sie mit ihr identisch ist. Ein Linkes kann es also nur geben, wenn es dazu auch ein Rechtes gibt, ein Oben ist nur denkbar, wenn es auch ein Unten gibt, ein Positiv kann nur bei gleichzeitiger Existenz eines Negativs gedacht werden, usw.

Zerreißt ein seiner Natur nach idealer Verbund, dann entsteht an den Abrißenden eine solche Gegensätzlichkeit. Zwar kann man in Ermangelung noch jeder Ausrichtung und jeden Bezuges hier nicht von linken oder rechten Teilchen reden, doch da sie einander gegenüberstehen und geladen sind, kann aber von «Positiven» und «Negativen» durchaus die Rede sein.

Erste Geschehnisse haben noch den Vorteil unverwischter Deutlichkeit, die es zuzeiten herauszustellen gilt.

Genau dieselbe Kraft, die das ursprünglich Ganze einst verband und die im ganzen noch neutral und ohne Wirkung in sich selbst bestand, wurde durch das Ereignis, welches hier nur als das *Urereignis* und die *exemplarische Ursache* an sich begriffen werden kann und soll, zum Maßstab für die Wirkungskraft zwischen den neuentstandenen (Gegen-)Teilchen und stellt sich ein für allemal als die größte Kraft dieses dualen Systems im *Dasein* dar. Das «Negativ-Teilchen» steht also nicht im Widerspruch zum «Positiv-Teilchen», sondern im Gegensatz dazu. Gegensätze aber sind Moden, die einander zugewandt erscheinen und ihren Ausdruck wieder verlieren, wenn sie sich finden und zum Ganzen sich erneut verbinden.

Gegensätze sind «polar» und lassen sich vereinen, hat Heraklit schon erdacht.

Wir haben es jetzt also bereits mit zwei gegensätzlich geladenen Teilchen zu tun, die nun zwar frei beweglich und unabhängig voneinander existieren, mit dem Urereignis ihrer Teilung aber auch schon die Tendenz gewonnen haben, einander zu suchen und zu finden, um sich wieder zu neutralisieren.

Zwei Gegenteilchen, die dadurch nun auch den *Raum* bezeugen, daß sie sich um einen Mittelpunkt rotierend in ihm bewegen und mit ihren wechselnden Positionen darin dessen Wirklichkeit ermessen. Die Struktur dieser ersten *Materie* im *Dasein* besteht aus dem im Abriß sich aufgespult habenden Positiv, dem *Positron,* und einem ihm entsprechenden Negativ, dem *Elektron.*

Diese Zwischenbilanz war und ist darum von Belang, weil sie uns zeigt, daß allein nur dasjenige, was schon besteht, am Geschehen im

Sein auch beteiligt ist, und alles, was danach geschieht, nur darin seine Ursache haben kann. So wenig das auch erst noch scheinen mag, ungeheuerlich viel ist damit aber für ein *Dasein* schon geschehen.

Die Welt der abertausend Geschöpfe
lebt vom Sein,
Das Sein aber lebt vom Nichts.
Laotse

Materie – Substanz aus dem Nichts

Wer immer noch auf das Ereignis eines ersten Beginnens, den spektakulären Anfang, wartet, der wird enttäuscht wohl feststellen müssen, daß dieser bereits hinter uns liegt.
Genauer: Weil alles, was ohne Ausdruck der Dimension oder Größe im *Augenblick* zuerst vorkommt, weder schon mit *Zeit* noch mit *Raum* begabt stufenlos aus dem *Nichts* hervorbricht und in dessen Augenblicksausdruck danach verbleibt, kann es ein bemerkenswertes «Urereignis» in unserer IDEE gar nicht geben.
Wie alles *Dasein* und alle Existenz erst beginnt, wenn sie der *Geist* als erkennendes Subjekt wahrnimmt, so ist auch das «Urereignis» selbst in dem *Augenblick* schon geschehen, in dem unser *Geist* eine denkbare Möglichkeit dafür gefunden und es dadurch zur Wirklichkeit erhoben hat, daß er den Schluß aus seiner Erkenntnis für alles folgende Geschehen zog.
Es spielt dabei keine Rolle, daß wir vorher bereits glaubten, über das *Dasein* einiges zu wissen; zur Wirklichkeit wird erst erhoben, was uns zur Kenntnis gelangt. Da ohnehin alles Denkbare und Wirkliche in diesem *Augenblick* geschieht und «ist», macht es auch nichts, wenn die frühen Geschehnisse des Wandels darin erst nach späteren Wandelformen erkannt und Wirklichkeit werden.
Nachdem wir uns die Turbulenz und ihre zerstörende Wirksamkeit vorgestellt und daraus auf ein wesentliches Attribut der materiellen

Existenz, der *Dualität,* logisch schließen konnten, eröffneten wir bereits den Weg des Wandels und haben den ersten Schritt darin schon getan.

Materie, auch *Stoff* oder griechisch «dynamis» geheißen, ist der Inbegriff des Dinghaften überhaupt, dem zuerst nur das Merkmal des körperhaften Ausdruckes, nicht aber schon das einer immanenten Intelligenz zuerkannt wird. Sie entsteht unter Bedingungen, die ihr die Anlagen für das Bestreben zur Ordnung und Ratio als Verhaltensweisen ein für allemal aufgeprägt haben.

Im Unterschied zur absolut statisch zu begreifenden Stabilität des ewigen *Nichts* sind die Atome und ihre materiellen Zusammenballungen dynamische Stabilitäten auf dem Weg zurück ins *Nichts.* Deren Stabilität unterliegt nicht einem erhaltenden, sondern vielmehr einem die jetzigen Zustände überwindenden Prinzip.

Materie ist nicht schon *Dasein* an und für sich, sondern Erkenntnis vom *Sein.* Das heftige Streben der *Materie* nach Form und Funktion ist nichts anderes als jene ordnende Kraft des durch sie gestörten *Nichts,* die auch den *Geist* des Menschen für sich schuf, ist Keimzelle des *Geistes* selbst und Ausdruck der dem All innewohnenden Ordnung (Nus) insgesamt.

In der Wissenschaft wird alles mit *Materie* bezeichnet, was ein Bestreben (dynamis) besitzt und eine Kraft auszuüben in der Lage ist. Beseelt wird dieser Grundbegriff durch die Eigenschaft des starken Strebens zur ewigen Ordnung im Zustand des Ideals, dem Nichts. Durch das die Ordnung suchende Prinzip, welches ein Ausdruck der Teilung in Gegenteile ist, entstand ein bemerkbares Kräftefeld zwischen den freien Teilchen, welches eine Brücke ist für die Distanzen und Verwirklichungen des *Raumes.*

Der Wandel in diesem Geschehen ist die *Zeit,* sie ist zugleich der Zeiger dieser Uhr, an deren Zifferblatt man die Existenz in der Wirklichkeit ablesen kann.

Wellen sind die Informationswege ihres Wirkens in diesem *Raum.* Sie informieren die Teilchen und machen ihnen ihre Zusammengehörigkeit erinnerlich.

Erinnern aber, das ist Geisteskraft, und die setzt ein Gedächtnis voraus, welches den Vollzug fordert. Erinnerung ist Möglichkeit und Wille der Wirklichkeit selbst.

Erinnern, Erkennen, Wollen und Vollenden sind die Stufen dieses

All-geistigen Geschehens, nach denen sich alle Existenz ausgerichtet hat und nach deren Gesetzen sich die Wirklichkeit vollzieht.

Der aus der Rationaliät des Bestrebens abzuleitende *All-Geist, Weltgeist* oder griechisch «Nus» – wie immer man ihn auch nennen mag – beruht außerdem auf dem Prinzip der komplementären und symmetrischen Beziehung zwischen allen Teilchen der *Materie,* die aus diesen zuerst denkbar gewordenen Vorgängen verwirklicht werden kann. Dabei beruht die Symmetrie auf deren Äquivalenz, die komplementäre Beziehung aber auf der Eigenschaft zur Aufhebung der Gegensätzlichkeit (Annihilation).

Diese, auch der aus der Annahme unserer IDEE gewonnenen materiellen Existenz aufgeprägte Dualität wird zur ersten und wesentlichen Voraussetzung der logischen Inbeziehungsetzung von Ursache und Wirkung. In ihr sind alle Kräfte des Universums teilhaftig entstanden.

Auf die uralte Frage, was die Welten denn wohl zusammen halte, haben auch die Physiker der modernen Wissenschaften nur eine Antwort: *Kräfte!* Seit den Anfängen wissenschaftlichen Denkens spekulieren die Naturforscher und Philosophen darüber, daß womöglich alle *Kräfte,* die den Stoff und die Welten zusammenhalten, eines einzigen Ursprungs sind und ihre Wurzeln in einem einheitlichen physikalischen Gesetz, einer *Urkraft,* zu suchen seien. GUT = Grand Unified Theories heißt das englische Kürzel für die Hypothese der Vereinheitlichung aller Kräfte in der Physik.

Professor Werner Heisenberg versuchte sein Leben lang die Formel zu finden, die alle physikalischen Erscheinungen in der materiellen Existenz zusammenfassend erklären würde.

Es ist ihm nicht gelungen, seine Zeit reichte dafür nicht oder besser gesagt, sein Begriff von der *Zeit* war dafür nicht der richtige.

Der Wissenschaft bekanntgeworden, aber nicht ohne weiteres schon miteinander vereinbar, sind folgende vier *Kräfte:*

Die *Schwerkraft,* auch Massenanziehung oder Gravitation genannt,

die *elektromagnetische Kraft,* die alle Kompaßnadeln auf die Pole ausrichtet und die Radiowellen trägt,

die *schwache Wechselwirkung,* welche für den Zerfall der radioaktiven Elemente verantwortlich zeichnet, und

die *starke Wechselwirkung,* die «Kernkraft» selbst, welche die Atome der *Materie* zusammenhält.

Die Bindekraft zwischen den Protonen und Elektronen, aus denen alle Atome zusammengesetzt sind, wurde als zweimal 10^{39} (eine Zwei mit 39 Nullen dahinter) größer gemessen, als die Anziehungskraft der Massen, die *Gravitation*.

Im Verlaufe des ersten Geschehens unserer *Schöpfungsidee* kehrt sich diese Reihenfolge zunächst einmal um. Es ist dem angenommenen (Nicht-)*Urereignis* absolut gerecht, wenn wir als sicher annehmen, daß die größte aller Kräfte in der Existenz allein der grundbestimmenden und exemplarischen Größe dieses Anfanges selbst nur entsprungen sein kann.

Alle anderen *Kräfte,* wie und wo sie sich im Gefolge dieses ersten Geschehens auch bemerkbar machen, sind nur Teilkräfte oder Moden davon, ihre Auswirkungen oder ihre Addierung.

Die Kräfte verschmelzen zum Ursächlichen hin, und weiß man erst, wohin sie streben, dann weiß man auch, woher sie einst gekommen sind.

Weil unser *Dasein* – genauer: das unserer IDEE – aus dem Zerbrechen des ursprünglich einheitlichen «idealen» *Nichts* hervorgegangen ist, wird dasselbe dessen Ziel auch sein und darin wieder enden müssen. Die dem «Beunruhigten» – der *Materie* nämlich – aufgeprägte Vernetzung der Attraktoren durch Ladung zwischen ihnen, wird wieder aufgehoben sein, und weder eine *Zeit* noch ein *Raum* wird dann mehr bemerkbar existieren.

Zwar weichen die Annahmen dieser IDEE größtenteils erheblich von der in der Wissenschaft gerade herrschenden Meinung ab, besonders sogar von der Meinung der Kernforscher und Astrophysiker, die sich speziell mit diesem Thema beschäftigen, doch vielleicht haben gerade sie des Rätsels Lösung auch bereits gefunden, ohne es selbst schon zu wissen: In ihren Hochleistungsbeschleunigern, zum Beispiel bei Cern in Genf, lassen sie Elementarteilchen mit extrem hoher kinetischer Energie aufeinanderprallen, um auch diese Winzlinge noch weiter zu zerschlagen und zu sehen, was danach geschieht.

Dabei passiert es ihnen nun, daß diese Teilchen zwar zerbrechen – wie erwartet und angenommen –, ihre Trümmer aber bleiben entgegen ihrer Annahme immer genauso groß, wie die Teilchen, aus denen sie abgeschlagen worden sind.

Immer wieder also entstehen am unteren Ende der Skala dieselben Teilchen völlig gleicher Art und Größe.

Einem *Schöpfungsakt* gleich – möglicherweise ist es ein solcher – wird hier aus Beschleunigungsenergie neue *Materie* geboren. Teilchen der Existenz, die Gegenteilchen zueinander sind.
Aus dem *Nichts* scheinbar geboren und alle derselben Substanz zugehörig. Als wären Vater- und Muttersubstanzen aufeinandergeprallt, hätten sich dabei vermählt und Tochtersubstanzen gezeugt.
Die IDEE greift bereits weit aus, sie maßt sich an, neue Dimensionen und Möglichkeiten dem Denken zugänglich gemacht zu haben und versucht am Stand der Wissenschaft ein wenig orientiert zu bleiben. Oft eilt sie dieser jedoch voraus, und es wird der Wissenschaft noch schwer fallen, sie wieder einzuholen.

Aber die Endlosigkeit der Bewegung im Ganzen
braucht einen Ursprung.
Dieser Ursprung ist die reine Wirklichkeit
(actus purus) ohne Möglichkeit,
die reine Form.
Sie selbst ist unbewegt, aber Grund aller
Bewegung.
Der reine Geist, selbst unräumlich,
grenzt an den Raum.
Das ihn unmittelbar Berührende,
die äußerste Himmelssphäre, gerät zuerst in
Bewegung und gibt die Bewegung weiter
an die Welt.
Denn alle Wirkung geschieht nur in unmittelbarer Berührung, nicht aus der Entfernung.
Das Unkörperliche des unbewegten Bewegers
berührt erst das Körperliche.
Bewegung setzt das Bewegende voraus.
Bewegung ist Form, das Bewegte der Stoff.
Aristoteles

Das Masselose im Dasein

Wir sagten es bereits, bei der Bestimmung, Beurteilung oder Berechnung irgendeiner Größe in der Natur des realen Universums (und dieser IDEE) können nur Beziehungen zwischen den darin nachweislich vorhandenen und darum prinzipiell überprüfbaren Dingen und Geschehnissen erwartet und herangezogen werden.

Diese insbesondere auch von Ernst Mach ausgearbeitete philosophisch-positivistische Erkenntnistheorie kommt wesentlich in der Aussage zum Ausdruck, daß man sich in der Naturwissenschaft grundsätzlich nur darauf beziehen und stützen darf, was man in der erforschten Natur auch nachweislich vorfindet und direkt in ihr beobachten kann.

Was nun die Überführung von Energie in Materie – die wir als Möglichkeit für unsere IDEE in Anspruch nahmen – oder umgekehrt anbetrifft, so findet diese in der Wirklichkeit ihre beispielhafte Entsprechung: Wolfgang Pauli «erfand» 1930 das *Neutrino*. Es wurde dringend benötigt, um damit den Satz von der Erhaltung aller Energie zu retten und den Physikern aus einer schweren Klemme zu helfen.

Nachdem man nämlich bei bestimmten kernphysikalischen Experimenten beobachten mußte, daß dabei stets ein Verlust an Energie herauskam und niemand sich erklären konnte, wo diese denn wohl verblieben sein mag, bedurfte es einer Ausrede, um einen Ausweg zu finden.

Die Vorstellung, daß sich Energie, entgegen aller Erfahrung und dem Kernsatz der Wissenschaft von ihrer Erhaltung im ganzen, in *nichts* aufgelöst haben könnte und völlig verlorengegangen sei, war allen suspekt.

So erfand also Pauli das *Neutrino* als masselosen Träger der beobachteten Energiedifferenz und hatte damit zunächst erstmals das Gebäude der Grundsätze gestützt.

26 Jahre dauerte es dann noch, bis dieses Ideal auch im Experiment nachgewiesen werden konnte. Ein schönes Beispiel übrigens dafür, daß das Denken der Wirklichkeit ohne weiteres auch vorauseilen kann.

Zunächst waren alle überzeugt, daß so ein *Neutrino* nur absolut *masselos* gedacht werden könne, denn nichts sprach dafür, daß es eine bemerkbare *Masse* haben könne.

Vor einigen Jahren aber erzielten russische Wissenschaftler beim Studium des Beta-Zerfalls überschweren Wasserstoffes Ergebnisse, die sich ihrer kompetenten Meinung gemäß nur mit einer wägbaren Masse des *Neutrinos* erklären lassen würden.

Auf ein solches Ergebnis hatten die Elementarphysiker schon dringend gewartet. Sie hatten nämlich inzwischen eine Theorie erarbeitet, welche die elektroschwache Wechselwirkung und die starke Wechselwirkung miteinander vereinigen sollte, sich aber nur dann als plausibel erklären ließe, wenn es auch tatsächlich eine wägbare *Masse* des *Neutrinos* gäbe.

Das Hauptproblem bei der Suche nach *Neutrinos* stellt deren geringe Neigung dar, mit der massereichen und wägbaren *Materie* in eine Wechselbeziehung zu treten oder mit ihr zu reagieren. Dieser Mangel ist derart groß bzw. die Neigung dazu so gering, daß ein *Neutrino* völlig ungehindert Millionen Kilometer dicke Materieschichten durchdringen könnte, ohne dabei auch nur bemerkt zu werden.

Man wußte bereits, daß ein Energiequantum wie ein solches, aus dem man sich das *Neutrino* bestehend vorstellte, nur dadurch scheinbar völlig verschwinden könne, daß es sich in eine andere, noch nicht erkannte Form umgewandelt, also oszilliert haben mußte.

Bei den Experimenten um das *Neutrino* konzentrierte man sich darum auch darauf, den Ort zu suchen, an dem diese Oszillation geschehen ist. An solchen Orten bemerkte man es dann auch und konnte es beweisen.

Die zuerst gedanklich und rein theoretisch als rettende IDEE nur angenommenen *Neutrinos* hatten dann jedoch eine geradezu umwälzende Bedeutung für das Weltbild der Kernphysiker. Neutrino-Umwandlungen sind nämlich nur denkbar, wenn diese sowohl *masselos* wie auch *massereich* gedacht werden und in Erscheinung treten können.

Die Frage zum Beispiel, ob sich das Universum in alle Zeiten weiter ausdehnt oder sich nach einer bestimmten Dauer wieder zusammenziehen und ewig weiter so pulsieren wird, hängt wesentlich davon ab, wie dessen mittlere Massedichte beschaffen ist.

Bisher jedenfalls fand man in den Himmelskörpern nicht genügend Masse, um deren scheinbar rapide Flucht anzuhalten oder gar zur Umkehr zu bringen. Massereiche *Neutrinos* wären ein Ausweg.

Oszillierende *Neutrinos* würden überdies auch das Rätsel der Energie-Erzeugungsprozesse im Universum befriedigend lösen, die der Wissenschaft bis heute nicht verständlich wurden.

Hier gilt es einen Einschub anzubringen: Der Umwandlungsprozeß, der das *Nichtsein* zu einem offensichtlichen und bemerkbaren *Dasein* übergehen läßt, entzog sich der Erkennbarkeit und Erklärbarkeit erst, nachdem die Wissenschaft einen wesentlichen Begriff der Astrophysik aus ihren Formeln geworfen und verbannt hatte: den Begriff des *Äthers*.

Die Vorstellung eines allgegenwärtigen *Äthers* als Träger des Lichtes und der Wellen stammt ursprünglich bereits von Aristoteles und wurde von Newton wieder aufgegriffen.

Aristoteles sah das ganze Universum erfüllt mit den Elementen Wasser, Feuer, Luft und Erde.

Daneben erkannte er aber eine fünfte Essenz – die Quintessenz also –, die er mit *Äther* bezeichnete. Dieser unsichtbare «Nichtstoff» erfüllte seiner Meinung nach den Raum zwischen den Sphären des erkennbaren Lichtes und der dahinter sich befindenden Finsternis.

Die Furcht vor dem absolut Leeren, der Horror vakui, war auch ihm zu eigen und wurde zum Prinzip des Denkens aller Naturbetrachtung nach ihm.

Seither hat die Wissenschaft, nachdem sie auch die Möglichkeiten dazu erfunden zu haben glaubte, sich intensiv bemüht, diesen «Nichtstoff» *Äther* im Experiment nachzuweisen.

Nichts dergleichen wollte ihr jedoch gelingen. Erst um die Jahrhundertwende schlug der Versuch der beiden Experimentalphysiker Michelson und Morley fehl, einen solchen Beweis zu erbringen. Diese beiden Wissenschaftler stellten nämlich fest, daß das Licht eines jeden Sternes aus dem All die Erde auf ihrer Kreisbahn um die Sonne mit immer genau derselben Geschwindigkeit trifft, egal, ob es sie dabei einzuholen hat oder ihr entgegenkommt.

Nachdem diese außerordentliche Feststellung immer wieder überprüft und bestätigt worden war, begann man an der Existenz eines *Äthers* zu zweifeln und versuchte zunächst ohne ihn auszukommen. Überdies wäre der sogenannte *Äther* ja auch darum eine den Naturgesetzen völlig fremde «Quintessenz», weil es durch seine Schwingungen wie ein elastischer Körper die Wellen des Lichtes durch den *Raum* hätte tragen müssen. Es ist aber so, daß Wirkungen dieser Art sich desto rascher ausbreiten, je fester und starrer das übertragende Medium selbst ist. Da der *Äther* diese Wirkungen aber mit der höchsten aller Geschwindigkeiten – der Lichtgeschwindigkeit – verbreitet, müßte er einerseits also das starrste und härteste aller Medien, andererseits aber wiederum zugleich so elastisch sein, daß er die Bewegungen der Körper im Raum nicht behindern dürfte.

Albert Einstein, in manchen Dingen des wissenschaftlichen Denkens bekanntlich ja ausgesprochen radikal, wischte alle noch bestehenden Zweifel vom Tisch und verbannte den *Äther* ganz und gar aus seinen Formeln.

Seitdem gilt er bei den meisten Wissenschaftlern als nicht existent. Andere aber – wie kann es in der Wissenschaft auch anders sein – gaben in dieser Frage nicht ganz so schnell auf. Professor Phillips, Wissenschaftler an der Oakland University, wies beispielsweise darauf hin, daß zwar einerseits der Nachweis des *Äthers* bisher nicht gelungen sei, andererseits aber auch keine einzige unter den Erkenntnissen der modernen Physik seiner Existenz widerspräche.

Im Gegenteil, kernphysikalische Experimente der jüngsten Zeit brachten Phänomene zutage, die nur dann in das Gesamtbild des Universums richtig eingefügt werden können, wenn man die Anwesenheit eines *Äthers* zwingend annimmt.

Die quantendynamische Erklärung bestimmter Wechselwirkungen und deren Kräfte stand lange unter dem Eindruck der Ungereimtheit, daß einige der errechneten Größen darin theoretisch *unendliche* und damit physikalisch unsinnige Ausmaße annehmen würden.

Erst durch eine Reform der dazugehörigen Theorie gelang die Lösung dieses Rätsels: Man setzte neben «positiven» und «negativen» Strömen nun auch «neutrale» Ströme wieder voraus – dem *Äther* vergleichbar – und errechnete deren theoretische Größe. Das neue Konzept, auch den Zusammenhalt und das Zusammenwirken eines Teilchen-Systems auf das Vorhandensein und den Austausch intermediärer Substanz zurückzuführen, geht von der Vorstellung aus, daß es in einer «absoluten Leere» eine Fernwirkung gar nicht geben könne, sondern Wirkungen vielmehr nur durch die Kräfte eines Vermittlers übertragen werden.

Überrascht zeigten sich die Wissenschaftler dann allerdings weniger über das Funktionieren dieser Rechnung, als von dem außerordentlich hohen Anteil des «Neutralen» im kosmischen Gesamtgefüge.

Im Moment neigen die Gelehrten dazu, die Gründe dafür noch im Urknall und der bisherigen Entwicklung des daraus resultierenden Weltenalls zu suchen. So leiten sie Ergebnisse der Untersuchungen über die im Universum vorhandenen Isotope von Wasserstoff und

Helium von der Annahme ab, daß die Dichte der sichtbaren Materie nur etwa 10% der Gesamtmasse im All erreicht.
Während die mit dem großen Urknall aus dieser Tatsache die Beschreibung der Kräfte und Wechselwirkungen abzuleiten versuchen, geht es den Astrophysikern eher darum, daß die fehlende Masse aus einer Reihe von Teilchen bestehen müsse, die von der Theorie lange schon gefordert, aber bis heute niemals aufzufinden waren.
Wie auch immer das *Intermedium,* dieser geheimnisvolle «Nichtstoff» - mag er nun *Äther* heißen oder nicht - beschaffen sein mag, er entspricht genau den Bedingungen unserer IDEE, deren Ursache ja im *Nichtsein* zu suchen ist.

Was ist das Ungewöhnliche am *Masselosen?* Normale Teilchen der *Materie,* solche also, die eine experimentell feststellbare «Ruhemasse» haben, bezeugen ihren Zustand selbst: Bewegt man ein solches Teilchen entgegen einem anderen von eben solcher Art, dann nimmt die *Masse* beider - der Größe ihrer zueinander relativen Bewegung entsprechend - zu.
Ganz anders ist es bei den *Masselosen* unter den Teilchen, sie besitzen nicht nur im Ruhezustand, sondern auch bei jeder denkbaren Beschleunigung unterhalb der Lichtgeschwindigkeit die *Masse* «Null». Erst bei Erreichen der Lichtgeschwindigkeit werden sie überhaupt bemerkbar und zeigen eine von Null abweichende *Masse* an.
Masselos sind in diesem Begriff neben den gerade erwähnten *Neutrinos* alle elektromagnetischen Wellen und das *Photon.*
Sind die *Masselosen* im *Dasein* existent, dann muß es auch für den Begriff des *Äthers* eine plausible Erklärung geben, die sich aus dem frühen Geschehen unseres Gedankenmodells herauskristallisieren und in folgendes Geschehen einfügen läßt.
Nachdem einem vergleichbaren Medium - in unserer IDEE noch das *Nichtsein* oder auch nur das *Nichts* - durch induktiv erfahrene Turbulenz jenes ideale Paar eines *Positivs* und eines *Negativs* als Abrißendchen entsprungen sind, die sich nun bereits unabhängig voneinander bewegen und einen *Raum* erfüllen, war auch die Distanz zwischen ihnen zum übertragenden Medium ihres angeborenen Bestrebens geworden, sich zu suchen und zu finden. Schließen wir nun daraus, daß räumliche Differenz und freie Bewegung an sich bereits oder auch nur die wesentliche Funktion eines *Äthers* ist, dann gelingt uns

der Nachweis desselben um so eher, wenn wir darüber hinaus auch davon ausgehen, daß ein solches Hervorbrechen aus einem omnipräsenten *Nichts* an beliebig vielen Orten vorstellbar geschehen sein kann.

Dem *Nichtsein* wohnt die Bedingung der Funktion als *Raum* bereits inne, sie bedarf nur noch seines Ausdruckes. Addiert man zu dieser Funktionalität die Dynamik und die Kraft des Vorganges im Urereignis, und läßt man sie über die Distanz des gewonnenen Raumes wirksam werden, dann erfüllt sie mit dem Wandel der Zustände auch die Funktion einer *Zeit* darin. In einem solchen Begriff gibt es die *Zeit* oder den *Raum* für sich alleine nicht, sondern immer nur eine *Raum/Zeit* als sich bedingende Einheit.

Singulare, in der Funktionstheorie als Nullpunkte bekannt und als solche in der Gaußschen Zahlenebene ausgedrückt, sind – wie schon gesagt – im Ruhezustand selbst ohne jede Dimension oder Masse. Erst dann, wenn man ihnen eine Funktion aufträgt, indem man sie zum Beispiel frei macht und gegeneinander bewegt, gewinnt auch das bisher strukturlos homogene *Nichts* – das auch wir der klassischen Prominenz des Namens wegen *Äther* nennen wollen – eine Wirklichkeit (energeia) im *Dasein,* die alle Existenz überhaupt erst zu begründen in der Lage ist.

Bildhaft vergleichbar wird das Gesagte in der Vorstellung einer gespannten Ballonhaut. Auf ihr sind allerorten, wenn auch nur auf ihrer eigenen gekrümmten Ebene ausgedehnt vorkommen, «singuläre» Wirkungszentren auszumachen und dadurch bestimmt, daß jeder denkbare Punkt auf dieser Ballonhaut das Bestreben in sich hat, seine Nachbarbereiche anzuziehen, wenn oder sobald sich dafür eine Möglichkeit ergibt.

So begriffen ist die *Spannung* – hier als ein Bestreben zur erneuten Vereinigung ausgedrückt – eine Funktion, die wir als Voraussetzung für das folgende Geschehen in unserem Modell anzusehen bzw. heranzuziehen haben. Schauen wir, was daraus werden kann.

Was not tut, ist ein lückenloser Kreis,
den sich der Weise zu erreichen weiß.
Der Glieder seines Lebens sind so viele,
nur wer sie bindet, fugenlos und ganz,
vollendet sie zum wohlgeratenen Kranz,
gelangt so zum erstrebten Ziele.
Laotse

Das stabile Nichts

Das bei weitem häufigste Element im Universum ist der Wasserstoff; 93% aller stabilen Teilchen (Atome) der Materie bestehen daraus. Danach folgt Helium mit immerhin noch etwas über 6% und mit weniger als 1% die schweren Elemente.
Wasserstoff – offensichtlich also das Element der Elemente – besteht, genau, wie das in unserem Gedanken-Experiment gewonnene «corpora prima», aus zwei (Gegen-)Teilchen, dem positiven Nucleus, dem *Proton* und dem negativen *Elektron,* die sich ihrer gegenteiligen Ladung wegen von Anfang an gesucht und dann endlich auch gefunden haben.
Die Ladungen beider sind adäquat und annihilieren sich in der Vereinigung. Das Wasserstoffatom verhält sich seiner Umgebung gegenüber insgesamt neutral, wie sich auch der Zusammenschluß der beiden Abrißteilchen unserer IDEE neutral verhalten muß.
Zunächst glaubte man in der Wissenschaft, in Atomen kleine Planetensysteme erkannt zu haben, und nahm dementsprechend an, daß die Elektronen den Kern wie Satelliten umkreisen. Gedankenlogisch nahm man auch an, daß sie körnchenhafte Strukturen und kugelige Formen besitzen.
Dieses Atombild, von Rutherford zuerst entworfen, dann von Bohr und Sommerfeld verfeinert, wurde Symbol der modernen Großwissenschaft und ist inzwischen jedem Schulkind bekannt.
Offensichtlich aber ist es falsch und bedarf der Korrektur.
Während man in der Quantenmechanik noch weiterhin das Elektron als ein Elementarteilchen mit eigener Struktur und Größe ansieht, welches den Atomkern umkreist und eigene Bahnen besetzt, auf denen es mit einem mathematischen Ausdruck fixiert werden kann, ist

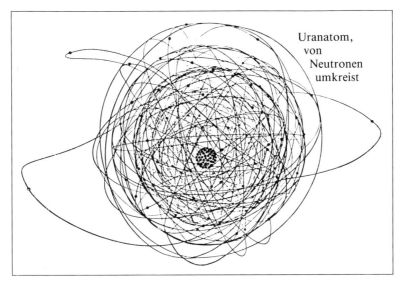

Uranatom, von Neutronen umkreist

Das Abbild entspricht der Wirklichkeit nicht mehr.

man in der Atomphysik davon bereits abgegangen und spricht nur noch von einer «Aufenthaltswahrscheinlichkeit» der Elektronen in kugel- oder schalenförmigen Bereichen (orbitalen) der unmittelbaren Kernumgebung.

Das Bild entspricht der Wirklichkeit nicht mehr.

Nur ihre Funktion liefert noch einen Anhaltspunkt, wo man mit einiger Wahrscheinlichkeit Elektronen im Orbit des Kerns erwarten und auch mit Sicherheit antreffen kann.

Dazu ist man nun aber genötigt anzunehmen, daß die Elektronen den Kern mit nahezu Lichtgeschwindigkeit umkreisen, weil sonst – den jetzt gültigen Theorien entsprechend – die Fliehkräfte nicht ausreichen würden, der Anziehungskraft des Kerns zu widerstehen.

Bei allen Geschwindigkeiten unterhalb der Lichtgeschwindigkeit – so nimmt man an – würden die Elektronen unweigerlich in den Kern stürzen, dessen gegenteilige Ladung unter Aufgabe aller Energien aufheben und die eigene wie auch die Existenz des Kerns dadurch aufzehren.

Schaut man in diese Mikrokosmen – mit dem Mikroskop zur Auflösung atomarer Strukturen, kurz ARM (Atomic Resolution Micro-

scope) genannt, ist es heute ohne Schwierigkeiten möglich – und versucht man ein Elektron im Kernorbit zu finden, dann entdeckt man es mit voraussehbarer Wahrscheinlichkeit darin an jedem Ort und kann dieses nur damit begründen, daß es sich lichtschnell darin bewegt. Das konnte nicht so stehenbleiben. Denn wäre das der Fall, dann müßte die Erhitzung der Materie unter dem Druck ihrer Massen um ein Vielfaches größer sein, als es in Wirklichkeit der Fall ist.
Nachdem man zuerst die Annahme der Körnchenhaftigkeit aufgeben mußte, behielt man die räumliche Trennung zwischen Kern und Hülle weiter bei, obgleich auch dies nicht ideal ins Bild zu passen scheint, was seine guten Gründe hat.
Wesentliches Attribut der Atome, das erkennt man nun sogar auch optisch, ist deren Durchbrochenheit, mit der sie den Raum erfüllen und die Energie, mit der sie sich darin behaupten.

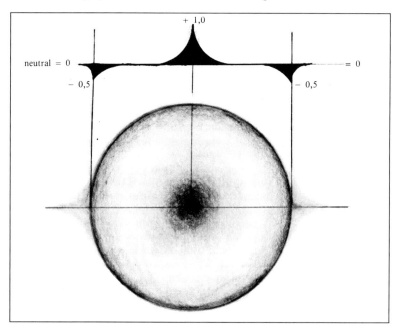

Die Energiebilanz eines Wasserstoff-Atoms im Äther. Während das Gebilde insgesamt neutral bleibt, zeigen sich im Zentrum und am äußeren Rand Ladungsüberschüsse, die sich zum neutralen Umfeld hin auswirken.

Separiert man Atome in den neuen Mikroskopen, dann erkennt man schwarze Punkte, in Gruppen und regelmäßig vor einem hellen Hintergrund, deren jeder von einem dunklen Saum umgeben ist.
Das ist für uns äußerst interessant, denn – richten wir unseren Blick nun wieder auf die Logik unseres eigenen Gedankenmodells – dann hat sich darin, ohne daß wir es schon gleich erkannten, Bemerkenswertes ergeben: In jedem Mikrokosmos von mindestens zwei Gegenteilchen ist nämlich nach der Wiedervereinigung in dessen kleinem Teilbereich der ursprüngliche Friede wieder eingekehrt. Das ist einfach so zu erklären: Dort nämlich, wo sich das Negativteilchen wie eine Hülle um den positiven Kern festgelagert hat und sich synchron mit ihm bewegt, herrschen intern dieselben Zustände wie im *Nichts*. Sie sind zwar frei bewegt, in ihrer dynamischen Form aber dennoch vorläufig stabil. Nur ihr tiefstes Inneres und ihr äußerst peripherer Rand sind nicht mehr ganz neutral, doch darauf kommen wir noch zu sprechen.
Die Gegenteilchen liegen nun – gleichförmig im Spin des Atoms mitbewegt – eng aneinander und heben ihre Ladungen im Bereich der Anlage selbst völlig auf. Das Gebilde (Atom) ist insgesamt neutral, und alles, was es noch vom allgemeinen *Nichts* unterscheidet, ist die unabhängig rotierende Bewegung (Spin) in der *Raum/Zeit*.
Das entspricht zwar der Logik unserer IDEE, entspricht es aber auch der Wirklichkeit?
Am 27. Februar 1932 erschien in der Zeitschrift «Nature» eine kurze und unauffällige Notiz von J. Chadwick aus den Cavendish Laboratories, in der zuerst die nun zweifelsfreie Entdeckung eines neuen fundamentalen Teilchens angekündigt wurde: die Entdeckung des *Neutrons*.
Damit begann für die Atomphysik eine ganz neue Ära. Man hatte nämlich entdeckt, daß in den Atomen außer den schon bekannten positiven Kernen und negativen Hüllen auch neutrale Massen eingelagert erscheinen, die man dieser Eigenschaft gemäß nun *Neutronen* nennen wollte, und konnte nun auch das Rätsel der «Isotope» lösen. Isotope sind Nuklide, deren Atomkerne die gleiche Ordnungszahl, aber unterschiedliche Massezahlen besitzen.
Wie es so häufig ist, nachdem man sie erst einmal entdeckte, konnte man auf sie gar nicht mehr verzichten, und man erkannte auch schnell eine weitere Eigenart der *Neutronen,* sind diese nämlich nicht

an ein Atom gebunden, dann bewegen sie sich nahezu unerkannt und frei, als wären sie Pärchen zweier gleichwertiger Ladungen. Trennen sie sich wieder oder zerfallen sie – es scheint, als trennten sie sich leicht –, dann entsteht aus dieser Vereinigung auf Zeit ein positives Teilchen, ein *Proton* also, und ein negatives *Elektron* sowie ein zusätzliches Restchen, ein *Neutrino,* das völlig im Nichts aufgeht und verschwindet, ehe man seiner richtig gewahr geworden ist.

Soweit *Neutronen* als zum Kern gehörig begriffen wurden, war man zuerst der Meinung, daß diese neutralen Teilchen im Atom sich ihrer Ladung gemäß nur tief innerhalb des Kerns selbst und soweit wie möglich von dessen negativer Hülle entfernt aufhalten und angelagert haben könnten.

Überraschenderweise stellte sich dann aber heraus, daß *Neutronen* immer an der äußeren Grenze des Atomkerns, unmittelbar unter der Elektronenhülle, angesiedelt sind.

Wenn man aufmerksam verfolgte, was hier entdeckt worden ist, könnte man fast meinen, daß sich hier die Wirklichkeit unserer IDEE angepaßt habe, so verblüffend sind die Übereinstimmungen.

Da das große Eins sich eine Welt erschuf,
bleibt sie auch eins mit ihm, bis auf
Widerruf.
Laotse

Die attraktive Gravitation

Wo wir uns gerade anschicken, die Problemfragen der Wissenschaft in der IDEE zu lösen, sei hier auch ihr größtes Rätsel genannt: die «Anziehungskraft der Massen». Diese Anziehungskraft – *Gravitation* oder auch *Attraktion* im englischsprachigen Raum geheißen –, die Newton zuerst erwähnte, ist jene besondere Eigenschaft der *Materie,* die sich in strenger Abhängigkeit von ihrer Dichte und gegenseitigen Entfernung so attraktiv «anziehend» bemerkbar macht und deren Wesen bis heute unerklärt geblieben ist.

Zwar kennt man seit langem ihr Gesetz, welches lautet: Alle Teile der *Materie* ziehen einander mit einer Kraft an, die den anziehenden Massen direkt, dem Quadrat ihrer Entfernung aber umgekehrt proportional ist.

Dennoch wird dieses Rätsel der Wissenschaft seit Newton von einer Generation zur nächsten weitergereicht, ohne einer Auflösung auch nur nähergekommen zu sein.

«Es ist ganz sonderbar», schrieb Gamow, «daß die Theorie der *Gravitation,* von Newton geschaffen und von Einstein vollendet, noch heute wie ein Tadsch-Mahal der Naturwissenschaften völlig isoliert dasteht und nur wenig, wenn überhaupt etwas, mit der sonst so raschen Entwicklung in anderen Zweigen der Physik zu tun hat.»

Hatte Newton damit auch schon den tieferen Grund für die von Kepler entdeckten Gesetze der Planetenbewegung erkannt, sah er sich selbst mit der ungelösten Frage konfrontiert, was das denn wohl sei, das die Massen so heftig in ihren Bann zieht. In seinen Schriften gesteht er denn auch freimütig, daß er mit dem Begriff *Attraktion* keine Vorstellung über die Art und Ursache dieser Wirkung auszudrücken in der Lage sei.

Niemand und nichts im Universum kann sich dieser Naturkraft entziehen oder sich gar ihr widersetzen. An sich die schwächste der entdeckten Naturkräfte, ist die *Gravitation* in ihrer allgegenwärtigen Massierung und Addierung, doch die größte aller Wirkungskräfte überhaupt.

Ohne es selbst schon enträtselt zu haben, entdeckte bereits Galilei eines ihrer Geheimnisse. Er fand heraus, daß alle Dinge, seien sie nun aus Holz, Stein oder Blei, gleich schnell zur Erde herabfallen, wenn sie ein Vakuum durchmessen. Faraday – wie Newton ein Brite – kam mit der Idee, daß zwischen zwei elektrischen Ladungen ein anziehendes Feld wirksam ist, und Maxwell, der die elektromagnetischen Wellen darin entdeckte, fand die *Anziehungskraft* selbst, ihr Rätsel blieb dabei aber ungelöst bestehen.

Für Einstein war die *Gravitation* an sich gar keine Kraft. Ein Körper – so seine Meinung –, der nur den Schwerefeldern ausgesetzt, frei und ohne jeden Halt fällt, bewegt sich naturgemäß auch völlig kräftefrei. Der berühmte Apfel Newtons, erst einmal zu Fall gekommen, nachdem der Stiel abgebrochen war, wird von Einstein dementsprechend anders aufgefaßt.

Entgegen Newton, der den Apfel am Ast noch in Ruhe sich befindend wähnte, ist bei Einstein der am Ast hängende Apfel insofern in Aktion begriffen, als er ständig von der Zugkraft des Stils der Schwerkraft entgegen gehalten und am freien Fall gehindert wird.
Nachdem dann der Newtonsche oder Einsteinsche Apfel vom Stengel gefallen ist, beschleunigt sich sein Fall, solange er fällt, obgleich keine äußere Kraft mehr auf ihn zu wirken scheint. Zwar stimmt der Energiehaushalt auch weiterhin, denn, was der Apfel an Ruheenergie verliert, gewinnt er an Bewegungsenergie mit genau 9,81 Metern pro Sekunde Beschleunigung hinzu. Woher er diese Beschleunigung erfuhr, vermochte aber weder Newton noch Einstein schon plausibel zu erklären.
Einstein behauptete dann, die *Gravitation* sei nichts weiter, als der Ausdruck der Krümmung des vierdimensionalen Raum/Zeit-Kontinuums. Das bedeutet nur, daß sich die Planeten nicht – wie wir meinen – auf Kreisbahnen um ihr Zentralgestirn bewegen, sondern auf schnurgeraden Bahnen durch einen in sich gekrümmten Raum.
Wer das nicht versteht, sollte in den Dingen der Wissenschaft lieber gar nicht mitreden. Man ist dort nämlich vielfach der Meinung, daß Dinge und Geschehnisse, die sich einfach erklären lassen, nicht wissenschaftlich sein können.
Wiewohl es so sein mag, daß die Dinge der Wirklichkeit viel komplizierter sind, als sie in unserer IDEE sich darstellen, die ja allein nur zum Zwecke der plausiblen Erklärung erst erfunden wurde. Immerhin, in ihr ist auch die Anziehungskraft der Massen so klar und deutlich angelegt, daß sie plausibel wird und ihre natürliche Erklärung finden kann.
Es blieb nicht unerwähnt, daß das *Nichts* bei den Geschehnissen in unserem theoretischen Modell, unmittelbar bevor es unter der turbulenten Wirkung seiner Resonanz zerriß, naturgemäß erst einmal der höchsten ihm zumutbaren *Streckung* ausgesetzt und einer erheblichen Tension unterlegen gewesen sein muß. Die logische Folge davon mußte sein, daß sich die Enden des Abrisses danach unter der weiter wirkenden Kraft dieser *Spannung* abschnellen und aufgewickelt haben müssen.
Was sich unter hoher Tension verknotet, das umschlingt sich einengend. Genauso, wie ein in ein gespanntes Gummiseil geflochtener Knoten ein geringeres Volumen einnimmt, als es dieselbe Länge

Wiedervereinigung der Gegensätze.

Gummiseil ohne *Spannung* eingenommen hätte, erfuhr dieses urerste Knäuel (nucleus prima) nach dem Abriß eine merkliche Volumenkontraktion. Weil sich überdies jedes einseitig positiv geladene Teilchen unmittelbar und sofort nach seiner Entstehung nach einem (seinem) negativen Gegenstück umsah und den Umständen nach auch bald ein solches finden mußte – schließlich entstanden in diesem Prozeß des Werdens ebenso viele negative wie positive Teilchen –, umhüllte es sich spontan damit und konservierte sein geschrumpftes Volumen unter dessen aufdringlich bedrängende und einengende Anschmiegsamkeit. Der Zustand wurde in seiner gemeinsamen Dynamik stabil, weil auch das negative Teilchen das Bestreben hatte, so tief wie möglich in die positive Ladung vorzudringen, um darin wieder aufzugehen und seine ungewohnte Last der negativen Ladung loszuwerden.

Die Schrumpfung hatte zur Folge, daß alle neu entstehenden Teilchen bei ihrer Vereinigung zu Nukliden hinterher einen geringeren Raumbedarf auswiesen als vorher. Dieses war von großer Bedeutung für alles weitere Geschehen, denn der nun ja geringere Raumbedarf kann von den Zwischenräumen der punktförmigen Existenz des *Nichts* nur durch Streckung ihrer eigenen Distanz ausgeglichen werden, und diese Streckung bewirkt im *Raum* eine allgemeine *Spannung*.

Unter anderem – aber nicht allein – schafft diese *Spannung* Bindungen und Bezüge zwischen den Teilchen im *Raum,* die wie Brücken wirken, weil sie diese attraktiv wirksam an sich binden.

Während unter Normaldruck beispielsweise auch Gas- oder Flüssigkeitsverbindungen nur eine geringe Fernwirkung haben, vergrößert sich diese im Vakuum um ein Mehrfaches, weil sie einer vorgegebenen *Spannung* entnommen bzw. von dieser unmittelbar aufgesogen wird. Nicht nur die Starrheit, auch die Spannung hat eine übertragende Wirkung.

Die Bindung der Teilchen zum *Äther* ist dabei nur gering. Immerhin werden sie dort mit einer kleinen Ladungsdifferenz gehalten, weil es – wir deuteten solches ja schon an – einen Überschuß an negativer Ladung zur Peripherie dieses mikrokosmischen Gebildes gibt. Das rührt daher, daß es der Hülle mit ihrer negativen Ladung nicht gelingt, den positiven Kern durchgehend zu neutralisieren. Zwar ist das Gesamtgebilde völlig neutral, im tiefen Innern und am äußeren Rand aber verbleibt ein positiver bzw. negativer Ladungsüberschuß bestehen.

Dieser geringe Überschuß reicht immerhin aus, daß die Teilchen auf den *Ätherströmen* reiten und davongetragen werden.

Je größer die atomaren Gebilde in der Folge dann wurden – wir beschreiben auch das noch – und je größer in ihnen der Abstand des äußersten Randes der negativen Hülle vom Zentrum des positiven Kerns angesiedelt erschienen, um so größer wurde auch der Überstand negativ wirksamer Restladung des insgesamt dennoch neutralen Gebildes und um so größer dessen Bindung am *Ätherstrom,* der die Kräfte der *Gravitation* in sich trägt und auf die Massen mit eben dieser Bindekraft überträgt.

Große und schwere Teile sind stärker angebunden und bewegen sich darum mit einem größeren Gewicht auf die Massenschwerpunkte zu.

Nur diese Anordnung mit der Differenz der äußeren Negativladung der Elektronenhülle zum gesamtneutralen Zustand der Atome vermag überdies Großmoleküle auszubilden, wie sie z. B. für die Ausbildung lebendiger Materie nötig sind.

Es ist ein erhebendes Gefühl, die einheitliche Wirksamkeit eines Komplexes von Erscheinungen zu bemerken, die der Wahrnehmung vorher noch als ganz voneinander getrennte Dinge erschienen. Wenn man nämlich aus diesem zunächst nur rein theoretischen und modellhaften Wissen die nötigen Schlüsse zieht, dann ergibt sich folgerichtig, daß zwar die in den Raum gespannten Brücken zwischen den Teilchen spontan zum Ausdruck kommen, nachdem diese Teilchen darin erscheinen; sie können aber nichts als solche in der *Raum/Zeit* erhalten bleiben, weil die Teilchen sich darin relativ verschieden zueinander bewegen.

Jede Neufixierung der Lage dieser Teilchen zueinander erfordert neue Brückenmaße.

Es herrscht ein ewig sich erneuerndes Verbinden und sich wieder Lösen. Ein Vorgang mit dem Anschein höchster Kompliziertheit, wo unzählbar viele Teilchen durcheinander wirbeln.

Löst sich aber im Zuge dieses wimmelnden Geschehens irgendwo irgendeine Bindung – und sei es nur für den Bruchteil einer noch so kleinen Spanne ihrer *Raum/Zeit* –, dann muß sich die allgemeine *Spannung* im *Äther* derart intensiv auswirken, daß es dann jedesmal zu einem winzigen Impuls der örtlichen Entspannung kommt. Es ist wie beim bekannten Wechselspiel, bei dem man ein an einem Faden befestigtes Gewicht hängend von Hand zu Hand reicht und es dabei jedesmal um ein Geringes weiter nach unten rutscht.

Zwar läßt ein allgemein gespannter *Raum* oder ein gespanntes Feld eine örtlich begrenzte *Entspannung* niemals für längere Dauer in sich bestehen und gleicht sie spontan entweder direkt oder auf Umwegen wieder aus, indem es gierig aufnimmt oder an sich zieht, was es selbst scheinbar aus seiner «Gespanntheit» zu erlösen vermöchte.

Zufällig aber auf einem solchen gespannten Brückenseil schwimmende Teilchen werden durch diese Vorgänge bewegt und auf das Geschehenszentrum zugesteuert.

Wandern viele Teilchen auf diesen Brücken zum Zentrum hin, dann kommt es endlich auch zu einer Parallelität der Bewegungen und dort, wo es dann nicht weiter geht, zur Adaption an ein bestehendes oder dadurch erst entstehendes Zentrum.

Teilchen der Atome, die auf Bahnen reiten, deren Bindung jenseits von ihnen geknüpft ist und im pulsierenden Wechsel gelöst bzw. wieder geschlossen wird, erfahren überdies dadurch auch ständig Drehimpulse.

Wie die Peitsche den Kinderkreisel mit jedem Schlag in neue Rotation versetzt, so werden die Teilchen von den Abrißimpulsen dieses Geschehens immer wieder aufgepeitscht und angeregt.

Die Folge der hier beschriebenen Vorgänge, die ihre Ursache allein nur aus den Kräften ziehen, die bei der Teilung im *Urereignis* aufgetan wurden, muß eine «Anziehung» bewirken, die alle entstandenen, oder noch entstehende *Materie* sich in Wolken kosmischen Staubes sammeln läßt.

Jedes Teilchen, das auf seinem Weg durch den *Raum* in den Bann dieses Geschehens gerät, wird davon gefangen und getragen. Ist dann auch noch die Bewegungsgröße und die Richtung gleich, dann wird jedes ankommende Teilchen in den Spin des ersten umgelenkt. Mindestens zwei von ihnen zuerst, später immer mehr, drehen sich dann tanzend rotierend um einen gemeinsamen Mittelpunkt im Kreise. Ist daraus erst einmal ein *Rotationszentrum* entstanden und wirkt es erst mit seiner in ihrer Addition vergrößerten Anziehungskraft auf seine Umgebung, dann zieht es alle erreichbare *Materie* zu sich her und sammelt sie um sich an. Es mutet an, als wolle das aufgestörte *Nichts* auf diese Weise seine wimmelnde Kinderschar wieder einsammeln, die wie ein Sack Flöhe umherschwirrten, nachdem es sie versehentlich herausgelassen hatte.

Als ein wichtiges und gewichtiges Indiz für den einheitlichen Beginn des materiellen *Daseins* insgesamt kann die im gesamten Universum herrschende Rotationsgleichheit angesehen werden. Es wird zwar gesagt, daß es sich dabei immer um eine Linksdrehung handelt, doch das ist unbewiesen. Man braucht ja nur einmal mit dem Finger auf der Tischplatte eine nach links kreisende Bewegung auszuführen und dann den Finger immer weiter drehend nach oben über die Kopfhöhe anzuheben, dann stellt man schnell fest, daß aus der Linksdrehung eine Rechtsdrehung geworden ist. Es kommt also nur auf die Perspektive an. Immerhin, die Drehrichtungsgleichheit ist gegeben.

Das hieraus sich ergebende alles zur Ordnung hin leitende Prinzip dieses Universums fand seinen Ausdruck in der *Gravitation*.

Wie das Räderwerk einer Uhr drehen sich im Universum dieses Geschehens schließlich die Ansammlungen und disziplinieren sich ineinandergreifend gegenseitig.

Am Kranz des Rades dieser Drehsysteme, irgendwo dort, wo die Bindungen ihre Sollbruchstelle finden, tauschen sich die Bindungen aus, greifen ineinander, lösen sich, um immer wieder von neuem sich zu fassen.

Dieses endlich kosmisch ausgebreitete Geschehen versetzt alle *Materie* und alle Systeme in Schwingungen, läßt sie vibrieren und sphärisch erklingen wie zitternde Tautröpfchen im Spinnennetz.

Auch die Systeme der realen *Materie,* Ansammlungen kosmischen Staubes beispielsweise, ja ganze Sonnensysteme schwingen mit unterschiedlichen Modalitäten. Die Schwingungen sind sphärisch und wirken aus abstandsabhängigen Regionen auf die Zentren der Systeme.

Wo immer im kosmischen Geschehen sich Zustände ändern, stellt man fest, daß sich solches in Sprüngen vollzieht. So nimmt zum Beispiel jede Strahlung immer nur um winzige Energiequanten zu, sie wird sozusagen «gequantelt». Weiß man erst von den Impulsen, die jeder Bindungswechsel im gespannten Raum erzeugt, dann sind solche Quantelungen nicht mehr so unerklärlich. Das von Max Planck gefundene Wirkungsquantum h geteilt durch das Quadrat einer elektronischen Elementarladung e^2 ist ein solcher Vorgang, dessen Größe oder Kleinheit nicht mehr unterschritten werden kann. h und e^2 plus die Lichtgeschwindigkeit c ergeben die Feinstruktur-Konstante α, die auch bereits von Arnold Sommerfeld ermittelt worden ist.

Wo eine Zielrichtung erkennbar wird, muß ein ausrichtendes Prinzip wirksam sein.

Neben ihrer *Materie* sammelnden Wirkung gibt uns die *Spannung* im *Äther* außerdem noch Aufschluß über dessen wellentragende Funktion.

Als Träger des Lichtes und der elektromagnetischen Wellen – die sich übrigens nur in ihrer Wellenlänge unterscheiden, wie Hertz bereits 1888 nachweisen konnte – ahnte bereits Aristoteles dieses wesenhafte und masselose Medium in der scheinbaren Leere voraus.

Daß man es aus den Formeln dann einfach wieder strich, weil Michelson und Morley es nicht haben nachweisen können, hat seine Begründung allein in der falschen Anlage des Experimentes.

Legen wir die Bedingungen unseres Gedankenmodells zugrunde, konnte das Experiment Michelsons und Morleys darum nicht gelingen, weil diese beiden Experimentalisten die von uns hier entdeckte *Spannung* im *Äther* nicht berücksichtigt hatten. Diese *Spannung* nämlich, unter den Bedingungen des ganzen Geschehens ständig an der oberen Grenze ihrer Erträglichkeit im *Raum* gehalten, bestimmt u. a. auch aus sich selbst heraus die Schnelligkeit aller Bewegungen im kosmischen Geschehen.

Wird nämlich in einem allgemeinen Feld der höchsten *Spannung* ein Impuls ausgelöst und übertragen, dann kann sich dessen Bewegungsgröße immer nur maximal der Spannkraft entsprechend auswirken. Darüber hinaus gibt es keine Geschwindigkeit; der Anstoß dafür ginge ins Leere, als würde man offene Türen einrennen. Jede Wirkung in einem Vakuum beruht auf dessen vorgespannter Kraft und ist in ihrer Größe bestimmt und genau definiert.

Apropos *Licht,* was wissen wir eigentlich darüber? Licht findet seinen sichtbaren Ausdruck in seiner Wellenfunktion. Kugelförmig wie

Perlen auf einer Kette aufgereiht, bewegt es sich entlang der Ätherströme. Nur wenig ähnelt es einem der bekannten Stoffe im Universum. Es scheint sich immer nur geradlinig und radial aus seiner Quelle heraus fortzusetzen, und es hat offensichtlich auch eine Doppelnatur, in der sich wellenhafte und körnchenhafte Züge ausmachen lassen.

Zwar erkennt auch die Wissenschaft in dieser Dualität eine Verwandtschaft mit der *Materie,* sie kann sich aber überhaupt nicht erklären, warum aus Wellen plötzlich Korpuskelchen werden, warum diese in der Wissenschaft als sogenannte «harte Photonen» bekannt gewordene Gebilde sich spontan in Elektron/Positron-Pärchen materialisieren, um dann genauso spontan wieder zu verschwinden.

Wir haben ja eine IDEE, vielleicht hilft die uns weiter. Gehen wir nämlich davon aus, daß die Elementarteilchen der *Materie* ja aus jener Substanz entstanden sein müssen, die wir in ihrer *Gespanntheit* auch als *Äther* erkennen – eine andere Substanz steht auch uns nicht zur Vergügung –, so können wir ohne Not begreifen, daß sich dessen materieller Ausdruck jederzeit irgendwo ergeben kann, wenn dem Ätherstrom beispielsweise Teilchen zugefügt oder auch entrissen werden.

Wir erfuhren schon, daß beim Beta-Zerfall des schweren Wasserstoffes neben den freiwerdenden Protonen und Elektronen auch jeweils ein *Neutrino* erscheint, welches den Fehlbetrag der Ladungsbilanz ausdrückt. Da sich aber dieses *Neutrino* in einen bereits bestehenden Strom drängt, führt es zu dessen wellenförmiger Ausbeulung oder Ausbildung, und am Ende der Spannungsbrücke, in die es sich drängte, teilt sich dieser Wellenimpuls als Anstoß in Form von *Licht* oder als Information mit und beeinflußt seine Nachbarschaften. Das *Neutrino* hatte sich nur als *Photon* verkleidet.

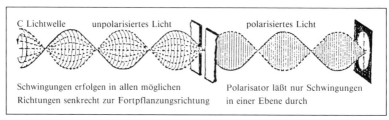

Das *Licht* und seine Strukturen.

Das nimmt auch die Wissenschaft inzwischen an. Seit einigen Jahren versucht sie die im Bereich des ultravioletten Lichtes aus dem Weltraum zu uns gelangende Strahlung zu erforschen.

Diese inzwischen ja bekannte erstaunlich uniforme Sendung ist noch äußerst rätselhaft, und es streiten sich zwei Denkrichtungen um die Wahrheit über den Prozeß ihrer Entstehung. Eine der Hypothesen geht aber davon aus, daß sich die *Photonen* in der zwischen den Galaxien vermuteten staubförmigen *Materie* uniformieren konnten, wie in Lichtschlitzen, während die andere – für uns ebenso interessant wie faszinierend – die Möglichkeit ins Kalkül zieht, daß sich *Neutrinos* auch in *Photonen* umzuwandeln vermögen oder sogar solche sind, wenn sie sich am kosmischen Geschehen beteiligen und wellenförmig hervortreten.

Unsere IDEE lebt und funktioniert also auch, wenn wir sie mit den Hypothesen und Theorien der Wissenschaften vergleichen, und sie bewährt sich darum als Paradigma.

Was das *Licht* anbetrifft, so gilt es noch etwas über seine Geschwindigkeit zu sagen. Nach gesicherten Gesetzen der Physik kann sich nichts im Universum schneller bewegen als das *Licht*.

Elektromagnetische Wellen, alle Strahlungen und Radiowellen breiten sich radial mit *Lichtgeschwindigkeit* aus. Experimente auf dem Gebiet der Atomphysik stützen nachdrücklich die Theorie, daß nichts im ganzen Universum diese Geschwindigkeit zu treffen vermag.

Was man an überschnellen Objekten, Teilchen oder Scheinbarkeiten, sogenannten «Superluminaren» oder auch «Tachionen», beobachtet zu haben glaubt, beruht entweder auf einer Fehldeutung ihrer Entfernungsschnelligkeit, aus der man die Rotverschiebung des Lichtes ferner Sterne herleitet, oder auf Wechsellicht-Täuschungen.

Auch hier heißt es umdenken: Wir müssen uns von der gewohnten Auffassung lösen, daß ein jedes Lichtquant oder *Photon,* einmal seiner Strahlungsquelle entschlüpft, nun selbst den ganzen Weg von dort zu uns zurücklegt, um uns zu leuchten.

Wäre das der Fall, dann müßten ja die *Photonen,* alle Grenzen mißachtend, das Universum auch in Gegenrichtung verlassen und einen schier *unendlichen Raum* bestreichen können.

Die Wirklichkeit – um genau zu sein, unsere erdachte Wirklichkeit – sieht indes ganz anders aus: In ihr setzt sich das *Licht* nur fort, und dabei spielt die *Spannung* des *Äthers* die entscheidende Rolle. Es ist kein besserer Träger für den Lichtimpuls denkbar als der stete *Ätherstrom,* oder die zwischen den Objekten des Universums ›gespannten‹ *Ätherbrücken.*

Verdeutlichen wir uns diese Wirklichkeit einmal am Beispiel zweier Personen, die zwischen sich ein straff gespanntes Gummiseil festhalten, ohne sich dabei sehen zu können. Zupft nun eine der Personen an diesem gespannten Seil, dann wird sein Gegenüber dieses Zupfen unmittelbar bemerken, weil dieser Impuls sich in dem Seil um so schneller fortsetzt, je stärker die *Spannung* darin ist. Dabei ist der Klang oder jeder Impuls, der zu seinem Partner gelangt, nicht etwa das gezupfte Teilstück des Gummiseiles selbst, sondern vielmehr nur der übertragene Impuls, der aus der Vorspannung des Seiles seine Antriebskraft bezieht. Es handelt sich um eine Transaktion, nicht um einen Transport.

Dasselbe geschieht übrigens auch, wenn ein elektrischer Strom durch ein Kabel fließt. In demselben Moment, wo ich an einer Seite des Kabels elektrische Spannung erzeuge und einen Strom von Elektronen einspeise, leuchtet am anderen Kabelende die Glühlampe auf. Es ist aber nicht das eben eingespeiste Elektron, welches dieses Licht erzeugt, vielmehr eines, welches am Kabelende bereits gelagert war und nur noch des fernen Impulses bedurfte, um leuchtend hervorzutreten.

Soviel über das *Licht,* von dem wir uns kurz haben blenden oder erleuchten lassen. Nun zurück zum übergeordneten Thema der *Gravitation:* Wir erwähnten schon, was für die geradlinige Ausbreitung und Bewegung gilt, die Bindungen zuläßt, die sich in einem schnellen und stetigen Wechsel immer und immer wieder lösen und knüpfen lassen, das gilt erst recht und in einem verstärkten Maße dort, wo sich rotierende Systeme gegeneinander oder im engen Bezug zueinander bewegen. Zwischen ihnen kommt es naturgemäß zur größten Häufigkeit dieses Bäumchen-Wechselspiels auf der Äquatorebene, wo die Umlaufgeschwindigkeit am größten und die Umlaufbahnen am längsten sind.

Man kann dafür das Beispiel eines Eisenbahnrades auf der Schiene nehmen. Dessen Radkranz oder Felge - obgleich immer mit der Schiene verbunden - unterbricht beim Abrollen immer wieder den Kontakt, ohne dabei die Verbindung je wirklich zu verlieren.

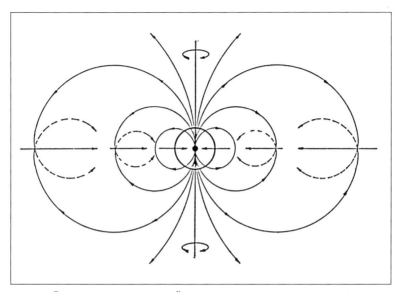

Auf der Äquatorebene fließt der Ätherstrom ins Zentrum der Rotation, wird über die Pole abgelenkt und – dem Gesetz der Radien gehorchend – auf die Ebene zurückgeführt.

Im Gegensatz zum Radkranz, wo diese Geschehensfolge – abgesehen von Reibungsverlusten – ohne erkennbare Folgen bleibt, ist der Kopplungsaustausch im gespannten *Äther* für das Geschehen im Weltenraum aber von folgenreicher Bedeutung.

Dort passiert es nämlich, daß jedes Sichlösen und Wiederanknüpfen einer Verbindung mit dem damit einhergehenden Entspannungsimpuls im gespannten Feld sich nur über Umwege wieder ausgleichen kann. Dorthin nämlich, wohin sich jeder Entspannungsimpuls richtet – ins Zentrum des Rotationssystems also –, entsteht jeweils ein dem Geschehen entsprechender Entspannungsimpulsüberschuß, aus dem sich der Ausgleich dann schöpfen läßt.

Die Folge ist ein (Äther-)Strom über die Äquatorebene zum Rotationsmittelpunkt hin und eine nach bestimmten Gesetzmäßigkeiten angelegte Ausrichtung von Rückströmen über die Pole dieses Systems auf Feldlinien zur Äquatorebene zurück.

Der Dipol-Charakter des erdmagnetischen Feldes entspricht dem Beispiel: Die Ströme der Nordhalbkugel verlaufen darin von Nord nach Süd und die der Südhalbkugel ihnen entgegen. Entlang der Äquatorebene verläuft ein starkes Strombündel, welches wesentlich zum Aufbau des irdischen Magnetfeldes beiträgt.

Auf diesen *Ätherströmen* schwimmen die freien Teilchen des kosmischen Staubes wie Papierschiffchen auf einem Fluß und bewegen sich genauso schnell, wie der Strom fließt. Galilei entdeckte ja bereits, daß alle Stoffe, seien sie aus Holz, Stein oder Blei, im Vakuum mit der gleichen Beschleunigung fallen.

Neben der Bestätigung ihres Gleichmaßes – auch ein ungeklärtes Phänomen der Physik übrigens – vermittelt uns die Ausgestaltung unserer IDEE nun auch die Erkenntnis, daß es sich bei der *Gravitation* nur um eine anziehende Kraft handeln kann. Eine abstoßende Kraft, eine «Antischwerkraft» also, kann es den Umständen gemäß gar nicht geben. *Spannung* kennt nur das Bestreben der Zusammenziehung, wenn man sie löst.

Wir dürfen uns nun nicht von der zunehmenden Komplizierung des Geschehens verwirren oder gar entmutigen lassen. Was die Dinge scheinbar so sehr kompliziert, ist nur ihr ungewöhnlich vielfältiges Verhalten, das aber dennoch von großem ordnendem *Geist* beseelt bleibt, wenn man das System darin und die an seiner Funktion Beteiligten alle kennt.

Wie die Gäste eines fröhlichen Festes, so tanzen auch die im kosmischen Saal anwesenden Dinge miteinander zu ihrer Sphärenmusik, die den ganzen Raum erfüllt, und finden sich zu immer neuen Reigen. Die Türen dieses Saales aber sind geschlossen, und neue Gäste werden nicht erwartet.

IV. Buch | Der dritte Schöpfungstag

Ein *Universum* beginnt sich zu formen. Am äußersten Rand des *Raumes* zerrt das *Raum-Zeit-Vakuum* mit all seiner *Spannkraft* am zeit- und raumlosen *Nichts,* läßt neue *Materie* entstehen, indem es das *Nichts* dort entzerrt, endlich zerreißt und in seine Gegenteile aufspaltet. *Raum* entsteht, und die *Zeit* fügt sich an; sie sind die Brücken, die das Erstandene mit dem *Dasein* vereinen.
Geschehnisse, endlich, aber ohne Unterlaß, die das *Dasein* tragen und durch den *Geist* erkennbar werden lassen, solange die Spannung noch weiterbesteht.

Nie war Natur und ihr lebendiges Fließen
Auf Tag und Nacht und Stunden angewiesen.
Sie bildet regelnd jegliche Gestalt,
Und selbst im Großen ist es nicht Gewalt.
Goethe – Faust II

Ein Universum wird geboren

Das *Universum* des *Daseins* zeichnet sich dadurch aus, daß es vorhandene Bausteine verwendet und im Prozeß des steten Wandels die nicht endenwollende Vielfalt der Kombination derselben Teile stets und immer neu in einer Hierarchie von Strukturen nach seiner Gesetzmäßigkeit ordnet. Die Systeme dieser Ordnung setzen sich auf ihren Stufen aus untergeordneten Systemen vorhergehender Strukturen und Dimensionen zusammen. Organismen sind aus Zellen zusammengefügt, Zellen bestehen aus Molekülen, Moleküle sind der Verbund der Elemente, deren kleinste Teilchen wieder – die Atome – sind Verbindungen aus dem *Nichts.*
Kennt man erst einmal die Systematik des anfänglichen Geschehens, dann werden auch die notwendigen Folgen davon klar.

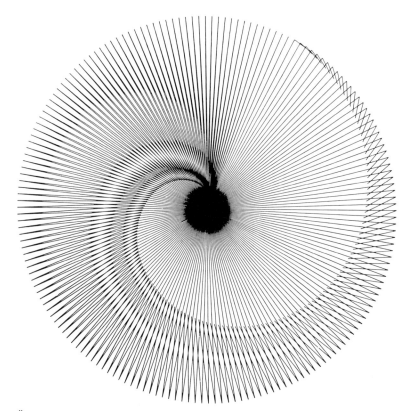

Ätherströme formen die Materieansammlungen.

Unser Modell trägt als Wirkung seiner eigenen Ursächlichkeit die Fähigkeit in sich, sein Feld als *Universum* selbst auszuweiten und sich den nötigen *Raum* und die *Zeit* dafür aus dem *Nichts* zu entleihen. Nachdem wir die *Spannung* entdeckten, wurde auch die Möglichkeit dafür erkennbar und deutlich. Mit jeder Neubildung von *Gegenteilchen,* durch *Ätherspannung* hervorgerufen, geht immer auch eine neue zusätzliche Volumenschrumpfung einher, welche die allgemeine *Spannung* aufrechterhalten hilft und dazu beiträgt, die Motorik der ordnenden Bildung aus dem Tohuwabohu in Gang zu halten. Am Rande des Wirkungsbereiches allen *Daseins,* dort, wo das Weltenall ans allgegenwärtige *Nichts* grenzt, entbindet es immer neue *Gegen-*

teilchen, und diese vereinen sich zu neuen *Atomen,* die sich am großen bewegten Treiben beteiligen und sich zu allem fügen, was in diesem Gemenge nur möglich oder gar unumgänglich ist.

Zum *Äther* wird das *Nichts* ja erst dann, wenn es gespannt zur Brücke wird und alle Inhalte aufeinander wirken läßt. Mit dem Hervortreten aus dem *Nichts* – welches jenseits allen Geschehens an jedem denkbaren Ort weiterhin herrscht – erweitert sich der *Raum,* der nichts anderes ist als das Wirkungsfeld dieser «actio immanens».

Unser *Universum* explodiert also nicht, es implodiert oder kondensiert vielmehr und zieht das *Sein* aus dem *Nichts* zu sich herein.

Im Gegensatz zur Annahme eines mit dem bewußten Urknall explodierenden *Universums,* in dem jede Gleichmäßigkeit (Isotropie) unglaubhaft ist, ist eine solche hier zwingend und sicher zu erwarten.

Weil man *Wasserstoff* nur dadurch wieder in seine Bestandteile (ein Proton und ein Elektron) zerlegen und in den Zustand des *Plasmas* überführen kann, indem man ihn auf 10 000 °C erhitzt, nimmt die Wissenschaft an, daß in fernen Weltengegenden eine Temperatur von dieser Höhe wohl herrschen muß. Die Hintergrundstrahlung, die

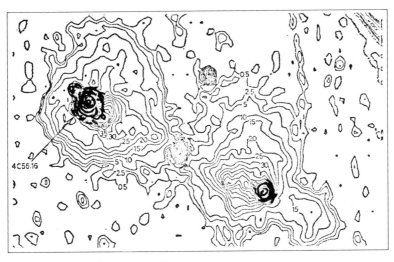

Ur-Ereignisse am Rande des Universums.

uns von dort her erreicht, zeigt nämlich an, daß der *Wasserstoff* dort nur im Zustand des *Plasmas* vorkommt.
Solches muß aber nicht der Fall sein. Entsteht dort nämlich immer neue *Materie* wie in unserem Gedankenmodell, dann ist die stabile Verbindung zuerst noch gar nicht gegeben, und ein Zerlegen mit dem Feuer hoher Temperaturen ist gar nicht nötig. Das *Plasma* ist bei uns der Vorzustand und Zeugnis einer neuen Bildung.
Vergleichen wir das mit den realen Wirklichkeiten des Weltenalls, dann stoßen wir auf eine interessante Hypothese des britischen Astronomen Hoyle, die er aus dem für die Wissenschaft noch äußerst rätselhaften Geschehen am Rande des Weltenraumes ableitete.
«Die Erschaffung des *Universums* aus dem *Nichts*», so erklärt uns Hoyle, «geht unablässig weiter. Aus geheimnisvollen Ritzen am Rande des Weltenraumes strömt ununterbrochen neue *Materie* herein, formt sich zu interstellaren Gasansammlungen und Nebeln, aus denen schließlich neue Welten entstehen.»
Diese Theorie ist nicht etwa der launige Einfall eines versponnenen Gelehrten, sie ist vielmehr der ernsthafte Versuch, einen Weg aus der Ratlosigkeit zu finden, die sich der Wissenschaft bemächtigte, seitdem sie ganz neue Phänomene und Arten von Himmelserscheinungen an den fernen Grenzen des *Raumes* entdeckte.
Riesenantennen, die sich die Wissenschaft konstruieren und bauen ließ, um nun auch die Radioastronomie betreiben zu können, hören es aus diesen fernsten Gefilden heftig rauschen und pulsieren und nehmen ein kosmisches Flimmern wahr, das sich die Wissenschaftler selbst noch nicht erklären können. Es handelt sich ihrer Meinung nach dabei um «sternenähnliche» Objekte, die offensichtlich jedoch enorme Energien in den *Raum* hineinstrahlen.
Man beobachtet diese Hintergrundstrahlung zwar sphärisch und empfängt sie von allen Seiten des Weltenraumes, ihr unmittelbares Hervortreten gleicht aber immer einem stoßweisen und schwallartigen Ausbruch.
Den Hauptbestandteil der Hintergrundstrahlungen bilden freie Atomkerne ohne Elektronenhülle, die sich mit nahezu Lichtgeschwindigkeit bewegen.
Bei den Astrophysikern herrscht bis jetzt noch Unklarheit darüber, wie diese Teilchen zu so hohen Geschwindigkeiten beschleunigt worden sein können. Man geht in Ermangelung besserer Einsicht zu-

nächst einmal einfach davon aus, daß die Quellen dieser kosmischen Strahlungen ungeheuer leistungsstarke Beschleuniger sein müssen. Darin aber liegt das Problem und das Dilemma. Die energiereichen Teilchen der beobachteten Art haben nämlich eine Leistung von mehr als 10^{20} Elektronenvolt aufgenommen, und das entspricht etwa dem Hundertmillionenfachen derjenigen Energiemenge, welche die Teilchen im leistungsstärksten Beschleuniger von Menschenhand, dem «Superconducting Supercollidiser», der in Amerika in Planung ist, aufnehmen werden. Kräften also, deren Verursacher nicht ohne Verbiegung der Weltraumgesetze in das physikalische Weltbild unterzubringen sein werden.
Dabei bestehen mehr als 92% der kosmischen Strahlung aus *Protonen* – Atomkernen des Wasserstoffes. Nur 6% bestehen aus Helium und wenige nur aus noch schwereren Stoffen. Gerade das aber deutet darauf hin, daß es sich bei den Verursachern der Weltraumstrahlung nicht um die Zerstrahlungen entwickelter Sterne handeln kann.
Setzt man allerdings den gesamten Weltenraum dabei unter große *Spannung* – wie wir es in unserem Modell getan haben – und geht man davon aus, daß diese die Teilchen der gefundenen Art immer aufs neue dem Nichts entreißt, dann sind sowohl deren Geschwindigkeit als auch deren Eigenart für uns kein Geheimnis mehr.
Allein, das paßt zu unserem Modell, zu dem der Wissenschaften muß es erst noch erhoben werden.

Wußte man auch noch nicht, diese Phänomene zu deuten, so fand man doch bereits einen Namen dafür, indem man sie «Quasi-Sterne» oder kurz *Quasare* nannte.
Aus der Beziehung, die zwischen der Strahlungsstärke und der Objektgröße besteht, glaubte man feststellen zu müssen, daß die *Quasare* – wären sie kugelige Gebilde wie alle anderen Himmelskörper auch oder erst auf dem Wege zu einer solchen Gestalt – ihre Bildungsmasse derart verdichtet enthalten müßten, daß zum Beispiel die Masse eines ganzen Sonnensystems in ihnen zur Größe eines Staubkörnchens reduziert erschiene. Wie man sieht, läßt sich mit derart extrem hoch verdichteten Massen auch trefflich spekulieren.
Zu den «Quasi-Sternen» werden ebenfalls die *Pulsare* gezählt. Diese ungewöhnlichen exotischen «Strahlen-Sender» aus dem fernen All – so nimmt man an – sind Sterne im letzten Stadium ihrer Existenz.

Völlig ausgebrannte Sonnen beispielsweise, deren Masse unter dem Sog der eigenen Schwerkraft zu einer Kugel von nicht mehr als 10 bis 30 Kilometern Durchmesser kollabierte. Jeder Kubikzentimeter ihrer Masse wiegt hundert Millionen Tonnen, verkündet man ohne Scheu. Diese Annahme glaubt man allein aus der Tatsache schließen zu dürfen, daß diese wundersamen Objekte ein kosmisches Funkfeuer mit 0,01 bis 0,03 Sekunden Impulsdauer aussenden.

Solche Funkfeuer entstehen, wenn in rasch rotierenden Magnetfeldern überschwerer Körper Elektronen derart beschleunigt in gekrümmte Bahnen gezwungen werden, daß sie eine Synchron-Strahlung abgeben, die nur in einer bestimmten Richtung abstrahlt.

Vergleichbar ist das mit den pulsierenden Warnlichtern an Polizei- oder Feuerwehrfahrzeugen, in denen sich ein Spiegel dreht und das Licht sich impulsartig ausbreiten läßt.

Man nimmt an, daß ein solches Masse- und Energiebündel bei entsprechend schneller Rotation uns seinen Radiostrahl bei jeder Drehung impulsartig zusendet.

Die Größe dieser Strahlenquellen erkennt man mit Methoden, die man mit nachprüfbarem Erfolg auch für die Ermittlung der Größe bekannter Himmelskörper anwendet. Man mißt einfach die Frequenz der ausgesandten bzw. empfangenen Impulse und geht dann davon aus, daß die Dauer derselben in einem kugeligen Objekt niemals größer sein kann als ihre Laufzeit in ihm. So kann ein Impuls von nur 10 Millisekunden Dauer nur aus einer Quelle herrühren, deren Radius bei 3 000 Kilometern liegen muß.

Wie es nun aber in der Wissenschaft heute zu und her geht, mußte diese Hypothese – kaum aufgestellt – auch schon wieder verworfen werden.

NP 0532 nämlich, ein *Pulsar* im Krebs-Nebel, entpuppte sich als ein äußerst kräftiger «Gammastrahler». Gammastrahlen entstehen aber nur, wenn geladene Kernteilchen (Protonen) mit extrem hoher Energie gegen Wasserstoff-Atomkerne prallen. Dabei entstehen dann sogenannte Pi-Mesonen, die ihrerseits wieder in zwei Gammastrahlen zerfallen.

Dieses spricht noch nicht gegen die Beispielhaftigkeit des Geschehens, doch leider gibt es einen gravierenden Einwand: alle Experimente mit Pi-Mesonen zeigten bisher, daß die dabei entstehenden Gammastrahlen in einem erheblich größeren Winkel abgestrahlt werden, als es bei dem scharf gebündelten Strahl des NP 0532 beobachtet werden kann.

Aus der Frequenz des von diesem *Pulsar* ausgesandten Impulses ergibt sich überdies, daß sie nur einer Rotationsgeschwindigkeit von 33 Umdrehungen pro Sekunde entstammen kann.

Nachdem man dann auch noch errechnet hatte, daß sich mit dem *Pulsar* auch noch elektrische Felder drehen müssen, die das Objekt im Abstand von mindestens 3 000 Kilometern umgeben, wurde die ganze Geschichte gespenstisch. Der äußerste Rand dieses Gesamtbildes müßte sich nämlich mit doppelter Lichtgeschwindigkeit bewegen, und so etwas gibt es nun einmal nicht in diesem ganzen Weltenall. Eines von beidem – so meinen selbst die Astrophysiker – muß korrigiert werden. Entweder stimmt die ganze Neutronenstern-Hypothese nicht, oder die spezielle Relativitätstheorie Einsteins ist falsch.

Das ist noch nicht alles. Ebensowenig wie diese himmlischen Morsezeichen lassen sich noch weitere Beobachtungen der jüngsten Zeit mit den Naturgesetzen erklären: Man fand zum Beispiel heraus, daß sich die Impulsgeschwindigkeit dieser *Pulsare* stetig verlangsamt, und schließt daraus erst einmal, daß schließlich jede Bewegung langsam erstirbt; vergessen hat man aber, daß sich die Drehung eines Objektes, dessen Durchmesser sich verringert, zunächst einmal deutlich beschleunigen muß, weil die relativ schnell bewegten äußeren Zonen, wenn sie in tiefere Ebenen absinken, ihre Umlaufgeschwindigkeit dorthin übertragen. Hierzu bedarf es keiner Frage an die Wissenschaften, jede Pirouetten drehende Tänzerin kann das ohne weiteres bestätigen.

Am Ende stellte man sich sogar die Frage, ob wohl die irdische Physik wirklich ohne jede Einschränkung im ganzen *Universum* gültig bleibt.

Wäre besagtes Geschehen nicht auch viel einfacher zu erklären, man müßte wohl verzagen. Denn, daß es sich bei den Beobachtungen im Weltenraum möglicherweise gar nicht um das Sterben von Sonnen handelt, sondern vielmehr um die Geburt neuer *Materie* und neuer Welten – wie auch Hoyle schon vermutet hat –, ist einer Überlegung wert.

Es muß doch auch der Wissenschaft zu denken geben, daß ausgerechnet aus den Regionen des fernsten Weltenraumes die Kunde des Sterbens zu uns her gelangen soll, wo doch nach dem bisherigen Zeit-begriff deren Abbilder bereits Jahrmilliarden auf dem Wege zu uns sind und eher von Geburten, als von Untergängen künden sollten.

Setzt man anstelle des Begriffes kugeliger Gebilde jedoch das der Mächtigkeit oder Dicke des Geschehens, dann gewinnt man das Bild der Flächigkeit und stellt sich alles ausgebreitet vor.

Nicht nur, daß sich dann die Impulsdauer auch ohne eine undenklich schnelle Rotation erklären ließe, auch ihre Uniformität ließe sich bei einer nun angenommenen Breite des Geschehens ebenfalls ohne weiteres erklären.

Hoyle hatte bei der Aufstellung seiner Schöpfungshypothese schon festgestellt, daß zumindest der auffälligste aller seinerzeit beobachteten *Quasare,* der 3 c237, alle zwei bis drei Jahre zu explodieren scheine. Dann sendet er jedesmal eine wahre Strahlenflut schneller Teilchen in den *Raum.*

Ein solcher Ausbruch – so Hoyle selbst – könnte jedesmal einen neuen *Schöpfungsakt* andeuten. Übertragen wir diese Erkenntnis auf unsere IDEE, dann entlädt sich in solchen Momenten wohl die angesammtelte *Spannung* an den Gestaden des *Universums* örtlich und wirft ihre neu entstandenen *Gegenteilchen* in den *Raum.*

Forscher des Max-Planck-Institutes für Radioastronomie haben jüngst eine riesige Radioquelle – es ist die drittgrößte der bisher entdeckten – näher erkundet. Diese Radioquelle hat nur einen kleinen punktförmigen Kern von weniger als einer Bogensekunde Ausdehnung. Aus diesem, nach kosmischen Maßstäben winzig kleinen Bereich quellen aber derart ungeheure Energiemassen hervor, daß damit 10 Billionen Sonnen oder 1 000 Galaxien wie das Milchstraßensystem gespeist werden könnten. Von zwei Seiten führen schweifförmig und rauchfahnengleich über Millionen von Lichtjahren ausgedehnte sogenannte «Jets» zum Zentrum hin. Vermutlich schleudert auch dieses Wirkungszentrum *Materie* mit nahezu Lichtgeschwindigkeit in den *Raum* hinein und wird aus den «Jet-Strömen» solange gespeist, wie sich die *Spannungen* der Ambiente noch entladen.

Daß sich solches unter dem Bestreben nach Ausgleich jeder Differenz im Spannungsfeld des *Daseins* nur auf sich ergebende Wirkungsplätze konzentriert entlädt, indem dort, wo der erste Abriß dann entsteht, die Überspannung eines weiten Bereiches abgebaut wird, weiß man aus Experimenten im Bereich der allgemeinen Physik. Die Eruptionen auf der Sonnenoberfläche sind beispielhaft dafür.

Wenn wir das *Dasein* so neu begreifen, leben wir also in einer Art von «Hohlwelt», oder um genau zu sein, in einem «Hohl-Universum». Betrachtet man nämlich dieses *Universum* aus der von uns am Anfang schon eingenommenen fernen Warte, erschiene uns die Turbulenz am Rande wie das Schimmern und Schlieren des in seine Farben aufgelösten Lichtes auf einer riesigen Seifenblase.
Wer weiß es jetzt schon, vielleicht ist ja ein solches ganzes *Universum* nur ein Mikrokosmos innerhalb einer noch viel größeren Dimension und nur eines unter unzähligen von seinesgleichen. Wenn dieses sich auch noch phantastisch ausnimmt, würde es dennoch nicht unserer IDEE widersprechen.
Die große Übereinstimmung der Beobachtungen im Weltenraum mit unserer IDEE geht noch viel weiter als gedacht und ausgeführt: nach genauester Analyse des stofflichen Inhaltes der «Quasi-Sterne» stellte man inzwischen fest, daß es sich dabei nur um zwei Grundbausteine der *Materie,* nämlich das positiv gelandene *Positron* und das negativ gelandene *Elektron* handelt, die uns durch ihre starke Wechselbeziehung und Wirkung erkennbar werden.

So ist es also, wenn ein sehnend Hoffen
Dem höchsten Wunsch sich traulich zugerungen,
Erfüllungspforten findet flügeloffen.
Goethe - Faust II

Welten im Universum

Der Weltraum unserer IDEE ist erfüllt von der allgemein wirksamen *Spannung* und der dadurch an seiner Peripherie ständig neuentstehenden *Materie,* aus der sich endlich alle Himmelskörper des Universums gebildet haben.
Dafür kommt den Umständen gemäß nur ein einheitlicher Mechanismus in Frage.
Die Entstehung festgefügter Himmelskörper ist darum ein Bildungsvorgang, der nur vom bisherigen Geschehen abgeleitet werden kann.

Himmelskörper sind überdies ja auch die Voraussetzung dafür, daß Menschen existieren, und machen erst die Erkenntnis möglich, daß Wandelbares geschieht. Gäbe es nicht Sonnen und Planeten wie die Erde, auf der sich intelligentes Leben hat entwickeln können, weil alle Bedingungen dafür günstig und auch gegeben waren, käme niemand je auf die IDEE, in eben dieser Existenz auch den Grund zu sehen, daß dieses Weltenall Wirklichkeit werden konnte.

Wer so schließt, so will es scheinen, der stellt das eigene Argument auf den Kopf. Die Vorstellung jedoch, daß die Existenz einer Intelligenz, deren vermutlich einziger Träger im ganzen *Universum* der geistbegabte Mensch ist, Rückschlüsse auf die Bedingungen des Werdens im Universum zuläßt, ja die Existenz überhaupt erst vorbestimmte, hat sich als wesentlicher Stützpfeiler dieser Kosmologie erwiesen.

Ebenso, wie man sich kein anderes Universum vorzustellen vermag wie das in seiner Gesetzmäßigkeit erkennbar bestehende, ohne die Vernunft und das Begreifen aus dem Denken auszusperren, kann es ein solches auch nicht geben, wenn ihm nicht dieselbe Vernunft wie diesem Denken auch zugrunde läge.

Diese Gedanken machen das Mensch-Geist-Prinzip noch einmal deutlich, in dem unsere IDEE begründet ist.

Wenden wir uns nun dem Geschehen unseres eigenen Experimentes mit der erdachten Wirklichkeit wieder zu, indem wir uns vergegenwärtigen, wie unter den Gegebenheiten und Gesichtspunkten dieses Modells die Himmelskörper entstehen konnten oder sogar entstehen mußten.

Alles fing ja einmal damit an, daß sich der kosmische Staub unter der *Gravitation* in den Bann zufälliger Konzentrationen ziehen ließ und deren Drehimpulsen gezwungenermaßen folgte.

Es mögen zuerst nur wenige Atome, vielleicht gar nur zwei davon gewesen sein, die sich wie im Tanze eng umschlungen drehten. Immerhin stellten sie dann den originären Drehmittelpunkt (Spinar) für unermeßliches Geschehen in dessen Folge dar.

Unter den Gesetzen der Anziehungskraft sowie den Besonderheiten bewegter und rotierender Systeme ist jedes Zentrum in der Lage, die Atome des kosmischen Staubes seiner näheren Umgebung aufzulesen und sie seiner eigenen Drehung einzuverleiben. Am Ende wirkt sich

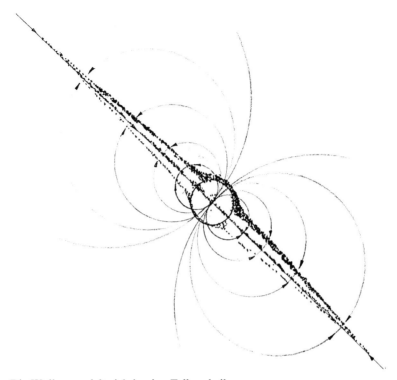

Die Wolke wandelt sich in eine Tellerscheibe.

dann der Drehimpuls dieses Wirkungszentrums auf eine ganze Wolke kosmischer *Materie* aus und setzt sie insgesamt in Rotation. Dabei spielt jener Ankurbelungseffekt dann wieder eine Rolle, der sich verkleinernde Rotationssysteme schneller drehen läßt, wenn höher beschleunigte Zonen des äußeren Randes in kleinere Umlaufbahnen fallen.

Weil die Umlaufgeschwindigkeit dieses Bewegungssystems an dessen Äquator naturgemäß am größten ist und in der Sphäre dieser Ebene auch die Kopplungen desselben zum *Raum* und allen benachbarten Zentren am häufigsten ausgetauscht werden müssen, entsteht auf ihr – wir hörten auch davon schon – ein steter pulsierender Strom des straff gespannten *Äthers* zum Zentrum des Geschehens hin.

Da nun aber alle frei im Raum dieses Makrosystems schwebenden *Atome* und Teilchen an dem *Ätherstrom* gebunden sind, von ihm getragen werden und seinen Bewegungslinien folgen, könnte es eigentlich nur noch eine Frage der Zeit sein, bis alle im Bereich dieses Rotationssystems sich befindende Materie im Zentrum des Systems zu einem einzigen riesigen Himmelskörper verfestigt angesammelt worden wäre. Das ist in vielen Fällen wohl auch genauso geschehen.
In anderen Fällen aber, solchen nämlich, die uns deshalb besonders interessieren, weil sie zu einem Sonnensystem mit Planeten wie die lebenstragende Erde hinführten, legte sich dieser Sammelvorgang seine eigenen Hürden und Hindernisse in den Weg.
Wir haben ja festgestellt, daß sich die unzähligen kleinen Entspannungen, die bei den Kopplungswechseln entstehen, über die Pole der sie verursachenden Rotationssysteme ausgleichen und feldliniengleich auf der Äquatorebene wieder landen. Das Gesetz, nach dem diese Linien dort auftreffen, ist das «Gesetz der Radien».
Unter anderem erkennt man dessen Gesetzmäßigkeit auch in den Abständen der Planeten vom Zentrum unseres Sonnensystems.
Der Hamburger Astronom Bode hat dafür bereits 1772 eine Zahlenreihe mit festgelegten Abständen entwickelt, die nach ihm das «Bodesche Gesetz» genannt wird.
Obgleich bereits viel früher durch Titius namhaft gemacht, hat jedoch Bode die Bedeutung dieser Reihenfolge als erster richtig gedeutet.
Die Formel des Bodeschen Gesetzes lautet: $Z = 3{,}2^n + 4$.
Vergleicht man nach diesem Gesetz den Stellenwert der Positionen aller Planeten im Sonnensystem, dann ergibt das folgende Tabelle:

Planet	Entfernung von der Sonne	Entfernung nach Bode
Merkur	8,00	8
Venus	14,96	14
Erde	20,86	20
Mars	31,51	32
–	–	56
Jupiter	107,60	104
Saturn	197,28	200
Uranus	401,58	392
Neptun	621,18	776

Abgesehen von einer erwähnenswerten Abweichung des Neptuns ist nur die Lücke zwischen Mars und Jupiter besonders augenfällig. Zuerst war man ratlos und hatte dafür keine Erklärung.

Das änderte sich erst, als man im Bereich dieser Umlaufbahn anstelle eines ganzen Planeten eine Vielzahl von bruchstückhaften Kleinstplaneten, sogenannte Asteroiden, entdeckte.

Zunächst kam danach der Gedanke auf, man hätte es mit den Trümmern eines zerstörten Planeten zu tun. Nachdem man dann aber die Bewegungslinien dieser Asteroiden genauer studiert hatte, mußte man schließen, daß es sich doch wohl um einen in Bildung begriffenen Planeten handelt.

Auch unser Gedankenmodell unterliegt in seiner logischen Entfaltung solchen Gesetzmäßigkeiten, und der Ablauf des Geschehens darin muß zu ähnlichen Ergebnissen führen.

Nachdem die Rückströme auf der Äquatorebene angelangt und sich in den Abständen des Bodeschen Gesetzes in den Hauptstrom wieder eingereiht haben, transportierten sie zugleich auf ihren Wegen alle außerhalb der Äquatorebene noch frei verfügbar vorhandene Materie der Gaswolke dorthin. Die Folge davon konnte dann nur sein, daß aus der zuerst noch mehr oder weniger formlosen Wolke eine riesige Tellerscheibe entstand.

Aus deren Ebene, auf der ja der Hauptstrom zum Zentrum hin wirkte, strömte die Materie, diesem Strom folgend, soweit sie dazu in der Lage war, ins Zentrum des Systems.

Dort wurde sie als Zentralmasse angelagert und ihrer Mächtigkeit gemäß verdichtet.

Diese Ablagerung ist mit dem Vorgang einer Auskämmung vergleichbar. Während nämlich der *Ätherstrom* die Materiezusammenballung, ganz gleich von welcher Mächtigkeit, ungehindert durcheilen kann, lediglich durch die Drehung und den Zwang des Spannungsausgleiches darin umgelenkt und auf Rückkehrbahnen abgeleitet wird, werden die auf ihm getragenen und von ihm transportierten Materieteilchen dort aufgehalten und angelagert. Weil die Teilchen am *Äther* mit der kleinen Differenz ihrer Oberflächenladung gehalten werden, übt jedes ankommende Teilchen auf die bereits angesammelte Materie einen bestimmten Druck aus, der im Innern dieses sich herausbildenden Zentralgestirns bald schon derart groß wird, daß die

Gasform der Materie dort ihren typischen Charakter verliert und sich die einzelnen Atome nun zunehmend häufig direkt berühren.

Nicht allein, daß damit eine gewaltige Erhitzung einhergeht, der Druck wird zudem auch derart groß, daß jedes Teilchen vom *Ätherstrom* – der nun durch dessen Orbit geleitet wird – angepeitscht, noch energischer sich zu drehen beginnt und die Teile sich aneinander reiben und noch höher erhitzen. Dabei wird nun auch manche Atomhülle zerstört, und es kommt zu einer Verschmelzung zweier Kerne unter einer Decke. Auf diese Art und Weise erfahren die Atome ihre erste Gewichtszunahme. Was da entstanden ist, sind Atome mit doppelter Kernladung und zweifacher Hülle.

Um mit den realen Verhältnissen des Universums darüber zu reden: Aus Wasserstoff wurde schwerer Wasserstoff, «Deuterium» genannt. Aus einer reinen Häufungstextur wurde teilweise eine Verschmelzungstextur, deren geringerer Raumbedarf momentan druckentlastend, danach aber wiederum auch *spannend* wirksam wird.

Weil nämlich bei einer Massenverdoppelung kugeliger Gebilde, die ihre Form beibehalten oder unmittelbar wieder einnehmen, sich die Radien nicht verdoppeln, sondern nur um das 1,4fache etwa zunehmen, verringert sich der Raumbedarf, und das wiederum erhöht die *Spannung* im Umfeld. Die Anlageoberfläche wird um gerade solch ein Quentchen kleiner, daß die Differenz eines Neutrinos dabei übrigbleibt und als Photon sichtbar erglüht.

Die Verbindungen zu ferneren Himmelsbereichen und Massen bleiben stets gespannt.

Wie nun aber die Länge und die Spannung einer Saite die Höhe des Klanges bestimmt, so ist auch die Ferne der Anbindung im Raum für die Höhe oder Tiefe der Sphärenklänge – sprich Strahlung und Licht – verantwortlich.

Die Spektren, die deren Licht zu uns hertragen, erfahren durch ihre Länge eine Klangtiefe, die sich als «Rotverschiebung» darin bemerkbar macht.

Bislang glaubte die Wissenschaft ja aus der Rotverschiebung des Spektrums ferner Himmelskörper auf eine rapide Flucht aller vor allem schließen zu müssen und folgert daraus die explosionsartige Ausbreitung des Weltenalls. Unter anderem wird die «Urknalltheorie» (big bang) ja damit begründet.

Zur Erklärung dieses Phänomens zieht man gerne das Beispiel eines vorbeifahrenden Zuges heran, dessen Pfeifton bei der Annäherung hell und nach Vorbeifahrt in der Entfernung dunkler erscheint. Fatalerweise hat der Entdecker dieser Fluchttheorie, der amerikanische Astronom Hubble, wohl immer nur die Fahrt des Schnellzuges vor Augen gehabt, niemals aber eine Harfe oder eine Geige, vermutlich besaß er kein Saiteninstrument.

Was nämlich die Klangfärbung von Wellen anbelangt, so läßt sich solche außer am Beispiel des Pfeiftons einer Lokomotive auch gut mit dem Verhalten einer gespannten Saite erklären, da sowohl deren Länge als auch deren *Spannung* unterschiedlich hohe Töne ergeben. Wird die Spannung einer Saite herabgesetzt, ergibt sich ein entsprechend niedriger Ton und umgekehrt. Dasselbe geschieht, wenn man die Saite verlängert, indem man den Finger weiter vom Steg entfernt ansetzt.

Auf unser Modell übertragen bedeutet das nicht mehr und nicht weniger, als daß der ständige Zustrom vom Rande des Weltenalls und von den fernen Sternen eine *Rotverschiebung* zwangsläufig mit sich bringt. Es dürfte der Relativität gemäß völlig egal sein, ob sich ein fernes Objekt von uns entfernt oder ob die Ätherströme es durchwandern und uns schnell bewegt erreichen. Stellt man sich vor, die Schiene (Saite), aus der sich die fernen Himmelskörper relativ zu uns bewegen, sei bis zum Zerreißen gespannt und am fernen Ende würde diese in ganz kleinen impulsartigen Sprüngen aus ihrer Halterung rutschen, dann würde, auch oder gerade weil diese danach sofort wieder angebunden wird, der Klang dieser Saite tiefer werden.

Da der neutrale Ätherstrom zudem alle festen Körper auf seinem Weg ohne nennenswerte Hemmnisse durchwandert, gleicht es sich, ob dieser sich nun von uns entfernt oder ob sich die Schiene unter bzw. durch ihn zu uns hin bewegt.

Das bedeutet, daß der ständige Ätherstrom von Energie-Impulsen aus den fernsten Weltengegenden eine Flucht nur vortäuscht.

Der Beginn aller Wissenschaft ist das Erstaunen, daß die Dinge so sind, wie sie sind.
Aristoteles

Ringe – der Schmuck der Sterne

Als Galilei sie zuerst entdeckte, glaubte er, der Schöpfer habe den Planeten mit Henkeln versehen, damit er ihn besser am Firmament aufhängen könne. Bei näherem Hinsehen stellten sich die Henkel allerdings als die sichtbaren Überstände der Ringe des Saturns heraus; sie sind und blieben seither wohl die attraktivsten Blickpunkte der Himmelsbeobachtung.

Ringe sind nichts Ungewöhnliches am Sternenhimmel, sie sind Bildungszustände der Sonnensysteme und Welten.

Auch in der sich formenden Welt unserer IDEE bahnte sich ähnliches an, hier hat der Ätherstrom inzwischen fast alle Materie auf der Tellerebene am Äquator des Rotationssystems getragen und bereits damit begonnen, in dessen Mittelpunkt ein Zentralgestirn anzuhäufen.

180 Ringe des Saturn.

Ein Zentralgestirn häuft sich an.

Unter genauer Beobachtung aller Umstände, nach denen die Geschehnisse in unserem System abliefen, konnte es jedoch auch hier nicht dazu kommen, daß alle Materie ins Zentrum getragen und dort in einem einzigen Stern verdichtet wurde. Dieselben Ätherströme nämlich, die als Transportmittel der Materie aus den Bereichen oberhalb und unterhalb der Äquatorebene gedient hatten, konnten, wenn sie diese Ebene erreichten, nicht abrupt abgeknickt und zur Mitte hin gelenkt werden. Denn auch ihre Bewegungsenergie unterlag den Gesetzen der Beharrung, und sie durchschnitten darum zuerst einmal die Ebene, um über eine kleine Kehre auf ihr zurückzukehren und dann erst in Richtung Zentrum dahinzuziehen.
An den Scheitelpunkten dieser Durchdringung – dem uns nun schon bekannten «Gesetz der Radien» gehorchend – und darum in denselben Abständen auftreffend, wie sie die Bodesche Reihe angibt, kam es zu einem Prozeß der Auskämmung. Die Materie lagerte sich an und bildete um das Rotationszentrum herum einen *Ring* aus.
War innerhalb eines Ringbereiches dann noch ausreichend kosmischer Staub vorhanden, kam es sogar noch zur Ausbildung eines *Tochterringes,* indem es dort zu einer weiteren Teilung der Tellerebene führte, wohin der Strom aus seiner kleinen Kehre zurückströmte.
Die Entwicklung bzw. Ausbildung und Zusammenballung der *Ringmaterie* in kugelige Himmelskörper auf ihren Bahnen erfolgte nach den gegebenen Gesetzmäßigkeiten zuerst über mehr oder weniger zu-

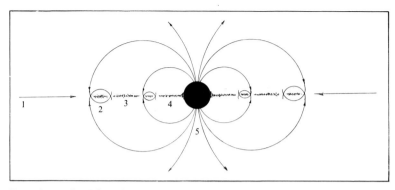

Entstehung der Ringe im Rotations-System.

1 = Ätherstrom zum Zentralgestirn gerichtet
2 = Rückstromüberschneidung und Tochterringansammlung
3 = Mutterringansammlung
4 = Materiestaub auf dem Weg zum Zentralgestirn
5 = Zentralgestirn

fällige Materieanhäufungen und Verdichtungen irgendwo im *Ring*. An einigen Stellen bilden sich Rotationszentren und Ansammlungen von zuerst noch relativ geringer Größe, die immerhin dazu in der Lage waren, aus ihrer Umgebung weitere Materie anzuziehen und diese zu Kleinstplaneten (Asteroiden) zu verklumpen.
Weil sie sich aber an unterschiedlichen Plätzen entwickelten und auch ihre Lage im Ring nicht unbedingt symmetrisch angeordnet war und weil einige von ihnen auch eine größere Masse angehäuft hatten als ihre Nachbarn, dauerte es nicht gar zu lange, bis sich diese Keinstplaneten auf der Ringbahn irgendwo begegneten und die kleineren in den Bann der *Gravitation* ihrer größeren Brüder gerieten.
Mit zunehmender Beschleunigung stürzten sie unter katastrophenartigen Umständen ineinander und vereinten ihre Masse zu einem einzigen großen Planeten.

Die Begegnung zweier Atome im kosmischen Raum bleibt selbst bei einem Zusammenstoß unter der größtmöglichen Geschwindigkeit von Teilchen in ihm allgemein ohne nennenswertes Ergebnis. Die Atome stoßen zusammen, prallen wie Billardkugeln voneinander ab und ziehen auf neuen Bahnen davon.

Ganz anders ist dies bei der durchgreifenden Zertrümmerung und Zermalmung von bereits mehr oder weniger fertig ausgebildeten dichten Gefügen, wenn zwei Kleinstplaneten ineinander stürzen. Zerquetschend zerstören sie ihre Strukturen. In diesem Chaos werden Atome, die nicht ausweichen können, überfahren, zerdrückt und endlich zerrissen. Hier treffen sich viele Kerne genau an der entscheidenden Stelle und mit der nötigen Energie, um alle nur möglichen Zusammenschlüsse und Gruppierungen zustande kommen zu lassen. Die Kernbündel, Zusammenballungen unterschiedlicher Zahl, verschiedener Größe und Masse, fanden sich unter einer gemeinsamen Hülle vereint wieder, die wegen des Ladungsausgleiches nun selbst auch aus mehreren Lagen aufgebaut war.

Einige Kernquanten haben sich dabei in einer solchen Masse angehäuft, daß ihre äußere Hülle bereits gar nicht mehr stabil genug blieb und wegen ihrer Entfernung vom Gegenpol leicht von anderen Ladungen abgeworben und weggetragen werden konnte.

Verläßt aber ein *Hüllenquantum* das Gesamtgebilde, dann wird auch ein *Kernquantum* frei und löst sich aus seinem Verbund.

Auf solche Art sind in unserem Modell – sicher auch in der Wirklichkeit – alle möglichen schweren Elemente entstanden, sogar – um das letzte Bildungsbeispiel zu nehmen – auch die unstabilen Verbindungen, d. h. die «radioaktiven» Atome.

Alle hier bisher angeführten Geschehnisse sind zwangsläufige Folgen der allerersten Ereignisse im Werden und Wandel unseres theoretischen Modells, die ähnlich auch im realen Sonnensystem stattgefunden haben müssen und dort ihre Bestätigung finden. Nichts wurde hinzugefügt, nichts entnommen, alles nur neu gruppiert.

Es erweist sich in jedem Falle als unsinnig, bei der Beurteilung der Geschehnisse im Weltenraum andere Ursachen anzunehmen, als diejenigen, die gleiche Geschehnisse auf der Erde verursachten. Alle Erfahrungen, welche die Wissenschaft bisher bei der Erforschung außerirdischer Erscheinungen und Objekte machen konnte, stimmen darin völlig überein, daß sie sich stets auch mit den Ergebnissen erklären lassen, die mit empirischen Beobachtungen und Forschungen auf der Erde gemacht wurden.

Spektralanalytische Untersuchungen zeigen uns mit aller Deutlichkeit und sicher an, daß die Himmelskörper aus derselben Art von *Stoff* oder *Materie* bestehen, wie die Erde auch.

Man muß darum bei allen Untersuchungen und theoretischen Erörterungen über die Beschaffenheit des Universums und der Himmelsobjekte darin von der sicheren Annahme ausgehen, daß die allgemeinen und wesentlichen Eigenschaften der Materie überall dieselben sind.

O ja, bis an die Sterne weit!
Mein Freund, die Zeiten der Vergangenheit
Sind uns ein Buch mit sieben Siegeln.
Was ihr den Geist der Zeiten heißt,
Das ist im Grund des Herren eigner Geist,
In dem die Zeiten sich bespiegeln.
Goethe - Faust II

Das rationale Chaos

Vergessen ist der Lauf der *Zeit,* der *Raum* ist, ebenso wie sie, auch nur in diesem *Augenblick* und ohne Wissen über ihn noch keine Wirklichkeit, alle Größen liegen bereits im *Nichtsein* begründet. Das *Dasein* ist dessen Ruhe-Unterbruch und erscheint uns als ein *Chaos* im Vorübergehen.

Denn unablässig vollendet das *Dasein* sein ordnendes Werk. Hat es zuerst die Wirrnis nach dem Bruch gebannt, indem es die Bruchstücke zu Teilchen vereinte und zu *Materie* gebündelt als solche gezügelt, dann bannte es sie mit ihrer eigenen Kraft und dem ihnen innewohnenden Trend zum Zusammenhalt und ballte sie in Himmelskörpern zu Hauf, trieb diese in ihren Pferch, den Galaxien, zusammen und ist dabei, diesen Sturmlauf zu beenden, damit es endlich seine Ruhe im *Nichtsein* wiederfindet und in demselben *Augenblick* auch wieder verschwinden kann, in dem es begann und allein je bestand. Das ganze *Sein* ist - von ordnendem *Geist* durchdrungen - auf dem besten Weg zurück zu seinem *Ideal,* dem *Nichts.*

Um darin die «scientia generalis» zu erkennen, mußten auch wir im *Dasein* zuerst das formende Prinzip ausfindig machen, um danach dann erklären zu können, was alles geschehen sein muß, damit sich in

Vernunft auflöst, was einmal so chaotisch und scheinbar unvernünftig begann.

Wenn heute auch die theoretischen Wissenschaften dabei sind, den Versuch zu unternehmen, die in ihrem Ausdruck so verschiedenen Naturkräfte nun endlich unter einen Hut zu vereinen, dann steht dahinter bereits die unbewußte Erkenntnis, daß sich die Mannigfaltigkeiten dieses ganzen *Daseins* letztlich auf einfachste Prinzipien zurückführen lassen.

Demokrit glaubte noch, in der Welt bewegter Atome gebe es weder Sinn noch Zweck, geschweige denn bereits eine Ordnung, sondern vielmehr nur Willkür und reine Zufälligkeit. Bald schon unternahm aber die Wissenschaft den Versuch, mit ihrer Lehre vom Zusammenwirken – der «Synergetik» – die Entstehung geordneter Strukturen auszudeuten.

Albertus Magnus sah in diesem Streben aller Strukturen nach Vollendung einerseits und der attraktiven Kraft des Prinzipes zur Vollendung andererseits die bewirkende Tendenz aller Bewegung und ein System zur Ordnung und Vollkommenheit, dessen Zustand der Kosmos verkörpert. Dieses anhaltende Streben des am *Dasein Beteiligten* enthüllt uns, daß die *Materie* an ihrer eigenen Unvollkommenheit wie an einem Mangel leidet.

Aus dem Vergleich der Formen und Strukturen materieller Existenz erwächst uns die IDEE, daß sich in deren Ordnung oder Unordnung das *Dasein* als Wandel wiederspiegelt. Denn, alle *Materie* ist durch fortschreitende Integration in ein sich ordnendes System von Strukturen gebunden und organisiert sich darin nach ihrem Vermögen.

Nach Schopenhauer ist *Geist* aber auch nichts anderes als ein «Vermögen» an sich und im Begriff des Idealismus die «sich selbst begreifende IDEE».

Popper unternahm es, durch ausführliche Kritik am naturwissenschaftlichen Materialismus zu einer eigenen Auffassung von *Geist* und *Bewußtsein* zu kommen. Unter dem Aspekt seiner erkenntnistheoretischen Auffassung widerspricht er im wesentlichen dessen reinen Physikalismus, in dem nicht nur die Welt der manifest-physikalischen *Materie* und ihre Zustände im Rahmen physikalischer Theoreme erfaßbar scheinen, sondern ebenso die Prozesse des Lebens und die geistige Hervorbringung als rein physikalische Begebenheiten angesehen sind. Die Strukturen des Materiellen und des Organischen darin sowie auch das Bewußtsein von deren Vernunft sind selektive Leistungen, die ihrerseits strukturierend und bestimmend auf die physikalische Existenz zu wirken vermögen.

Auch Teilhard de Chardin kam zu dem Schluß, daß ihn rein logische Überlegung dazu geführt hat, in jedem Element die rudimentäre Existenz einer Psyche anzunehmen. Für ihn bestand ein *Etwas,* das man auch mit *Geist* bezeichnen könne, in allen Grundelementen der *Materie.*

J. E. Charon glaubt nachgewiesen zu haben, daß *Geist* und *Materie* ein duales System darstellen. In Wirklichkeit, so Charon, existieren *Raum/Zeit*-Gefüge nicht nur in der *Materie,* sondern ebenso im *Geist.* Physikalisch aufgefaßt bedeutet «Gedächtnis» die Speicherung elektromagnetischer Informationen (Signale) über mikroskopisch abrufbereite Anregungszustände eines Stoffes.

Der Münchner Chemiker Professor A. Weiss kam sogar in einem wiederholbarem Versuch dem Vermögen der *Materie* auf die Spur, selbst Wissen aufzunehmen und sich daran wieder zu erinnern.

Alginsäure z. B. nimmt bevorzugt entweder Alkohol oder Wasser auf. Welches, das hängt allein davon ab, mit welchem der beiden Medien sie vorher behandelt worden ist. Interessant ist es dabei zu hören, daß nach zwei oder dreimaliger Vorbehandlung des Alginats mit Alkohol dieses für einige Minuten, nach elffacher Behandlung jedoch schon über Jahre von ihm bevorzugt wird.

Entgegen dem Anschein steht die Menschheit wohl erst am Anfang des wahren Zeitalters der Wissenschaft. Es ist erst früher Morgen, obgleich so manches und vieles schon geschehen ist und jede neue Erkenntnis sich uns als Beweis für das Vorhandensein einer dem Geschehen im *Dasein* unterlegten ordnenden Intelligenz offenbart.

Ausdruck dieser Intelligenz ist die Wirklichkeit selbst, und die ist eine Tochter der *Zeit,* die sie unweigerlich erst an den Tag bringt, wenn der *Geist* des Menschen sie erkennend widerspiegelt und richtig in das große «Weltenpuzzle» eingeordnet hat. Das Unwahre ist unfähig, in diesem System zu bestehen, weil es selbst nicht Ursache sein kann und darum auch nicht an seinen Folgen überprüfbar wird.

Auch Metalle haben *Erinnerungsvermögen:*

Der Mensch hat zur Ordnung der Dinge eine begründete ursprüngliche Beziehung, weil er selbst ein Produkt dieser Ordnung ist und deren System in sich trägt. Auch er durchmaß mit und nach seiner Ent-

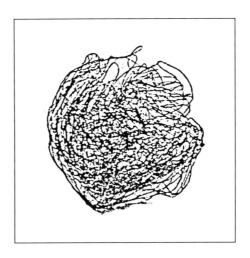

Das Erinnerungsvermögen der Materie.

stehung die Entwicklung des ganzen *Daseins* und verschmolz mit ihm zu seiner Natur und dem ihr innewohnenden Logos. Denn alles Bewegte unterliegt diesem Logos und alles Geschehen ordnet sich ihm unter.
Logos kann Denken, Rede, Sinn, Vernunft, Wahrheit, Gesetzmäßigkeit und Wirklichkeit bedeuten.
Bei Heraklit ist Logos das *Dasein* selbst. Es ist das «Lösende» und «Auflösende», das alle Gegensätze im *Eins-Sein* auslaufen läßt.
In den Urtexten für die Bibel steht geschrieben: «Am Anfang war der Logos», nicht: «Am Anfang war das Wort», mit dessen Begriff man das griechische Urwort ganz bewußt oder nur unbewußt verwechselt hat. Und *Logos* heißt ordnender *Geist*.
Der Mensch mit seinem apperzeptierenden *Geist* ist Teil der ganzen Kosmologie, seine Existenz läßt Rückschlüsse auf die Bedingungen des Universums zu, wie sie auch Rückschlüsse auf seine Fähigkeit zur Erkenntnis der Dinge zuläßt. So kann er auch nicht Selbstzweck an und für sich sein, sondern allenfalls Mittel zum Zweck. Mittel zu dem Zweck nämlich, vermittels des ihm gegebenen *Geistes* und seiner Intelligenz die Wirklichkeiten auszuloten und hervorzuheben, um des Universums Existenz damit erst zu bewirken.
Die mit und durch den Geist erfaßte offenbare Sehnsucht der Materie nach Veränderung im ständigen Wandel enthüllt uns zugleich deren

Zustand in seiner Unvollkommenheit, der sie zu entkommen sich müht. Hiermit beweist uns das *Dasein* selbst, daß es die Vollkommenheit als Ziel allen Strebens zur Vollendung und als deren Ausgangszustand gibt.

Die Natur hat alle ihre Unternehmungen perfekt organisiert. Das *Dasein* ist nur ein Übergang, der Sprung vom ursprünglichen *Noch-Nicht-Sein* zum kommenden *Nicht-Mehr-Sein* gewissermaßen, ein Saltomortale des *All-Geistes,* mehr nicht.

Aller Wandel verläuft irreversibel zum endlichen Gleichgewicht des energielosen Zustandes im *Sein* hin, er hält an, solange Energieströme fließen.

Das *Dasein* brach einmal aus, wie eine Feuersbrunst. Aus kleinem Herd züngelten die ersten Flammen empor, fraßen sich mit ihren Energien in den *Raum* und in die *Zeit,* loderten zu hellem Schein empor und werden irgendwann auch wieder in sich zusammenfallen, wenn die Feuer ausgebrannt und alle Energien verbraucht sind. Am Ende - in eben diesem ewig währenden *Augenblick* - herrscht wieder Stille und absolute Ruhe, als hätte es das verzehrende Feuer niemals wirklich gegeben. Und wäre nicht der *Geist* des Menschen je gewesen, in dem es sich hat eitel spiegeln können, es wäre dabei sogar unbemerkt geblieben, und niemand hätte je sagen können, daß es ein *Dasein* in der Wirklichkeit gibt.

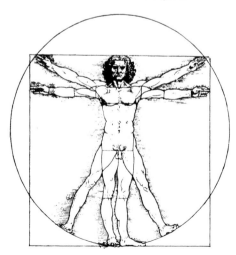

Der Mensch in seiner eigenen Vermessenheit.

V. Buch Der vierte Schöpfungstag

Als dritter Planet vor der Sonne formt sich ein blauer Planet aus einem Sonnenring. Er richtet und schichtet sich ihr einseitig dauernd zugewandt. Während seine Sonnenseite noch lange heiß und glühendrot blieb, kühlte sich die Schattenseite schon ab und ließ die Schlacke aus der Glut in Gesteinen erstarren. Die Abkühlung an der sonnenfernen Seite hatte zudem bewirkt, daß die aus dem Gestein entweichenden Gase kondensieren konnten und die ganze Atmosphäre in einem der Sonne abgewandten schweifartigen Gebilde festgehalten wurde.

Aus der aufsteigenden Schlacke des glutflüssigen Erdenballs, den leichtesten Stoffen aus der Schmelze, bildete sich an der Sonnenferne ein riesiger Urkontinent – ein Ur-Gondwanaland sozusagen oder ein «Pangäa», wie Alfred Wegener den Urkontinent nach dem vom Griechischen abgeleiteten Wort für «die ganze Erde» nannte –, mehr als die Hälfte der Erdoberfläche bedeckend und von schroffer Faltigkeit.

Das herabregnende Kondensat der atmosphärischen Gase füllte dessen Täler, bildete riesige Flachseen heraus und gefror schon bald am sonnenfernsten Pol. In der Ursuppe der Flachseen, dort, wo alle löslichen Bestandteile der Erdkruste und ihrer Mineralien aufgelöst, mit denen der Gase gemischt und dafür bestens vorbereitet waren, konnte sich das Leben herauskristallisieren.

Im tropisch heißen, regennassen und üppigen Biotop der Dämmerzone wuchsen ohne einschränkende Hemmnisse gewaltige Urwälder und später auch riesenwüchsige Urtiere heran, deren einziges Streben darauf beschränkt blieb, sich die Bäuche zu füllen, von *Geist* war kaum schon die Rede. Wenngleich die Voraussetzungen für die Ausbildung eines Hirns und damit des geistbegabten intelligenten Lebens bei ihnen bereits gegeben waren, die Bedingungen dafür fehlten noch.

Bist du beschränkt, daß neues Wort dich stört?
Willst du nur hören, was du schon gehört?
Dich störe nichts, wie es auch weiter klinge,
Schon längst gewohnt der wunderbaren Dinge.

Goethe – Faust II

Der dritte Planet unter der Sonne

Alles deutet darauf hin, als sei das «verursachende Prinzip» dabei, sich mit dem Menschengeist einen Spiegel vorzuhalten, um sich in seinem außerordentlichen, anscheinend nur spielerischen, im Grunde aber völlig nutzlosen *Dasein* einmal selbst zu betrachten.

Es ist, als wolle das *Dasein* nicht eher wieder vergehen, bevor es sich in seinem prächtigen Glanz und Flitter wenigstens einmal selbst gesehen und im Spiegelbild des *Geistes* erkannt habe. Man könnte fast glauben, daß die Natur sich den Physiker wohl erst selbst geschaffen hat, damit er das Atom erkläre.

Es suchte sich dafür mit sicherer Hand den Edelstein unter den Himmelskörpern aus. Mit gutem Grund wählte es das schönste Kind der Sonne – ihren dritten Planeten – dafür aus. Wie kein anderer Himmelskörper ist dieser Planet geeignet, intelligentes Leben hervorzubringen, in dem sich sein *All-Geist* reflektierend als Wirklichkeit darzustellen vermag.

Nur dieser einzigartige Planet war dafür geeignet. Standfest und sicher gestaltet sich seine Oberfläche, um darauf zu wachsen und sich zu bewegen. Wasser gibt es auf ihm in Hülle und in Fülle, denn die mittleren Temperaturen lassen es flüssig strömen und sich in den Tiefen sammeln. Sommer und Winter erscheinen im Wechsel, damit das beginnende Leben gefordert und besonders streng ausgelesen wird, und es gibt auf ihm eine Atmosphäre, damit das aus dem Wasser tretende Leben den Welt-Geist atmen kann und sehen, was im *Dasein* wirklich auch geschieht.

Wären diese Voraussetzungen und noch so manche mehr hier nicht gegeben, wäre dieser Planet zum Beispiel genauso kalt und trocken wie der Mars, seine Atmosphäre so giftig-ätzend und sturmzerzaust wie die der Venus, intelligentes Leben wäre nie entstanden.

Der Dritte Planet
unter der Sonne.

Denkbar wäre durchaus auch ein Planet, der ganz anders beschaffen ist. Es bedarf dafür allein der Änderung einiger bestimmter Konstanten der Physik im Weltenraum, der Wechselwirkungen und Kopplungskräfte beispielsweise, die das Universum tragen und mit ihrer Gesetzmäßigkeit beherrschen. Die Tatsache jedoch, daß gerade ein solcher Planet entstanden ist, schränkt die Möglichkeiten wieder erheblich ein. Daß darauf dann aber auch noch geistbegabtes Leben entstanden ist, gibt dem Planeten seine Einzigartigkeit und seine Auszeichnung.

Noch will es scheinen, sind die Menschen sich ihrer wahren Aufgabe im *Sein* gar nicht bewußt geworden, noch sind sie nicht zur wahren Erkenntnis vorgedrungen, was der alleinige Zweck ihrer Existenz denn wohl wirklich sei. Noch unterliegen sie in Überschätzung ihrer selbst und ihres gerade sich entwickelt habenden Geistes dem Irrtum, sie selbst seien das goldene Maß aller Dinge, und der *Geist* diene nur ihrem Selbstverständnis.
Noch preist der Mensch erst nur die eigenen Werke und ist allein um sich bemüht. Noch wähnt er sich auf dem Weg zur Außerordentlichkeit und sieht die eigene Winzigkeit im *Dasein* nicht. Doch statt einer erlösenden Sinngebung findet er nur Unbehagen in diesem falschen Selbstbegriff der selbstgefälligen Nabelschau.

«Was kann ich wissen, was kann ich tun, was darf ich für mich erhoffen?» sind die zentralen Fragen seiner egoistischen Philosophie. Falsch sind all diese Fragen, und falsch ist sicher ihr Begriff. Sie stellten ihn in eine Zentrallage, die ihm nicht gebührt, und er empfindet es sogar.

Erst dann, wenn irgendwann an die Stelle dieses falschen «Selbstverständnisses» ein wahres «Weltverständnis» tritt, wird auch der *Geist* seine Erfüllung finden. Erst wenn der «Denkende» erkennt, daß der Sinn und der Zweck seiner Existenz nur darin eine Begründung findet, daß er das ganze unermeßlich großartige *Sein* in seinem *Geist* erkennen und zur Wirklichkeit erheben kann, ist der geistbegabte Mensch am Ziel.

Die irrige Annahme, diese großartige Schau eines strahlend dargestellten *Universums* sei extra und allein für ihn inszeniert, ist das größte Mißverständnis auf der Welt.

Die wahre Sünde der Menschen ist nicht die Übertretung irgendwelcher Gebote und Verbote, die wahre Sünde ist die Eitelkeit, die Maßlosigkeit und die Geistlosigkeit. Diese aber bestraft sich selbst, indem sie das Lebenserlebnis verringert. Denn nur Erkenntnis führt zu einer Mehrung des *Daseins*.

Das ganze großartig angelegte *Universum* als sensible geistige Ausprägung: welche Schönheit, welche Größe, welche Selbstdarstellung ist das, welche Anmaßung und Eitelkeit aber auch, welche protzige Zurschaustellung im selbstschöpferischen Prinzip zugleich!

Noch ist der Mensch erst dabei, die meist ganz unbewußte und nur in wenigen Fällen schon bewußte Erkenntnis der Gesetzmäßigkeiten des *Universums* im Geiste zu erfassen und zu überprüfen. Noch ist er sich seiner Intelligenz gar nicht so sicher. Was anderes sind denn seine Werke, als das Ertasten und Erprüfen dessen, was es schon gibt? Die Sonne betete er an und erfuhr doch nur von ihrem strahlenden Glanz, er singt und skandiert sein Wissen, um den Klang der sphärischen Saiten zu erspüren, er baut die Kathedralen und die Dome, um sich der Gesetze aller physischen Existenz zu versichern und ihre Universalität zu rühmen.

Irgendwann einmal wird er sich dabei dann bewußt werden, daß nicht er auf die Natur einwirkt, sondern diese auf ihn und sie allein nur bestimmt, was im *Dasein* geschieht. Die Naturgesetze sind bereits alle im großen Buch des *Daseins* aufgeschrieben, der Mensch kann sie nicht schaffen, er kann sie nur ablesen und dann laut verkünden. Bemerkenswert, daß auch die wildeste Phantasie darin nur erkennt, was denkbar auch darin vorhanden ist. Erscheinen die Gedanken wirr und ungereimt, dann sind sie Unwirklichkeiten und bestehen nicht die Prüfung am wahren Bild des *Alls*.

Der *Geist* schafft aus sich heraus kein einziges Naturgesetz selbst, er findet sie vor und zeichnet sie auf, er selbst ist naturgesetzlich angelegt, und seine Wissenschaft kann nur reproduzieren, nichts wirklich erstellen.

Die Dialektik der ständig zunehmenden Aufklärung zeigt uns, daß die ständige Abscheidung freier Erfahrungen am Ende eine gereinigte Realität im Denken zur Folge hat.

Welche besonderen Bedingungen das *Dasein* seinem Universum mitgegeben haben muß, um zur Heranbildung eines erkennenden Subjektes zu kommen, ist in unserer IDEE bedacht und als Prämisse angelegt. Die Voraussetzung dafür ist mit der möglichen Entstehung eines Sonnen-Planeten-Systems mit einer Erde auf der dritten Bahn bereits gegeben. Wie das im einzelnen nun weitergeht, gilt es im folgenden herauszuarbeiten.

Am Anfang schuf Gott Himmel und Erde.
Und die Erde war wüst und leer,
und es war finster auf der Tiefe...
Genesis

Die Entstehung einer Erde

Die noch immer ptolomäisch geozentrisch bewußte Menschheit des alttestamentarischen Zeitalters nahm als sicher an, daß Gott zuerst ihre Welt aus dem Chaos und danach erst das Universum geschaffen hat. Sie nahm außerdem auch an, daß die Erde kaum älter sei als sie selbst und ihr eigenes Geschlecht, denn Gott hatte nach ihrer Auffassung die ganze Schöpfung ja in einer einzigen Woche vollbracht.

Noch im Jahre 1654 erklärte Primas Usher von Irland kategorisch: Sein Studium der Bibel beweise ihm, daß die Schöpfung im Jahre des Herrn 4004 vor Christi Geburt, am 28. Oktober um 9.00 Uhr morgens stattgefunden hat. Er leitete dieses genaue Datum im wesentlichen aus der Geschlechterreihe der biblischen Stammväter ab.
Inzwischen glaubt man das Alter der Erde auf viereinhalb, das des ganzen Universums gar auf zwölf bis zwanzig Milliarden Jahre ermittelt zu haben.
Bemerkenswerterweise – für die verirrte und verwirrte Menschheit jedoch bezeichnend – hat sich die wissenschaftliche Erforschung der Natur zuerst dem unerreichbaren Gebiet des fernen Sternenhimmels zugewandt und ist erst viel später zur eingehenderen Erforschung des Planeten Erde übergegangen. Obgleich die Menschen bereits viel über die Ausgestaltung des Himmelszeltes wußten, hörte das Wissen darüber, was ihnen sozusagen zu Füßen lag, nach wenigen Schritten schon wieder auf.
Während die Mythologen noch ihre sinnreichen Fabeln verkündeten, die Ägypter ihre Sage von Isis und Osiris, die Griechen die verwegene

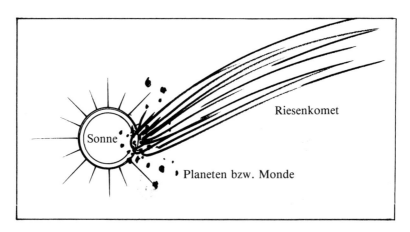

Kometenhypothese von de Buffon (1749)
Das Planetensystem entstand nach dieser Hypothese durch den Aufprall eines Riesenkometen auf die Sonne. Aus den Bruchstücken entstanden Planeten und Monde.

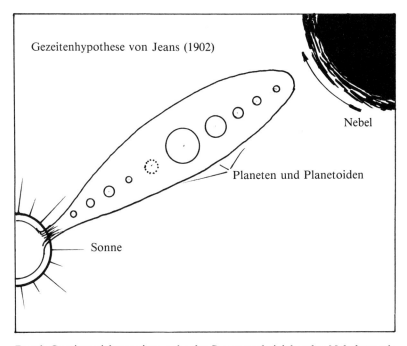

Gezeitenhypothese von Jeans (1902)

Nebel

Planeten und Planetoiden

Sonne

Durch Gezeitenwirkung eines nahe der Sonne vorbeiziehenden Nebels wurde der Sonne ein Materialstrahl entrissen. Aus diesem bildeten sich durch Verdichtung die Planeten und ihre Monde.

Fahrt des Phaeton nacherzählten, maßen ihre Astronomen bereits den Kreislauf der Sonne am Himmelsbogen auf und setzten die Sternbilder als Zeichen am Himmel fest.

Die Erde hielt man zugleich noch für eine flache Tellerscheibe und fürchtete herabzufallen, wenn man sich gar zu weit zum Rand hin vorwagte.

Es verwundert darum nicht, daß über kaum einen anderen Vorgang der Bildung in der Natur so viele widersprüchliche Hypothesen und Theorien kursieren wie über die Entstehung der Erde.

Den ersten wissenschaftlich ernst zu nehmenden Versuch, die Entstehung der Erde und der anderen Planeten des Sonnensystems zu erklären, unternahm 1749 der französische Naturforscher und Astronom Buffon mit seiner Kometenhypothese. Nach ihr ist die Sonne irgendwann mit einem Riesenkometen zusammengestoßen, und dabei sind jene Bruchstücke abgefallen, aus denen später die Planeten der Sonne entstanden.

Bereits zu Lebzeiten Buffons wurde diese Hypothese angegriffen. 1786 wies der Mathematiker Laplace eindeutig darauf hin, daß sich die abgesprengten Brocken dann nur auf exzentrischen Bahnen und niemals auf Kreisbahnen um die Sonne hätten bewegen dürfen.

Buffon wurde danach erst einmal beiseite gelegt, doch seine Theorie war damit noch nicht gestorben.

In der von den britischen Astronomen Jeans und Chamberlain entworfenen Gezeitenhypothese trat sie – wenn auch in gewandelter Form – wieder auf. Lediglich der von Buffon angenommene Zusammenstoß war darin durch ein nahes Vorbeiziehen ersetzt. Ein Komet sollte sich danach der Sonne so weit genähert haben, daß sich eine gewaltige Gezeitenwoge ausbilden konnte. Diese nahm schließlich die Form eines riesigen Gasschweifes an, der – mit Sonnenmaterie angefüllt – weit in den Weltenraum hinausragte.

Aus der Materie in diesem Sonnenschweif haben sich die Planeten dann gebildet.

Schon kurz nachdem Buffon seine Kometenhypothese vorgestellt hatte, brachte auch Kant eine Planeten-Entstehungshypothese heraus. Er verzichtete auf irgendwelche Katastrophen und ließ die Sonne mit ihren Planeten aus einer riesigen prästellaren Wolke kosmischen Gases oder Staubes entstehen.

Laplace baute diese Hypothese zu seiner Nebular-Theorie aus und brachte als Neuheit darin die Rotation des ganzen Systems und die Abspaltung von Ringen durch die entstehende Fliehkraft unter.

Fast hundert Jahre, bis zum Beginn unseres Jahrhunderts nämlich, bildeten diese Theorien die herrschende Lehrmeinung unter den Geologen und Astrowissenschaftlern.

Bald danach aber traten auch schon die ersten Unvereinbarkeiten ans Tageslicht. Die Ablösung der Sonnenringe von der Gasatmosphäre des Systems ließen die gerade entdeckten physikalischen Gesetze der Gasdynamik nicht zu. Unerklärt blieb auch die Verteilung der Drehimpulse. Nach der Kantschen Hypothese bestand nämlich weder für die Sonne noch für die Planeten ein triftiger Grund, sich zu drehen und zu rotieren, und nach Laplace drehten sich beide viel zu langsam.

Der Astrophysiker Hoyle – wir hörten schon von ihm – hat versucht, die Planetenentstehung mit einer der bekannten, aber im Weltenall höchst seltenen Sternenexplosionen (Supernovae) in Zusammenhang zu bringen.

In seinem erstmals 1941 erschienenen Buch «Die Lebensgeschichte der Erde» hat danach der Amerikaner Gamow sich intensiv mit den

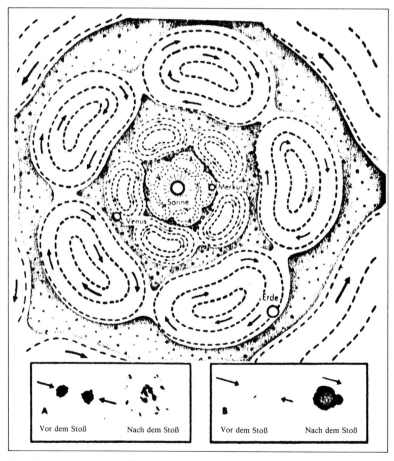

Die Wirbeltheorie nach Weizsäcker

Theorien Buffons, Jeans und Chamberlains auseinandergesetzt. In seinem 18 Jahre später erschienenen Werk «Die Geschichte des Alls» trat er dann nicht mehr für eine solche Katastrophentheorie ein, sondern widmete sich vielmehr einer Entstehung ganz ohne Kollision, Flut oder Explosion.

Der hauptsächliche Grund für diesen Sinneswandel ist darin zu suchen, daß es seinerzeit just gelungen war, unzählige Sternensysteme zu entdecken, die ebenfalls Planetensysteme darstellen konnten, und so viele Katastrophen mochte auch er nicht für möglich halten.

Praktische Konsequenzen aus all diesen Ungereimtheiten und Unstimmigkeiten zog 1944 von Weizsäcker mit seiner neuen Turbulenzhypothese.

Er ging in seiner Wirbeltheorie erst einmal wieder von einer prästellaren Gaswolke aus, deren kugelige Ausbildung sich unter dem Einfluß der Gravitation zusammenzog, irgendwann zur Tellerscheibe abflachte und zu rotieren begann.

Im Zentrum dieser Tellerscheibe stieg nun die Temperatur infolge zunehmender Verdichtung immer höher an und erreichte schließlich einige Millionen Grad.

Das war der Auftakt für die Kernverschmelzung oder – wie er es nannte – für die Entzündung der Sonne.

Unter dem Einfluß der Strahlung aus diesem Schmelzprozeß im Zentrum des Systems kam es in der Gasatmosphäre des Tellers zu Verdunstungen, bei denen die leichteren Gase – vor allem der Wasserstoff und das Helium – nach außen in den Raum getrieben wurden.

Aber auch diese Theorie ließ sich nicht berechnen und mußte wieder verworfen werden. Detaillierte Untersuchungen ergaben nämlich, daß die Turbulenzreibungen allein nicht ausreichen würden, die Planeten auszubilden.

Der amerikanische Astrophysiker Kuiper – so schien es jedenfalls – fand den Ausweg. Er bewies durch rein theoretische Ausrechnung, daß der Entstehung von Planeten die Bildung von Protoplaneten – damit meint er große, durch ihre eigene *Gravitation* stabilisierte und bereits relativ stark verdichtete Materiewolken in den Ringbahnen – hatten vorausgehen müssen.

So imponierend sich auch manches von dem anhört, wirklich überzeugend ist keine dieser Hypothesen.

Schauen wir, wohin sich unser Modell wohl entfaltet. Mit ihm folgen wir ja immer noch einem vorgegebenen Zwangsweg, d. h., nicht wir bestimmen, was geschehen wird, sondern die Bedingungen des Anfangs und die Gesetze des bereits Geschehenen sind allein dafür maßgebend.

Ohne ein Zentralgestirn – einer Sonne – im Mittelpunkt des Ganzen – war auch die Entstehung unseres dritten Planeten nicht denkbar.

Ebenfalls einem solchen kuiperschen Protoplaneten entstammend, der rotierend sich bereits in der Tellerscheibe geformt und abgesondert hatte, mußte sich dessen Ausbildung dann folgendermaßen vollzogen haben:

Während die freie Materie der interstellaren Gaswolke zum Rotationsmittelpunkt – dem «Spinar» – bzw. auf die Ebene des Tellers hinwanderte oder, besser, getragen wurde, entwickelte sich die Sonne als das Zentralgestirn des sich bildenden Systems auf einem von der Wissenschaft so genannten «kalten» Wege.

Das heißt, daß sich die im Zentrum ansammelnde Materie zunächst allein unter dem Gewicht ihrer Anziehungskräfte und ohne tiefgreifende katastrophenartige Zermalmung so verdichtet, daß es im Innern dieser Zusammenballung schließlich zum Zerreißen vieler Atomhüllen kommen mußte und sich zwei oder drei Kerne derart begegneten, daß sie danach unter einer Hülle eingeschlossen blieben. Nur Helium und Deuterium jedoch konnten so entstehen.

Die Sonne war, um mit Weizsäcker zu reden, damit gezündet und begann nun selbst zu strahlen.

Zunächst ähnlich, dann aber im Verlaufe der Entwicklung davon deutlich verschieden verlief die Entstehung des Planeten Erde auf der dritten Ringbahn um die Sonne. Zunächst kam es auch dort zur Ausbildung von rein gravitativen Zusammenballungen und Protoplaneten, wie sie Kuiper angenommen hatte.

Unterschiedlich auf dem Ring plaziert und darum auch unterschiedlich stark aufeinander wirkend, mußten sich diese Zusammenballungen irgendwann einander nähern, einander mit ihrer Massenanziehung bannen und schließlich zusammenfallen.

Unter den katastrophalen Umständen dieser Kollision überwanden sie ihre Gasphase, und unter der zermalmenden Wirkung des Geschehens verbrannte der Wasserstoff nicht nur zu Helium und Deute-

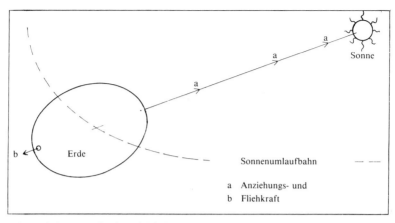

Die Erde im Gravitationsfeld der Sonne.

rium, Helium verbrannte auch zu Kohlenstoff und allen Elementen der Reihe nach bis hin zum Eisen und den noch schwereren Elementen.

Auch die Sonne unseres realen Systems besteht zu 99% aus reinem Wasserstoff und Helium, während die Planeten dagegen überwiegend aus schweren Elementen aufgebaut sind.

Unser dritter Planet – die Erde unseres Gedankenmodells also – war unter der elementaren Gewalt solcher tiefgreifenden Ereignisse zu einem glutflüssigen Ball aus allen möglichen Elementen geworden.

Dieser Feuerball, in die Gesetze des Systems fest eingebunden, war diesen streng unterworfen, und das hatte ganz bestimmte, wesentliche Folgen für seine weitere Entwicklung.

Nicht nur, daß sich dieser teigig-flüssige Ball unter der Anziehungskraft seines Zentralgestirns verformte und sich zu ihm hin ausbeulte, weil ja die der Sonne zugewandten Teile stärker angezogen wurden als die der Sonnenferne, es kam hinzu, daß sich die Elemente unter dieser Kraft sortierten und exzentrisch stabilisierten.

Einerseits zentrierte sich die Erde hin zur Sonne und stabilisierte ihre Drehung unter der Kraft riesiger Gezeitenwogen synchron zu ihr, andererseits schichtete sie all die schweren Elemente ihrer Masse an der Sonnenseite auf.

Das ist gar nicht so ungewöhnlich, denn auch der Mond zeigt uns als Folge der gegenseitigen Massenanziehung stets dasselbe Gesicht, und wie man neuerdings entdeckte, sind seine Massen, soweit sie schwer sind, auch zur Erde hin gelagert, sein Kern ist außerhalb der Mitte angesiedelt.

Die Drehung des Mondes um seine eigene Achse und sein Umlauf um die Erde erfolgen zeitgleich in 27,32 Tagen in einer sogenannten «gebundenen Rotation» als Folge der Massenanziehung.

Während sich im noch glutflüssigen Ball der Erde die schweren Elemente der Sonne zugewandt anlagerten, waren die leichten Stoffe, ihrer geringen Wichte gemäß bestrebt, zur sonnenfernen Seite zu gelangen, und trieben dorthin ab, nachdem sie aus der Glut als Schlacke ausgeschieden und emporgestiegen waren.

Diese Schlacke – Silizium zum Beispiel mit Sauerstoff, als Siliziumdioxid SiO_2 chemisch verbunden – erstarrte an der sonnenfernen Seite der jungen Erde schnell zur festen Kruste und bildete dort eine Art Urkontinent (Pangäa) angelagerter und zum Teil aufgefalteter Kontinentalmasse.

Im Gegensatz zu den leichten Elementen wie Wasserstoff und Helium sind die schweren Elemente zu allen möglichen chemischen Verbindungen bereit. Sie bilden Makromoleküle aus, die sich zu Gesteinen gruppieren. Als Quarz ist beispielsweise das SiO_2 in den Kontinentalmassen mehr als reichlich vorhanden. Bergkristall, Rauchquarz, Rosenquarz, Citrin, Amethyst, Achat, Jaspis und Opal sind geläufige Erscheinungsformen dieser häufigen Verbindung.

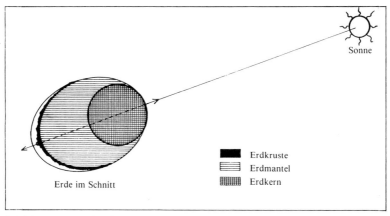

Schichtungen und Wichtungen.

Faltengebirge im Schnitt.

Nachdem die Schlacken aus der glutflüssigen Masse erst emporgestiegen waren, wanderten sie darauf schwimmend zum sonnenfernen Bereich, trafen auf bereits dort lagernde Schollen, wölbten deren und ihre eigenen Ränder mit ihrer Schubkraft mächtig auf und falteten sie zu riesigen Urgebirgen.

Auch die wirkliche Erde kennt solche Gebirgsbildungen aus ihrer Frühgeschichte, deren Wurzeln im Urgestein noch sichtbar, deren Höhen aber abgetragen und verwittert sind.

Auf der Seite ewiger Finsternis angekommen, kühlten diese Schlacken sehr schnell ab und waren bereits an der Oberfläche erstarrt, als die Hauptmasse noch flüssig teigig war.

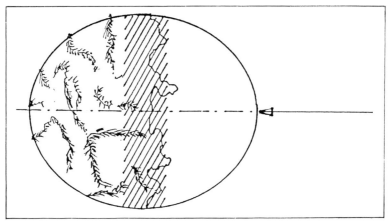

Abwanderungen und Auffaltungen am sonnenfernen Ende der Welt.

Die Hauptmasse der Bestandteile solcher Krustengesteine erstarrt schon bei relativ hohen Temperaturen. Frische Lava zum Beispiel – gerade erst glühend aus dem Schlund des Vulkankraters aufgestiegen – umgibt sich so rasch mit einer starren Haut, daß man auf ihr bereits ohne große Gefahr herumgehen kann, wenn der Lavastrom darunter noch in Bewegung ist. Die isolierende Wirkung ist derart groß, daß bald sogar auch Schnee darauf liegen bleibt, ohne zu schmelzen.
Nachdem sich auf unserem Modellplaneten die Auswürfe und Schlacken an der Schattenseite ebenso verhalten haben und bereits stark abgekühlt waren, konnten auch die aus der darunter liegenden Glut aufsteigenden Gase sich dort sammeln und rasch abkühlend eine Art Schweif ausbilden, indem sie sich ansammeln und dem Planeten erhalten bleiben konnten.
«Spezialisierung ohne Universalismus ist blind, aber Universalismus ohne Spezialismus ist eine Seifenblase», hat Ernst Robert Curtius einmal gesagt.
So kann denn auch, wer das Ganze beschreiben will, nicht ganz auf die Details verzichten, zumal dann nicht, wenn sie in der Folge eine so gewichtige Rolle spielen, wie diese atmosphärischen Gase.
Die Uratmosphäre bestand vorwiegend aus reduzierten Gasen wie Methan, Ammoniak, Wasserstoff, Stickstoff und Kohlenstoff. Die Form, in der diese vorlagen, war, den Entstehungsbedingungen gemäß, ihre Verbindung mit Wasserstoff als nichtorganisches Methan (CH_4) oder Ammoniak (NH_3). Gase dieser Art und Verbindung können nur aus einer Schlacke abgegast worden sein, die reduzierte Me-

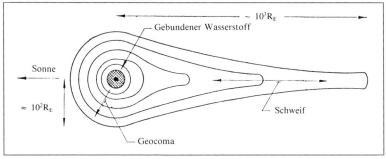

Atmosphärenschweif am sonnenfernen Ende der Erde.

talle wie Eisen enthalten, dadurch konnten sie nicht rein austreten, sondern als Stickstoff (N_2), Wasser (H_2O) und Kohlendioxid (CO_2). Nachdem diese Gasatmosphäre des Atmosphärenschweifs in der sonnenabgewandten Region dann abgekühlt war und von der Anziehungskraft festgehalten wurde, konnten aus ihr unvorstellbare Wassermassen abregnen oder als Schnee niedergehen. Während es in den Dämmerzonen dann ohne Unterlaß regnete, verschneite und vereiste der Bereich der totalen Finsternis am sonnenfernen Pol der jungen Erde.

Die Folge war eine Überflutung der Tiefebenen Gondwanalands am Abend dieses Schöpfungstages und aus diesem riesigen Flachseengebiet, der Ursuppe aller löslichen Mineralien und Elemente, sollte am nächsten Schöpfungstag das *Leben* hervortreten.

Es gibt aber doch Stunden, in denen man von der inneren Verbundenheit mit menschlicher Unzulänglichkeit befreit ist. Man steht auf irgendeinem Fleck eines kleinen Planeten und schaut staunend die kalte und doch so ergreifende Schönheit des Ewigen, in der Tiefe Unergründlichen. Da fließen Leben und Tod zur Einheit zusammen, und es gibt kein Werden und kein Schicksal, sondern nur ein *Sein*.
Albert Einstein

Zwischenbilanz

Das Thema läßt uns innehalten. Man fühlt das Bedürfnis nach einer Pause in diesem stürmischen Gedankenlauf, um alles einmal mehr zu sammeln und erneut sich zu vergegenwärtigen.

Im Verlaufe des hier nachvollzogenen Entstehungsprozesses eines ganzen Universums mit all seinen Welten aus dem puren *Nichts* unterlief es dem Verfasser selbst immer wieder, daß er vergaß, seine Ausführungen nur paradigmatisch zu begreifen, und darum häufig unbewußt in eine reine Beschreibung der Wirklichkeiten dieser realen Welt abglitt, weil sich Modell und Wirklichkeit doch oft so ähnlich schienen. Ist dies zwar auch die tiefere Absicht gewesen, so war es doch nicht selbstverständlich schon, als dieses Experiment begann. Immerhin war ja das Modell nicht mehr als nur eine Hilfskonstruktion für die Aufzeichnung einer realen Möglichkeit. Der Verfasser war sich auch die ganze Zeit darüber im klaren, daß seine Ausführungen, Gedankenbilder und Aspekte nicht selten, ja, wohl gar zu oft, den zur Zeit gerade gültigen Theorien und Weltbildern der Wissenschaft entgegenstehen und demzufolge für diese immer nur die Ansichten eines Außenseiters sein werden.

Die unselige Gewohnheit, Wissenschaft nur als anstrengend zu erfahren, führt häufig zu dem Fehlschluß, eine verständlich vorgetragene IDEE sei allein um ihrer Verständlichkeit willen nichts wert.

Taugt Dilettantismus als Gegenkategorie zu dieser Auffassung etwas und lohnt sich, darüber nachzudenken? Ein Dilettant – so ist die Meinung – ist immer nur ein Außenseiter und trägt so gut wie nichts Wesentliches zum Fortschritt des Wissens bei. Was er hervorbringt, kann allenfalls als Plagiat betrachtet werden, es fehlt ihm doch die Schulung und der «Grad» des Wissens. Es mangelt ihm überdies an Ernst und Mühe, an der wissenschaftlichen Genauigkeit usw.

Noch im vorigen Jahrhundert achtete man ihre Kunst, denn in den Anfängen ist alle Wissenschaft dilettantisch, auf Ideenreichtum und einen gewissen Grad der Unverfrorenheit noch mehr angewiesen als auf Ausbildung und graduiertes Wissen. Dilettantismus ist der Anfang aller Erkenntnisse. Mag es gelegentlich auch wie eine Anmaßung erscheinen, gewiß ist das nicht gewollt. Es handelt sich um genau die gleiche Wirklichkeit, und nur der Blickpunkt ist verschieden. Behalten wir den Mut zum Weitergehen, doch vorher fassen wir zusammen, was schon geschrieben steht:

Am Anfang war das *Nichts*. Es war das *Nicht-Sein* wie auch dieser *Augenblick* es immer noch ist, der zwischen dem *Gewesenen* und dem *Kommenden* ganz ohne Dimension völlig bewegungslos allein dasteht. Die *Zeit* im Begriff eines zielgerichtet unumkehrbaren und endlosen Nacheinander von lauter *Jetzt-Momenten,* gibt es bei uns hier nicht. Das *Dasein* addiert sich vielmehr im wandelbaren Zustand dieses *Augenblickes,* und aus dieser Addierung der Geschehnisse des Wandels entsteht die *Raum/Zeit. Zeit* und *Raum* sind voneinander abhängige und sich bedingende Funktionen des *Nichts.* Selbstsüchtlich, doch sicher ohne einen besonderen Sinn oder Zweck, hat ein *Urereignis* die Ruhe des *Nichtseins* unmerklich erst, dann erkennbar unterbrochen und diesem seinen Zustand, wenn auch nicht seinen Standpunkt in der *Zeit* und im *Raum,* genommen. Die Homogenität zerteilte sich in zwei *Gegenteilchen,* deren ganze Existenz mit der Sehnsucht nach Wiedererlangung des idealen Zustandes beladen war.

Unter höchster *Spannung* erzeugt und gespannt auch heftig rotierend frei bewegt, stellt sich die Energie dieses Geschehens in diesen Teilchen dar und bewirkte den *Raum* durch die Distanz zwischen ihnen. Dem diesen Teilchen aus dem Vorgang ihrer Entstehung innewohnenden Streben nach Reorganisation unterworfen, zogen sich die Teilchen mächtig an und erlangten in ihrer bewegten Wiedervereinigung nach außen hin Neutralität, ohne aber den Ruhezustand wieder zu erlangen, den das ewige *Nichts* einst hatte.

In der eigenen Beweglichkeit nun festgebunden, den *Raum* mit ihrer Anziehungskraft erfüllend, hatte die *Materie* der allerersten Art auch die Existenz des Folgenden insgesamt begründet und konnte sich nach eigenen Gesetzen weiterbilden. Unter dem Druck und im Zug der *Spannung* im Volumen stark geschrumpft, nahmen die Atome der *Materie* weniger *Raum* in Anspruch, als das *Nichts,* und diese Verringerung teilte sich dem *Raum* als *Spannung* mit, daß er sich strecken mußte, um die Distanzen zu erfüllen.

Diese *Spannung* war dann der eigentliche Motor und Antrieb für das weitere Geschehen. Am Rande des Universums zerrte sie stets neue Teilchen aus dem *Nichts,* weitete sich aus und bildete immer wieder neue *Materie,* die ihrerseits zusammenschrumpfte und selbst zu neuer *Spannung* Anlaß gab. *Urereignisse* geschahen und geschehen seither ohne Unterlaß mit immer nur demselben Bildungseffekt.

Mit all dem kosmischen Staub erfüllt, bildete die *Spannung* im *Raum* daraus Wolken, die unter den Drehkräften der Teilchen zu rotieren begannen und riesige Rotationssysteme ausbildeten.

Über Austauschbahnen im *Ätherstrom* auf die Äquatorebene getragen, bildete die Wolke sich zur Tellerscheibe aus, in deren Mittelpunkt ein Stern entstand. Bei einigen Systemen teilten die *Ströme* diesen Teller und ließen aus den *Ringen Planeten* werden. Einer davon ist unsere Erde.

VI. Buch Der fünfte Schöpfungstag – Tag des Lebens

Alle Bedingungen des *Daseins* nach der hier beschriebenen Art waren dazu angelegt und prädestiniert, das *Leben* mit Sicherheit hervorzurufen, um darin dann den *Geist* zu manifestieren, in dem es sich selbst zu finden und zu erkennen trachtete. Es ist faszinierend zu sehen, wie zielstrebig und intensiv dieses Bemühen sich zeigte.
Erwies sich die erste Laufbahn zum intelligenten Leben auch noch als ungeeignet, weil die Riesen der ersten Periode viel zu viel Körper und gar zu wenig Hirn ausgebildet hatten, wurde es wieder zerstört, und andere Spezies begannen ihre Laufbahn dorthin aufzunehmen. War dann auch noch die einfache Selektion nicht intensiv und schnell genug, dann wurde alles extra stark und intensiv gefordert, mit besonderer Strenge gesiebt und ausgeschieden, was der Geistwerdung abträglich und der Intelligenz entgegenstand.
Das *Leben* insgesamt erwies sich allen Anforderungen dafür gewachsen.

Wagner. Die Glocke tönt, die fürchterliche,
Durchschauert die berußten Mauern.
Nicht länger kann das Ungewisse
Der ernstesten Erwartung dauern.
Schon hellen sich die Finsternisse;
Schon in der innersten Phiole
Erglüht es wie lebendige Kohle.
Ja, wie der herrlichste Karfunkel,
Verstrahlend Blitze durch das Dunkel:
Ein helles, weißes Licht erscheint!
Ach Gott! Was rasselt an der Türe?
Mephistopheles. Willkommen! Es ist gut gemeint.
Wagner. Willkommen zu dem Stern der Stunde!
Mephistopheles. Was gibt es denn?
Wagner. Es wird ein Mensch gemacht.
Goethe – Faust II

Homunkulus, Mensch aus der Retorte.

Die Entstehung des Lebens im Dämmerlicht

Nachdem sich der dritte Planet unter der Sonne – unser Globus aus der Retorte – in seiner festen Form gefunden, in seiner Lage auf der Umlaufbahn zur Sonne hin synchron stabilisiert hatte und nun auch weitgehend entgast und entschlackt war, folgte eine Entwicklungsphase relativer Ruhe.

Zwar herrschte auf der sonnenabgewandten Seite weiterhin ein eisig turbulentes Klima, und am sonnennahen Pol brodelte immer noch die Glut, im Bereich des Äquators dieser jungen Erde aber, an den Gestaden Ur-Gondwanas, jenem Riesenkontinent, der mehr als die Hälfte der Oberfläche dieses jungen Planeten bedeckte und gegen die Glut des Untergrundes abschirmte, herrschte bereits ein relativ mildes Klima.

Von den Wassern der alle Niederungen bedeckenden Flachseen gespeist, die alle Inhaltsstoffe der Mineralien, Gletscher und Gesteine aufgelöst oder dispers verteilt enthielten, war in dieser gemäßigten Zone auf natürliche Art ein riesiges Chemielabor entstanden. In ihm erprobten die Lösungen ihre in Myriaden zählenden Möglichkeiten der Verbindungen und Reaktionen. Buchstäblich alles, was die herrschenden Naturgesetze nicht ausdrücklich ausschlossen, fand darin statt und versuchte sich auch zu beweisen.

Hier stellte sich die prinzipielle Möglichkeit zur Organisation in der Natur als Vorteil heraus. Das *Sein,* nachdem es sich als Akt im *Dasein* ausgedrückt darstellte, blieb dadurch ständig dabei und bestrebt, die Bausteine dieser Existenz und deren individuellen Gruppierungen in unermeßlich großer Zahl herauszubilden und ihre Verbindungen auf deren Brauchbarkeit zu prüfen.

Die Voraussetzung für jede notwendige und sicher dann auch genutzte Möglichkeit der Verbindung aller Stoffe war hier wie nirgendwo gegeben.

Molekulare Reaktionen müssen in einer genügend großen Häufigkeit ablaufen, damit sie in einer notwendigen Vielzahl Biomoleküle aufbauen, die sich dann selbst reproduzieren und weiter entwickeln können.

Was sich gut fügte, konnte auf Dauer auch bestehen, was sich nicht fügte, mußte mit Sicherheit zerfallen und wieder vergehen.

So begann die *Evolution* bereits ihre selektiv tastende Intelligenz auszuspielen, als die ersten elementaren Verbindungen vielfältig und in großer Zahl entstanden waren und im bewegten Wasser aufeinandertreffen. Verbindungen, die schneller und häufiger entstanden, als sie zerfielen, setzten sich mit der Zeit durch, und die Umwandlung vom «Genotyp», als die in der Vielzahl liegende Möglichkeit, in den «Phänotyp», als dessen optimales Ausdrucksbild in der Funktion eines sich selbst organisierenden Systems, war hier nur noch eine Frage der Zeit und nicht mehr eine Frage des Quantums. Was möglich und denkbar war, drängte danach, auch wirklich zu werden und zu *existieren*.

In dieser Ursuppe mit allen ihren Zutaten und Inhaltsstoffen – in der alles Mögliche auch möglich wurde – mußte das *Leben* irgendwann auch seine Nische finden und mit Sicherheit entstehen. Es war immer mehr als nur eine vage Möglichkeit, daß sich aus dieser enormen Vielfalt der Additionen und Multiplikationen oder auch Divisionen, ebenso wie in der Mathematik, irgendwann ein periodisches System polymerisierte, dessen besondere Eigenschaft darin bestand und zum lebendigen Ausdruck kam, daß dessen Resultat der ständige «Hunger» nach Ergänzung zum unteilbar Ganzen war und blieb.

Eine Reproduktion aus sich selbst ist nämlich immer nur in einem periodischen System gegeben.

Was das denn eigentlich sei, das man *Leben* nennt, wußte bisher keiner zu sagen, geschweige denn, plausibel zu erklären. Wie die *Zeit* ist *Leben* kein Stoff, sondern dessen Funktion. Der Begriff bezeichnet wie alle dimensionslosen Begriffe weder Masse noch Feld, nur Funktionen und die Kraft des richtungsweisenden Bestrebens.

Man kann sagen, daß das *Lebende* nur dafür ist und «lebt», um das *Leben* selbst zu erhalten und weiterzutragen. *Leben* und *Lebendes* sind nicht an sich schon gleich und miteinander identisch. Genau wie der Läufer nicht schon mit dem Laufen identisch ist, ist auch das *Lebendige* nicht schon identisch mit dem *Leben,* es erwirbt davon nur seinen aktiven Charakter, wie ihn das *Sein* durch das «am Sein Beteiligte» erfuhr.

Leben an sich hat darum auch noch keinen besonderen Sinn und Zweck, es ist ein Folgegeschehen in einem System der ungezählten Möglichkeiten.

Als Professor Kaplan, Direktor des Instituts für Mikrobiologie an der Universität Frankfurt, einmal den Versuch unternahm, die Chance für das *Leben* auf dieser Welt aufgrund rein statistischer Berechnungen festzustellen, kam er zu dem überraschenden Ergebnis, daß die Entstehung des *Lebens* mitnichten als ein kosmisches «Wunder» anzusehen sei, sondern vielmehr als ebenso folgerichtig und «normal» wie beispielsweise die Geburt eines Sternes im Universum.

Neueste Erkenntnisse der Biochemie eröffneten den Biogenetikern Einblicke in die Schlüsselprozesse der Möglichkeiten und Fähigkeiten belebter Materie zur Selbstvermehrung und Selektion, die zwangsläufig zu einer solchen Einschätzung führen mußten.

Vor allem das Zusammenspiel zweier besonderer Molekülgruppen – Nukleinsäuren und Proteine – spielten eine wesenliche Rolle bei der Hervorbringung des *Lebens* in der Frühzeit. Aminosäuren, Zuckermoleküle oder Phosphate, Bruchstücke der Nukleinsäuren und Proteine, hatten sich in den Urmeeren der Erde vor etwa 3,5 Milliarden Jahren massenhaft gebildet und mischten daraus die Ursuppe, deren Inhaltsstoffe sich darin zu allen möglichen Verbindungen fanden.

Unter dem Einfluß radioaktiver Strahlungen aus dem Innern der Erde, Ultrastrahlungen aus dem Weltenraum und elektrische Entladungen aus der Atmosphäre konnten sich in dieser Ursuppe Proto-

plasmen als Vorformen des Lebens, sogenannte «Protobionten», ausbilden und wegen der langen Periode ihrer Stabilität auch massenhaft erhalten.
Die besonderen Merkmale des Lebens gegenüber dem Anorganischen und *Unbelebten* sind: der *Stoffwechsel,* der sich im ständigen Austausch der Bildungsmasse in den Organismen ausdrückt, die *Morphologie* als Beibehaltung der wesentlichen Form, das *Wachstum* und die *Vermehrung* unter Beibehaltung der wesentlichen Form, die *Vitalität* als die Lebensfähigkeit aus innerem Wollen und Bestreben sowie das *Empfindungsvermögen* als Ausdruck der Sinne im Denkvermögen und der Intelligenz.
Die Merkmale des Lebensablaufes sind: die Erzeugung von Eigenwärme, die Beschränkung der individuellen Existenz auf eine begrenzte Lebensdauer, die Fortpflanzungsfähigkeit und das Erlöschen des Einzelindividuums mit seinem Tod.
Es gibt überhaupt keinen Zweifel daran, daß sich die höheren Formen des *Lebens* vom *Unbelebten* in bemerkenswertem Maße unterscheiden. Dort jedoch, wo sich Organisches und Anorganisches in der Natur berühren, ist der Unterschied nicht gar zu groß. Man wird bei näherer Betrachtung sogar zugeben müssen, daß ein *Lebewesen* der niedrigsten Art den höchsten anorganischen Körpern sehr viel näher zusteht, als seinen am höchsten entwickelten Verwandten der organischen Natur.
Der Stoffwechsel zum Beispiel findet sein Gegenstück in den fortwährenden chemischen Umwandlungen der anorganischen Natur. Die Beibehaltung der wesentlichen Form kommt bei den Kristallen voll zur Geltung. Überhaupt sind ja die Kristalle den Viren derart ähnlich, daß selbst dem Kundigen oft nicht gelingt, sie voneinander zu unterscheiden. Professor A. G. Cairns-Smith aus Glasgow geht so weit zu behaupten, daß es sich bei den ersten Vorläufern der Organismen um Tonkristalle mit charakteristischen Baufehlern gehandelt haben könnte.
Die Erzeugung von Eigenwärme ist auch in den Organismen nur ein chemischer Prozeß, der sich in nichts von gleichen Vorgängen der anorganischen Natur unterscheidet.
Hatte man früher einmal unter «Urzeugung» die spontane Entstehung eines bereits fertigen Organismus, unabhängig von einem zeugenden Elternpaar verstanden, oder gar an eine *Schöpfung* dabei ge-

dacht, dann versteht die Wissenschaft darunter heute die Entstehung einfachster Plasmakörper in einer bereits organischen Bildungsmasse, die alle erforderlichen Grundbausteine des *Lebens* in einfachen Verbindungen bereits gelöst enthält.

Die größte Schwierigkeit bei der Erforschung des ersten Lebens auf Erden liegt darin begründet, daß dessen Strukturen unter den erosiven Ereignissen der Erdzeitalter nahezu spurenlos verschwunden sind.

Zum Glück ist man hierbei – im Gegensatz zu anderen weltbewegenden Prozessen – in der Lage, das vermutete Geschehen im Experiment zu wiederholen und zu überprüfen. Man lernte nämlich den Werdegang zum Leben im Experiment nachzuvollziehen. Erstaunliches kam dabei zutage. Man mochte es erst gar nicht glauben – eine gewisse Scheu, das Schöpfungsdogma zu verletzen, mag sogar auch eine Rolle dabei gespielt haben.

Noch Justus Liebig schrieb in seinen «Chemischen Briefen»: «Wer jemals kohlensaures Ammoniak, phosphorsauren Kalk oder Kali näher betrachtet hat, der wird von vornherein nicht für möglich halten, das aus diesen Stoffen durch Wirkung der Wärme, der Elektrizität oder einer anderen Naturkraft ein rein organischer, zur Fortpflanzung und zu einer höheren Entwicklung fähiger Keim sich bilden könnte.»

Die ungeheure, ja absurde Vorstellung, das *Leben* sei irgendwann einmal aus toter Materie entstanden, war nicht nur ihm ein Greuel. Nur Dilettanten, meinte er, hegen überhaupt solche Gedanken.

Die Neigung unter uns Menschen ist verständlich, unser Denken zuerst auf die für uns mit bloßem Auge sichtbaren Strukturen zu richten. Wenn man jedoch an die Entstehung des Lebens in der Ursuppe der erstweltlichen Flachseen denkt, muß man sich erst vergegenwärtigen, daß alles in einer unglaublich viel kleineren Dimension abläuft, als man anzunehmen geneigt ist. Gene – um dieses hier zu verdeutlichen – sind so winzig klein, daß, wenn man alle Gene der jetzt lebenden Menschen in einen Fingerhut zusammentäte, dieser vermutlich noch nicht einmal ganz gefüllt wäre.

Auch dann, wenn dieser Fingerhut bei unserer ungebremsten Vermehrungsmanie nun bald wohl überlaufen wird, zeigt dieses Beispiel uns, wie klein doch die Erhalter und Überträger des Lebens sind.

Je eines davon nur bewohnt und belebt eine Zelle und bestimmt von daher als *Chromosom* die Entwicklung und die individuellen Eigenschaften des Organismus insgesamt. In ihnen sind diese individuellen Eigenschaften aller Menschen und Tiere nach ihrer bestimmten Eigenart gespeichert. Man hält es kaum für möglich, die Wahrheit aber ist, daß unser lebendiger Organismus sein Vorstellungsvermögen nur erst in den Größenordnungen seiner sinnlichen Erfahrungen entwickelt hat, vom mikroskopisch Kleinen hat er nur wenig erst erfahren. In Wirklichkeit sind in einem einzigen Gen Millionen von Atomen so gruppiert und nacheinander angeordnet, so daß Milliarden von Möglichkeiten zum gegenseitigen Bezug darin potentiell vorhanden sind.
Dennoch, auch für das *Leben* bilden die physikalischen Gesetzmäßigkeiten dieses *Daseins* die alleinigen, wenn auch einzigartigen Rahmenbedingungen.
Wie zu erwarten, hat der alles zergliedernde Forschergeist des Menschen dann auch nicht vor den Tabus des *Lebens* und denen des Schöpfungsdogmas haltgemacht. Die Biologen rührten in den Lösungen und mischten sich eine Ursuppe zur Überprüfung in der Retorte an.
Und – o Wunder! – schon gleich, nachdem man eine solche Ursuppe in Gegenwart einer ebenso künstlichen Uratmosphäre einen Tag nur mit Urgewittern ähnlichen Entladungsfunken in einer sinnreich konstruierten Apparatur beschossen hatte, stellte sich auch der Erfolg schon ein. Man konnte danach Eiweißstoffe finden, die geeignet waren, Protoplasma und sogar Protobionten mit ihren nötigen Bausteinen zu versorgen.
Stanley L. Miller hatte schon 1953 bei einem ähnlich angelegten Experiment im Laboratorium Spuren verschiedener Aminosäuren nachweisen können. Da Säuren und Amine sich gern zu langen Molekülketten verbinden, war schon nach diesen ersten Versuchen schlüssig, daß sich in den Urgewittern des Urklimas der Erde irgendwann auch Eiweißmoleküle gebildet haben konnten.
Weil die Uratmosphäre anfänglich nur wenig freien Sauerstoff enthielt und eine schützende Ozonschicht noch nicht ausbilden konnte, hatten die ultravioletten Strahlen aus dem Weltraum noch ungehemmten Zugang zur Erdoberfläche und kamen als Energieträger für den Prozeß der makromolekularen Verbindungen in Frage. Nachdem man dann auch noch diese Energie in die Experimente ein-

brachte, fand man ihre starke Wirkung beim Prozeß der Entstehung des Organischen bestätigt. Man stellte fest, daß sich nun neben einfachen Verbindungen auch bereits Fettsäuren, Oxidsäuren und Amine gebildet hatten.

Die wichtigste Substanz aber, die bei den Experimenten künstlich entstand, war das Adenin. Adenin ist eine jener fünf äußerst beständigen Basen, die zu den Hauptbausteinen der RNS-(Ribonukleinsäure-) und DNS-(Desoxyribonukleinsäure-)Moleküle gehören.

Als man dann auch noch die Gegenwart eines Urmeeres stimulierte, indem man Wasser einbrachte, in welchem bestimmte Salze gelöst enthalten waren, zeigte sich schon nach dem ersten Gewitter, daß die Salze der Phosphorsäure für die Weiterentwicklung der reproduktionsfähigen Stoffe von entscheidender Bedeutung gewesen sein mußten. Im Wasser fand man hinterher Spuren der wichtigsten Zellsubstanz, der Adenosintriphosphorsäure, deren Moleküle sozusagen die Batterien lebender Zellen darstellen. Sie sind nicht nur die Energieträger für den Bau der nötigen Makromoleküle, sie sind sogar auch dazu befähigt, sich nach dem Stoffwechsel selbst immer wieder aufzuladen. Sie haben also den zum *Leben* nötigen ständigen Hunger nach Auffüllung ihres Mangels und erfüllen so die Bedingungen des periodischen Prinzips.

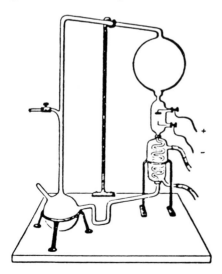

Die Millersche Umlaufapparatur.

In der linken unteren Hohlkugel wurde das Gemisch erhitzt, stieg hoch und kühlte in der großen Kugel oben rechts ab. Unterhalb davon wurde es mit elektrischen Entladungen bombardiert.

Inzwischen sind unzählige Versuche dieser Art durchgeführt worden, und man hat sie allein darum immer noch mal wiederholt, um solche Typen wie Miller und Konsorten als Scharlatane zu entlarven. Denn, immerhin war Miller einer jener Außenseiter, die ihren Einstand in die Phalanx der wissenschaftlichen Koryphäen noch nicht gegeben hatten und darum noch lange nicht kongreßfähig waren. Doch es half alles nichts, man fand die Ergebnisse der Experimente vielfach und immer wieder bestätigt und mußte sie für wahr hinnehmen.

Später hat man dann mit allen denkbaren Energien und Einbringungen experimentiert und dabei herausgefunden, daß allein schon die Einwirkung des ultravioletten Lichtes der Sonne ausreichen würde, die Moleküle anzuregen, sich zu größeren Bausteinen zusammenzuschließen. Man hat aber auch herausgefunden, daß deren Energie, hatte sie erst einmal den Prozeß initiierend und katalysierend eingeleitet, ihr eigenes Endprodukt nicht alleine erhalten konnte. War die ultraviolette Strahlung einerseits also für die Entstehung des Organischen dringend erforderlich gewesen, dann mußte es andererseits danach für deren Produkte unbedingt auch eine Gelegenheit geben, ihrem Einfluß fix und flugs zu entkommen. Um überleben zu können, mußte sich ein wesentlicher Teil der ersten Lebenskeime in die Sicherheit gebenden Zonen der Dämmerung retten können.
Das «Neugeborene» mußte im wahrsten Sinne des Begriffes vor der Gefräßigkeit der eigenen Mutter bewahrt werden. Denn die Protobionten unterzogen alles für sie Erreichbare und Greifbare einer chemischen Umwandlung und verzehrten, was sie mit ihrem ewigen Hunger davon zum Weiterleben gebrauchen und verwerten konnten. Kaum eine der bisher aufgestellten Planeten-Entstehungstheorien hat dafür eine so fabelhafte Erklärung bereit wie die in unserer IDEE entwickelte. Wir gehen ja davon aus, daß das erste *Leben* auf unserer Erde an den Ufern der großen Flachseen entstanden sein mußte, an deren Fruchtbarkeitsgürtel die schützende Dämmerzone unmittelbar anschloß.
Wo sonst, wenn nicht hier in der ewigen Morgenröte zwischen greller Sonne und ewiger Nacht konnte all dieses geschehen sein?
Nur hier konnte ein Teil der neuentstandenen Lebenskeime schnell genug in den schützenden Schatten gelangen und sich vor den Strahlen des ultravioletten Lichtes verbergen.

Von hier strebte ohnehin alles Leichte dem sonnenfernen Pol zu und gab den Strömen des Lebens ihre Richtung. In der Weite der ausgebreiteten Flachseen konnten sie sich ausbreiten und waren fürderhin vor der Gefräßigkeit ihrer eigenen Mütter geschützt.

Es gibt kaum noch große Zweifel, auf welche Art das *Leben* hat entstehen können, wenn auch manche Details noch einer genaueren Untersuchung bedürfen. Bleibt nur noch die Frage, ob der gegebene Zeitpunkt richtig erkannt worden ist.

Unsere Kenntnisse von den ersten Lebensspuren reichten lange Zeit nur bis zur Grenze des Kambriums, das bedeutet, sie waren auf den Zeitraum der letzten 550 Millionen Jahre beschränkt. Zwar kannte man schon eine Reihe gut erhaltener Gesteinslagen aus dem Präkambrium, sie nehmen sogar große Bereiche auf den Kontinenten ein, man suchte aber lange vergeblich nach Spuren des *Lebens* darin.

Es mußte aber verwundern und widersprach aller Erfahrung von den Dingen im Wandel des *Daseins,* daß die reichlich vorhandenen Fossilien des Kambriums danach nicht mit primitiven Einzellern anfingen, sondern mit einer Lebewelt, in der – mit Ausnahme der Wirbeltiere – praktisch schon aller Tier- und Pflanzenstämme vertreten waren. Es mußte lange vorher schon eine Entwicklungsphase gegeben haben, deren Spuren entweder einfach verschwanden oder bisher unerkannt geblieben waren.

In der «Swaziland-Serie» – einer im östlichen Transvaal und im Swaziland selbst verbreiteten Gesteinsfolge –, die ein Alter von etwa 3,2 Milliarden Jahren haben soll, kommen eigenartige Schichtungen vor, die aus Tonschiefer und Hornstein bestehen und, von späteren Gebirgsbildungen unbetroffen, fast ursprünglich erhalten geblieben sind.

Diese Gesteinsschichten führen eine beträchtliche Menge Kohlenstoff mit sich, von dem ein großer Teil in organischer Verbindung vorliegt. Dies war den Biologen Anlaß genug, die Gesteine nun auch auf Spuren von Strukturen ersten *Lebens* genau zu untersuchen. Große, mit bloßem Auge erkennbare Fossilien konnten dabei nicht erwartet werden. Man mußte nach Planktonstrukturen oder gar solchen Winzlingen suchen, die zuhauf in einen Fingerhut passen würden wie die Gene.

Mit komplizierten chemisch-mechanischen Methoden gelingt ja heute oft, was früher als unmöglich galt. Tatsächlich haben die Ge-

steine der Swaziland-Serie dann auch älteste Lebensstrukturen offenbart. Danach muß für dieses Gebiet die Zeitmarke für das *Leben* auf mehr als 3 Milliarden Jahre angesetzt werden.
Nach allem, was wir wissen, müssen wir nun davon ausgehen, daß fast unmittelbar nach der Entstehung der dafür nötigen Bedingungen im Urmeer das *Leben* auch schon entstanden ist.
Es ist folgerichtig, wenn man nun auch annimmt, daß dieses zuerst nur dort der Fall sein konnte, wo die Abkühlung der Kontinentalkruste bereits am weitesten fortgeschritten war.
Ganz sicher waren das nicht die Pole der jetzigen Welt, wie man lange Zeit in der Wissenschaft glaubte, sondern, um auf unsere IDEE zurückzugreifen, zum Beispiel der sonnenferne Pol der zur Sonne hin synchron umlaufenden Erde der ersten Periode.
Das hatte auch die Wissenschaft schon angenommen. Man konnte sich nämlich nicht erklären, warum nicht an beiden Erdpolen *Leben* entstand, wo doch die gleichen Bedingungen dafür gegeben waren.
Nun, auch dieses Problem glauben wir mit unserer modellhaften Erde in der IDEE lösen und plausibel machen zu können. Wir müssen nur noch den sonnenfernen Pol sowohl unserer imaginären Welt wie den dieser realen Erde zum Vergleich damit erst finden.
Schon lange war es den Geologen ein Rätsel, warum die erstarrten Magnetisierungsrichtungen des Magnetit eine Ausrichtung aufweisen, die den Südpol irgendwo in die Mitte Afrikas und den Nordpol inmitten des Pazifischen Ozeans anzeigen.
Man brachte dafür zwar eine ganze Reihe mehr oder weniger exotischer Theorien hervor, die Polwanderung selbst blieb aber umstritten. Betrachten wir jedoch die Erde unter dem Gesichtspunkt der Bedingungen unseres Modells, dann muß einmal der Südpol in der Mitte der größten Landmasse aus Krustenmaterial gelegen haben, die sich an der sonnenfernen Seite unserer wunderbaren Welt angesammelt hatte.
Auch der Globus unserer realen Welt besteht ja aus einer Hälfte, auf der nahezu alle Landmassen versammelt erscheinen, und aus einer, die fast nur von Ozeanen bedeckt ist. Sucht man die ungefähre Mitte der Landmassen insgesamt, dann befindet man sich plötzlich im Zentrum Afrikas. Dorthin weisen nicht nur die erstarrten Magnetrichtungen, dort fand man auch die Spuren ersten *Lebens*. Zufall? Man möchte es kaum noch glauben.

Es besteht gar kein Zweifel mehr, daß das *Leben* zuerst in den Wassern der ausgebreiteten Flachseen entstand und erst später an Land gegangen ist, wo es dann seine große Vielfalt und Mannigfaltigkeit ausbildete, indem es Entwicklungen und Spezialisierungen erfuhr, die es für seine Umwelt passend machte.

Ein solcher «Landgang» konnte aber entweder nur im Sprunge – sozusagen mutativ – geschehen sein, oder – was viel wahrscheinlicher ist – er ging stufenlos und langsam vor sich, denn andere Formen eines so totalen Wechsels sind sowohl in der realen Natur wie auch in unserem Modell nicht vorgesehen.

Wenn wir uns mit den Bedingungen dieser Zeitalter noch einmal genauer befassen, dann müssen wir schließen, daß es den abrupten Übergang von Naß zu Trocken auch wohl gar nicht geben mußte. Zwischen Gluthitze auf der Sonnenseite unserer Erde und eisiger Kälte auf der Schattenseite, im gemäßigten Klimabereich nämlich, herrschte eine ausgesprochene Waschküchenatmosphäre. Die an der Glut verdampfenden Wasser regneten nicht nur herab, sie materialisierten sich sozusagen im Urnebel und rieselten daraus herab, wie der Dauerregen in den tropischen Urwäldern noch heute manchmal buchstäblich ausfällt, ohne als Regen im uns geläufigen Begriff erkennbar zu werden.

Unten angekommen, ist dann das Wasser unmittelbar wieder verdunstet, um danach erneut auszufallen. Pflanzen, die mit ihren Auslegern in diesen fast stufenlosen Übergang von Naß zu Trocken hineinwuchsen, fanden in den unteren Zonen desselben noch die Bedingungen des Wasserlebens vor und reichten oben bis in die übersättigt nassen, aber schon luftigen Zonen hinein, wo sie ihren Stoffwechsel viel leichter vollziehen konnten als im Wasser.

Auf den Sauerstoff, den sie dort oben produzierten, warteten die Atmer aus dem Wasser, die frühen Lebewesen des Tierreiches, schon begierig. So lag es denn auch nahe, daß sie versuchten, ihre Nasen in diese Bereiche vorzustrecken und sich so nahe wie irgend möglich an diese Quelle des Lebens anzusiedeln begannen. Sie waren dem Wasser zuerst sozusagen dabei noch gar nicht wirklich entstiegen, als sie bereits die sauerstoffreiche Luft zu atmen begannen. Ihre Nachkommen und Mutanten hatten darum denn auch genug Zeit, den endgültigen Übergang vom Leben im Wasser zum Leben auf dem Trockenen zu finden.

Das Leben der Urwelt nach Boelsche.

In der Dämmerzone, wo diese Waschküche im tropischen Klima lange herrschte, gedieh auch das mittlerweile dem Wasser entstiegene Leben besonders üppig.
Riesige Urwälder von Schachtelhalmgewächsen, Farnen und Moosen überwucherten die Gestade des Kontinentes, kamen um, vermoderten oder verbrannten und bildeten den Humus für immer neue Lebensschichten darüber. Sie häuften sich auf und wurden zusammengepreßt. Von den Auswürfen der Vulkane zugedeckt, verkohlten sie im Sauerstoffmangel der unteren Lagen, und mit der Zeit von Milliarden Jahren wurde daraus Steinkohle, wie wir sie heute finden.
Die Gewächse, aus denen sich die Kohle einst gebildet hat, bezeugen übrigens in vielen Punkten die Richtigkeit unserer Annahmen. Fossilienreste des Schachtelhalms jener Zeitalter nämlich, aus denen die Kohle ja vorwiegend besteht, zeigen keine Anzeichen einer sich durch Jahreszeiten verändernden Umwelt. Sie haben keine Jahresringe und beweisen damit, daß für sie der Sonnenstand und das Klima für lange Zeit stets das gleiche gewesen sein mußte.
Genau das aber ist es, was in unserer angenommenen IDEE im hervorragenden Maße auch gegeben war.
Möglicherweise haben aber nicht nur die Zonen der Morgenröte oder der Dämmerung uns die Spuren ihres einstigen Seins hinterlassen, sondern auch die Zonen der ewigen Dunkelheit am sonnenfernen Pol uns eine Bestätigung unserer Theorien bewahrt.
Zeugnis von deren ewigem Winter sind die vielerorts auf dieser Welt

unerwartet vorgefundenen Tillite, das sind fossile Moränen, die man sogar schon mitten in der Sahara ausgemacht hat.

Hören wir dazu den Bericht des amerikanischen Geologen Rhodos W. Fairbridge, der erst jüngst in der Zeitschrift «Science» erschienen ist: «Wir haben es mit einem ausgedehnten Inland-Eisfeld zu tun. In Nordafrika erstreckt es sich über 4 000 Kilometer von Marokko durch Mauretanien, Algerien, Niger bis nach Libyen und zum Tschad.»

Diese Vereisung, so hören wir weiter, spielte sich bereits vor gut 500 Millionen Jahren ab und hatte mindestens eine Dauer von 100 Millionen Jahren.

Auch die Ursache dafür glaubt der Forscher zu kennen: Damals, im «Ordovizium», als gerade erst die ersten Pflanzen das Land erobert hatten, hat sich der Südpol irgendwo mitten im nördlichen Afrika befunden. Dieser sei dann nach Australien, wo man ebenfalls Spuren solcher Gletscher entdeckt hat, und schließlich dann in die Antarktis abgewandert.

Indes, eine Polwanderung hat sicher nicht auf diese Art stattgefunden.

Nicht allein nach der Meinung von Geophysikern und Astronomen, sondern auch gemäß dem Denkbild unserer modellhaften Welt konnte sich die Rotationsachse der Erde, den Gesetzen der Himmelsmechanik folgend, kaum so stark verändert haben. Auch sie unterliegt ja den Gesetzen rotierender Massen und bleibt in ihrer Drehachse stabil wie ein Kreiselkompaß.

Ein Kreisel ist ja ein rotationssymmetrischer Körper, der stabil um seine Achse dreht. Erst bei der Einwirkung genügend großer äußerer Kräfte gegen seine Seelenachse reagiert auch ein Kreisel mit einer heftigen Drehung um seine Achse und stabilisiert sich neu auf einer Senkrechten dazu. Der Kreisel kippt sozusagen plötzlich um, wenn er nur entsprechend stark angestoßen wird.

Solche großen Kräfte aber waren bisher nirgends aufzufinden. Man hat darum erst einmal auf die Hypothese der Kontinentalverschiebung zurückgegriffen und einfach nur deren Mächtigkeit dem Bild der eigenen Theorie angepaßt, indem man behauptete, die einzelnen Schollenteile von «Pangäa» seien wiederholt über den Südpol gedriftet und hätten sich dort jedesmal mit kilometerdicken Vereisungen ein- oder zugedeckt.

Selbst dann aber, wenn man die Zeiten der Drift in Jahrmillionen mißt, ist das nicht möglich.

Begegnung im Sonnenkreis

Geradezu paradiesisch war die Welt für das *Leben* im Dschungel am Tropengürtel der ungebremsten Fruchtbarkeit.
Hätten es die Umstände dabei belassen, das üppige Wachsen und Gedeihen hätte noch lange so andauern können und reiche Früchte tragen dürfen.
Neben den Baumriesen und Riesengewächsen der Regenwälder stand der Tierwelt jener Zeit genügend Niedergrün für ihr Gedeihen zur Verfügung. Hunger gab es nirgendwo, und so war die Folge auch bei ihnen der Riesenwuchs.
Aus den nicht mehr als fischgroßen Atmern, die zuerst an Land gestiegen waren, wurden Riesensaurier mit mehr als 20 Metern Körperlänge und über 50 Tonnen an Gewicht.

Brachiosaurus aus dem Oberjura.

So etwas konnte nur unter einmaligen und einzigartigen Bedingungen geschehen sein. Nur dort nämlich, wo stets mehr als genügend Nahrung vorhanden und erreichbar war und das davon angefressene Körpergewicht von den Wassern der Flachseen mitgetragen wurde, konnte sich der Riesenwuchs ausbilden. Auf dem trockenen Lande wären diese Riesen von ihrem eigenen Körpergewicht erdrückt worden wie die Wale, die sich hin und wieder an unsere Strände verirren. Viel Masse war dabei entstanden, aber kein Gehirn von nennenswerter Größe.

Dieser Versuch der Natur, ihre Üppigkeit und Fülle in der Hervorbringung von Riesen auszudrücken und es dabei bewenden zu lassen, mußte zur Sackgasse werden, wenn man voraussetzend bedenkt, daß der Weg zum intelligenten Leben in ihr ja bereits angelegt gewesen sein mußte. Die Tatsache, daß es entstand, ist dafür der Beweis.

Eine der wichtigsten Voraussetzungen für die Ausbildung intelligenten Lebens ist die Hervorbringung der analytischen Einsicht und der damit einhergehenden Voraussicht. Analytische Voraussicht aber setzt erinnerte Erfahrung voraus, deren bewußte Erkenntnis zum rationalen Handeln Anlaß ist, und das ist intellektuelle Leistungsfähigkeit an sich. Prägende «Erinnerung» bedarf aber auch des Bedürfnisses dazu, bedarf der Not und der Notwendigkeit daraus.

Hier noch kaum bemerkt, jedoch im folgenreichen Ablauf der Planetenbildung ist zugleich etwas geschehen, was die Abkehr, ja geradezu die totale Umkehr der Umstände eingeleitet und diese Art der Lebensentwicklung grundlegend geändert hat.

Wir hatten es bereits notiert, daß bei der Herausbildung der Sonnenringe neben dem Mutterring noch ein Tochter- oder Nebenring entstehen konnte, wo die umkehrenden Feldlinien des Ätherstromes die Äquatorebene ein zweites Mal durchschnitt.

Auf dem Tochterring der dritten Sonnenbahn konnte sich fern des Bildungszentrums der Erde – irgendwo auf der anderen Seite des Zentralgestirns Sonne – ein zweiter kleiner Planet bilden, welcher der Erde auf ihrer Umlaufbahn hinterherzog, diese aber wegen der unterschiedlichen Umlaufgeschwindigkeiten irgendwann im Laufe der Zeiten eingeholt hat.

Entsprechendes geschieht auch in der Wirklichkeit. Im Oktober 1982 entdeckte die «Voyager-Raumsonde» bei ihrem Erkundungsflug zum Saturn, daß dessen Ringe dabei sind, ihre Massen zu sammeln und zusammenzuballen. Die Ringe haben schon speichenartig angelegte Unterbrechungen. Die in diesem Bezug aber aufregendste Neuigkeit war, daß sich zwei der seit langem bekannten Monde des Saturn, die ihren Planeten auf nahe beieinander liegenden Umlaufbahnen umkreisen, einander stetig nähern. In wenigen Jahren, so errechnete man, werden sie einander so nahe sein, daß sie in eine gravitative Wechselwirkung zueinander treten, und man ist bereits äußerst gespannt, was dann mit ihnen geschehen wird.

Man muß sich dazu auch einmal die Gegenwart unseres Erdtrabanten – des Mondes – vor Augen führen, über dessen Entstehung es eine Reihe von Theorien und Hypothesen gibt. Man hat ja zum Beispiel auch schon angenommen, daß er aus dem fernen Weltenraum zu uns gelangt ist, doch seine Umlaufbahn widerspricht dem, wie sie auch der Annahme widerspricht, daß der Mond über eine gewaltige Gezeitenwoge der Erde entrissen worden ist. Manche hängen noch immer der Hypothese an, die Erde sei die Mutter des Mondes und der Pazifische Ozean sei dessen Geburtsnarbe.

Neueste Erkenntnisse der Wissenschaft – deren Beweise direkt auf dem Mond gefunden werden konnten – zeigen, daß alle Theorien von der Entstehung des Mondes aus der Erdsubstanz falsch sein müssen. Das Mondgestein hat nicht nur ein völlig anderes spezifisches Gewicht, es hat auch einen ganz anderen chemischen Aufbau als die Gesteine der Erde.

Unser ständiger Begleiter ist offensichtlich nach den gleichen Gesetzmäßigkeiten entstanden wie die Erde. Er ist nur darum kleiner und leichter, weil er das Produkt des Tochterringes der Sonnenbahn ist, der von geringerer Masse und kleinerer Wichte war und die schweren Elemente sich in ihm nicht ebenso wie auf der Erde bilden konnten. Parallel zur Erdumlaufbahn dahinziehend, zog der kleine Trabant unserer imaginären Welt zunächst lange seine einsame Bahn auf der anderen Seite der Sonne. Der kleine Unterschied in der Umlaufgeschwindigkeit aber ließ ihn der Erde immer näherkommen, und er wäre in deren Anziehungskraft irgendwann gefangen worden und unter katastrophalen Umständen in sie hineingestürzt, wenn er nicht am Ende doch genau so schnell gewesen wäre, daß er in eine Umlaufbahn um die Erde einschwenken mußte.

Nachdem es zwischen beiden dann einen «Radiusvektor» gab – das ist die verbindende Linie zwischen den Mittelpunkten zweier kugeliger Gebilde – und die *Gravitation* zwischen den beiden Himmelskörpern groß genug war, gegenseitige Gezeitenkräfte hervorzurufen, die entsprechend ihrer Größe auch Tangentialkräfte umsetzten, war auch die Folge dieser Begegnung vorherzusehen. Die Erde begann sich unter dem Einfluß der Kräfte zu drehen, wie sich das Rad des Flugzeugfahrgestells bei der Landung zu drehen beginnt.

Dabei sollte man nicht vergessen zu erwähnen, daß der Mond, als er sich der Erde auf der Außenbahn näherte und an ihr vorbeizufliegen drohte, dort auf dem zur Sonnenferne hin ausgebildeten Atmosphärenschweif der Gase traf, der ihn nicht ins Leere laufen ließ, sondern eine Art Masseverbindung herstellte.

Dieser Anstoß hat dann genügt, unsere Erde aus ihrer Kreiselstabilität zu werfen und deren Drehachse um 90° zu kippen.

Bei Untersuchungen von Bohrkernen jüngster Meeres- und Kontinentalerforschungen fiel gravierend ins Auge, daß sich in den Schichtungen zwischen Kreide und Tertiär überall ungewöhnlich hohe Iridium- und Osmiumgehalte angesammelt hatten, die in ihrer Ausbreitung einer Rundumablagerung glichen.

Iridium und Osmium, beides Platinmetalle – sind in der Erdkruste, gemessen an der uns zugänglich gewordenen kosmischen Materie, eher selten anzutreffen. Wenn überhaupt, sind diese vermutlich größtenteils tief im Erdinnern konzentriert.

Zunächst folgerte man aus dieser Entdeckung, daß entweder ein Komet aus der Gruppe der Apollo-Asteroiden in die Erdatmosphäre gelangt sein müßte, dort pulverisiert worden und als iridiumreicher Staub niedergeregnet sein mußte.

Platinmetalle dieser Menge und Anreicherung aber kommen nicht nur beiläufig auf dem Mond vor, und das Ereignis einer solchen folgenreichen Begegnung, wie wir sie für unser Modell angenommen und eben geschildert haben, ist wie geschaffen für deren Verteilung in einer zeitlich und lagenmäßig begrenzten Schicht der Sedimente dieser Erde.

Verfolgen wir einmal, was danach geschehen sein muß: Der neu erworbene Zustand nun rotierender Bewegung auf der Umlaufbahn brachte sowohl für die Erde als auch für ihren eingefangenen Begleiter ganz neue Gesetzmäßigkeiten mit sich, denen sich beide nun zu unterwerfen hatten.

Unter anderem, aber vor allem, mußte sich dieser radikale und rigorose Wechsel unmittelbar auf das Klima der aus einer langen Zeit der Etablierung und Anpassung gerissenen Erde ausgewirkt haben. Ganz abgesehen davon, daß der Staub, der dabei aufgewirbelt wurde, die Rauchgase des damit zwangsläufig einhergehenden Vulkanismus und der Brände die Sonne jahrelang verdunkelten und dem Leben das Licht raubten, verschoben sich auch die dem Leben zuträglichen gemäßigten Klimazonen der Erde von deren vorherigen Äquatorring nun zu den neuen Polen hin.

Um den neuen Äquator wurde es dem Lebendigen nun nicht nur zu heiß unter den Füßen, der Vulkanismus mit unvorstellbar vielen Auswürfen, der sich zum Staub des Ereignisses selbst noch addierte, ließ alles Leben untergehen, indem er es unter sich begrub.

Hinzu kam noch, daß danach die riesigen Flachseen in die neu gerissenen Ozeangräben und Becken ausliefen, und das kam so:

Dem neuen Mittelpunkt der Erde, der ja nun genau in der Drehachse lag, mußte Respekt erwiesen werden. Die Massen, vorher zur Sonne hin ausgerichtet und aus der Erdmitte deutlich verschoben angelagert, versuchten sich dem neuen System sofort anzupassen und sich in der Mitte des Ganzen anzulagern. Der Kern schwerer Masse drängte energisch zum Mittelpunkt, um sich dort seiner Wichte gemäß anzusiedeln und alles Leichtere um sich zu gruppieren und zu schlichten.

Die Urkruste, als Urkontinent erstarrt und fest verbunden, mußte unter der Gewalt dieser Verschiebungen zerbrechen und auseinanderdriften.

Lassen Sie uns, bevor wir uns weiter mit diesen katastrophalen geophysikalischen Ereignissen befassen, die Frage aufwerfen, was dabei mit dem Leben auf Erden geschehen sein muß.

Nachdem die Erde sich nun so völlig verschieden von dem verhielt, was sie vorher so sicher werden ließ, als sie sich noch nicht um eine nahezu senkrecht zur Umlaufbahn stehenden Achse drehte, konnte es natürlich nicht ausbleiben, daß der wesentliche Teil des so üppig wuchernden Lebens und Wachsens in die Katastrophe gerissen wurde und unterging.

Die dieses Riesenleben im wahrsten Wortsinne mittragenden Flachseen liefen aus, füllten die neu aufgerissenen Ozeangräben, und Dürre verbreitete sich über weite Zonen. Die Regenwälder verdorrten und verbrannten, soweit sie nicht unter den Vulkanauswürfen der Ereignisse begraben lagen. Weil in der Nähe der Oberfläche rasch ein Sauerstoffmangel herrschte, verkohlten die Organismen und bildeten dicke Schichten ihrer Substanzen.

Kaum, daß es noch erwähnt werden müßte, aber auch dieser Vorgang hat seine Entsprechung in unserer Wirklichkeit: Daß nämlich auf ihr in der Übergangszeit vom Erdaltertum zur Erdneuzeit, am Ende der Kreidezeit, als sich auch der Iridiumniederschlag um die Erdoberfläche abgelagert hat, nahezu die gesamte Fauna und Flora, die in den Urmeeren gelebt hatte, auf noch geheimnisvolle Weise erloschen ist, ist gesichertes Wissen.

Die Ursachen dieses großen Sterbens vor 60 bis 100 Millionen Jahren etwa sind aber von der Wissenschaft bisher nicht hinreichend plausibel erklärt worden.

Nicht nur die Riesen allesamt, auch die Winzlinge unter den Lebewesen der damaligen Welt sind untergegangen. Ihre Lebensbasis ging ihnen verloren, und das ist belegbar.

Keines der Weltmeere von heute bestand schon vor dieser Zeit. Bei der zwanzigsten Etappe des Tiefsee-Bohrprogrammes auf der Strecke von Japan bis zu den Fidschi-Inseln bohrte die «Glomar Challenger» aus der Rekordtiefe von 6 571 Metern – davon 377 Meter im Ozeanboden – Kerne der ältesten Sedimente aus dem Grund des Stillen Ozeans.

Ganz unten an den 6 Zentimeter dicken Bohrkernen entdeckten die Meeresforscher reste von Algen, die vor etwa 135 Millionen Jahren auf der Erde existiert haben müssen. An der Westküste Australiens, im Indischen Ozean, förderten sie Kerne des Sedimentgesteins mit einem Alter von etwa 135 bis 140 Millionen Jahren zutage, und man schloß daraus, daß sich zu eben der Zeit Australien vom Urkontinent gelöst haben muß.

In der beginnenden Erdneuzeit – nach dieser Katastrophe lohnt es sich wohl, ganz neu mit den Betrachtungen anzufangen – mußten Flora und Fauna, soweit sie sich überhaupt vor dem totalen Untergang retten konnten, wieder völlig neu mit der Anpassung und Weiterentwicklung anfangen.

Daß dabei und danach nur diejenigen unter den verbliebenen Lebewesen eine Chance hatten, die zufällig in die neuen gemäßigten Zonen verschlagen wurden und darüber hinaus noch so wenig wie irgend möglich bereits spezialisiert waren, sich also auch noch wieder anpassen konnten, sollte uns aufmerksam machen.

Was da vorher zu Füßen der Riesen nur dadurch zu überleben vermochte, daß es immer den Gefahren ihrer alles zertrampelnden Gewichtigkeit ausweichen konnte, hatte nun endlich eine brauchbare Basis und die Chance, selbst an die Spitze zu gelangen. Manches, was vorher auf dem Trockenen in den sogenannten Nischen des *Daseins* vegetierte, konnte nun in den Mittelpunkt des Geschehens treten und das Feld beherrschen.

Hier stand das Leben zum ersten Male an einem Scheideweg und erfuhr die Möglichkeit, die Sackgasse zu verlassen, die es daran gehindert hatte, seine Intelligenz weiter auszubilden.

Der Großwuchs mit wenig Gehirn wurde vom Kleinwüchsigen mit relativ viel Gehirnmasse abgelöst. Die Entstehung intelligenten Lebens danach ist der Beweis.

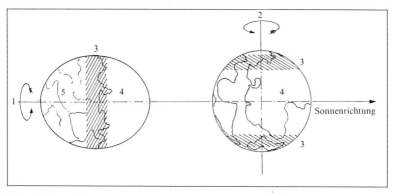

Verschiebung der zum Leben geeigneten Zonen nach der neuen Polung

1 alte Drehachse
2 neue Drehachse
3 Bereiche, in denen Leben möglich war
4 Hitzebereiche
5 Kältebereiche

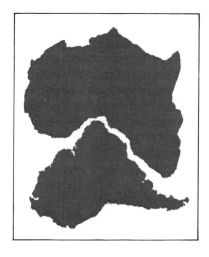

Passformen.

Kontinente und Meere

Im Jahre 1912 stellte ein Außenseiter unter den Erdgeschichtlern, der Grönlandforscher Alfred Wegener, seine äußerst interessante Theorie von der «Kontinentaldrift» zur Debatte. Ihr wesentlicher Inhalt besagte, daß alle heute bestehenden Landmassen oder Kontinente einstmals einen einzigen Riesenkontinent gebildet hatten und erst im Laufe der geologischen Umwälzungen und Veränderungen der Erdgeschichte als Bruckstücke dieses Urkontinentes auf dem teigigen Untergrund des noch immer sehr heißen Erdmantels auf ihre jetzigen Positionen gedriftet sind.
Vergleicht man die Festlandkonturen der Kontinente – am anschaulichsten dafür sind die Küsten Südamerikas auf der einen Seite und deren Gegenküsten Afrikas auf der anderen –, dann fällt eine frappante Spiegelbildlichkeit ins Auge.
Dies war bereits dreihundert Jahre vorher Francis Bacon aufgefallen, und auch Alexander von Humboldt notierte in seinen Aufzeichnungen, daß der Westrand Afrikas und die Ostküste Südamerikas zusammenpassen würden, wie Teile eines Puzzles. Nicht nur die Küstenlinien stimmen nahezu völlig überein, es lassen sich auch über die vermutliche Bruchlinie hinweg fortlaufende Gebirge und Gesteinsstrukturen wiederfinden.

Wohl der verbflüffendste Beweis kam kürzlich erst in einem von den Geologen entdeckten Sonderfall zutage. Nahe der ghanaischen Hauptstadt Accra hat man Gesteinsformationen gefunden, die nebeneinanderliegend erheblich unterschiedliche Altersmerkmale aufweisen. Die eine hat ein Alter von etwa 550 Millionen Jahren, während die danebenliegende ein solches von nahezu 2 Milliarden Jahren ausweist. Wenn nun die Theorie Wegeners zutrifft, müßte sich dieses Nebeneinander der verschieden alten Gesteinsformationen auf der Gegenseite des Kontinentalbruches eigentlich fortsetzen. Die entsprechende Stelle hatte man auf der Landkarte nahe São Luis in Nordbrasilien ausgemacht.
Genau dies war dann der Fall, die Gesteinsformationen beider Seiten gleichen sich, als wären sie aus einem und demselben Fels gehauen. Nachdem dies bekannt wurde, bekennen sich immer mehr Geowissenschaftler zu Wegeners Theorie, die allerdings zur Bestätigung ihrer Richtigkeit nach wie vor mit einigen Schwierigkeiten zu kämpfen hat.
Man war bisher zum Beispiel noch nicht in der Lage, eine plausible Erklärung dafür abzugeben, woher die enormen Kräfte gekommen sein konnten, die solche Massen verschieben.
Wie stets, wenn man nicht weiter wußte in der Wissenschaft, behalf man sich mit Spekulationen und weit hergeholten hypothetischen Möglichkeiten. Unter anderem ist auch die Möglichkeit erörtert worden, daß sich die Erde im Laufe ihrer Geogeschichte derart aufgebläht habe, daß die erstarrten Gesteine des Mantels der Erde zu eng wurden und in Bruchstücke zerrissen.
Als Ursache nahm man an, daß die Schwerkraft, die ja auch den Erdball zusammenhält, allmählich immer schwächer geworden sei.
Nachdem aber schon in den letzten Jahren erhebliche Zweifel an dieser exotischen Deutung angemeldet wurden, haben Geophysiker der Australian National University in Canberra diese Erklärung der *Kontinentaldrift* nun auch mit Hilfe paläomagnetischer Messungen an geeigneten Gesteinsformationen widerlegt.
Wie sie in der Zeitschrift «Nature» berichten, hat sich der Erdradius (6 371 km) in den letzten 400 Millionen Jahren höchstens um 0,8 % verändert, was insgesamt nur 52 Kilometer oder 0,13 Millimeter pro Jahr entspräche. Ein Meßwert also, der viel zu klein ist, als daß damit die ganze *Kontinentaldrift* schon erklärt werden könnte.

Andere Wissenschaftler vermuten eine unerklärte zusätzliche Hitzequelle tief im Erdinnern, die den Erdmantel kochen läßt und – wie in einem Kochtopf – in Wallung bringt. Die aufwallenden, teigig flüssigen Gesteinsmassen unterwandern dann die starre Erdkruste und tragen sie mit ihren Bewegungsbahnen fort.

Noch andere sehen den Motor für die Drift in der Gezeitenkraft, die jedoch bei allen Rechenkünsten niemals dafür ausreichen würde.

Endlich glaubt man in der Plattentektonik die passende Theorie gefunden zu haben. Danach wurde die Erdkruste wie ein Puzzle in eine Unzahl in sich starrer Platten zerstückelt, die durch Strömungen unter dieser Kruste ständig verschoben und umhergetragen werden. Sie treffen aufeinander und trennen sich wieder, um sich danach an einer anderen Stelle auf der Erdoberfläche erneut zu verbinden. Dabei werfen sie riesige Faltengebirge auf, und eine zielgerichtete Planmäßigkeit ist nirgendwo zu erkennen.

Diese Vorstellung ist das vorläufig letzte Resultat der Aktivitäten in der Ozeanographie.

Nachdem heute endlich ein einigermaßen klares Bild der Meeresboden-Topographie erstellt werden konnte, mußten den Ozeanographen die darauf erkannten Gräben und Rücken als ebensolche Faltungen erscheinen wie die Gebirge und Täler auf den Festländern.

Daß die Theorie der Plattentektonik mehr sei als nur eine Spekulation, versuchten die Wissenschaftler nun durch Fakten zu beweisen. Über physikalische Messungen und Altersbestimmungen im Bereich der Verschiebungen versuchte man die Hypothese auch am Klima mit den Zeugnissen fossilen Lebens zu beweisen, die in Schichtungen aus Tausenden von Metern Tiefe in den Bohrkernen zu erkennen sind. Die Resultate der Untersuchungen, so sensationell sie im einzelnen auch waren, stimmten dennoch nicht in einem ausreichenden Maße mit der Theorie überein. Dort nämlich, wo gemäß der Theorie die Platten aneinander stoßen und sich teilweise überlagern – wo Aufwölbungen also zwingend zu erwarten wären –, zeigen sich im Krustengestein überraschenderweise Absenkungen statt Anhebungen und abgeflachte Streckungen ihrer Ränder, wo Stauchungen zu erwarten wären. So mußte denn auch schon wieder eine ergänzende Spezialtheorie für die Randmeere wie die Karibik oder den Indischen Ozean flugs aufgestellt werden, weil sich deren Gestade – wie die Bohrkerne beweisen – so wenig an die schöne Basistheorie halten, wie

sie zum Beispiel für den Raum um das Mittelmeer Gültigkeit erlangte.
Auch der Versuch, die Entwicklung des Mittelmeeres mit Hilfe der Plattentektoniktheorie zu beschreiben, gelang nicht ohne Widersprüchlichkeiten. Nach der genannten Theorie treffen dort eine europäische und eine afrikanische Großplatte aufeinander, und es müßte darum zu gewaltigen Preßfaltungen kommen, die schließlich dazu führen würden, daß sich eines guten Tages aus dem Mittelmeer ein Gebirge erhöbe. Das Gebiet, das gemäß der Plattentektonik durch den Nachdruck der afrikanischen Großplatte also zerquetscht und zermalmt sein müßte, erwies sich bei näherem Hinsehen aber als glatter Abriß ohne besondere Störung im Krustengestein.
Auch im Ost-Mittelmeer wurde vergeblich nach Anzeichen von Quetschungen unter dem Druck der Ereignisse gesucht, und man fand

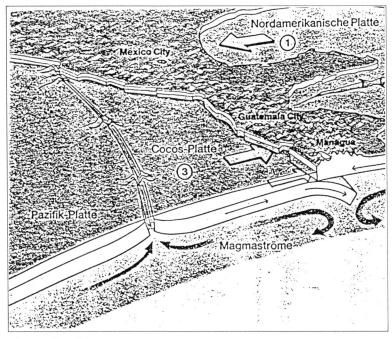

Plattentektonik.

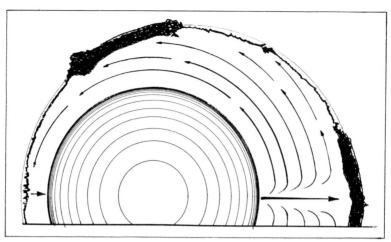

Der Erdkern drängt zur Mitte hin und schichtet die Mantelmassen um sich neu.

nichts als Absenkungen und Abbrüche der Krusten. Kaum anders erging es den Geophysikern bei den Untersuchungen der Gebiete um Japan, bei denen alle Indizien für eine Senkung, keine für eine Aufschiebung in den letzten 25 Millionen Jahren sprechen.

Der Theorie gemäß müßten sich in den Quellbereichen der Magmaströme am Ozeanboden auch lebhafte Vulkantätigkeiten zeigen, die Suche danach brachte aber nichts Nennenswertes zutage.

Zwar sind die Versuche noch nicht überall abgeschlossen und auch die Widerlegungen nicht in jedem Falle schon erhärtet, das Postulat der Universalität dieser Theorie ging jedoch bereits in die Brüche.

Was immer in bezug solcher Fragen behauptet worden ist, beweiskräftig war es bisher in keinem einzigen Falle.

Wenn sich nun aber – was wir hier mit unserer IDEE behaupten – nach der Begegnung mit dem Mond der ganze Erdkern in Bewegung gesetzt hat, um gemäß den Gesetzen der Schichtung und Wichtung aus seiner exzentrischen Lage wieder in die Massenmitte der rotierenden Erde zu gelangen, dann lösen sich die Rätsel in klare Bilder auf.

Plötzlich wird auch ohne Hilfskonstruktionen verständlich, daß die Ströme des Erdmantels, die ja am sich verschiebenden Kern vorbeifließen müssen, um sich neu zu verteilen und um ihn herum anzulagern, die nötige mitreißende Kraft aufbringen können, den einstmals zusammenhängenden Urkontinent zu zerreißen und dessen riesigen Blöcke um den halben Erdball zu tragen.

Nicht allein, daß dann die Bruch- und Schiebekanten der Kontinente genauso aussehen müssen, wie im Bild angegeben und in der Wirklichkeit gefunden, die Ströme haben sich auch dadurch markiert, daß sie ihre «Fingerzeige» dem Oberflächenbild deutlich aufgeprägt haben.

Wenn – einmal im Kehrwert gedacht – eine Flüssigkeit sich aus einem Zentrum heraus nach allen Richtungen hin ausbreitet, dann muß sie sich zwangsläufig in Ströme teilen, weil die sich radial ausbreitende Masse zunehmend Ausdehungsraum vorfindet, den sie nicht mehr voll aufzufüllen in der Lage ist, sie fingert aus.

Dasselbe gilt auch für die Massenströme des Erdmantels, und man kann es an den entsprechenden Stellen des Kontinentalatlas deutlich erkennen. Nach unserer Theorie ging ja alles Geschehen vom Zentrum des Urkontinentes – dem Pangäa – aus. Das entspricht praktisch einem Ort irgendwo im Massenmittelpunkt Afrikas und Vorderasiens. Messungen der Landmassenverteilung auf unserem Globus legen diesen Punkt ziemlich genau dorthin, wo heute die Stadt Addis-Abeba liegt. Dort glauben die Wissenschaftler übrigens auch den Südpol vor der Verschiebung identifiziert zu haben.

Von hier aus müssen wir nun die Welt einmal betrachten lernen, wenn wir dem angenommenen Geschehen die richtige Bedeutung beimessen wollen.

Gießen wir aus einem Gefäß eine Flüssigkeit, dann wird sich dieselbe fingerartig ausbreiten und in den zunehmend sich erweiternden Raum ergießen.

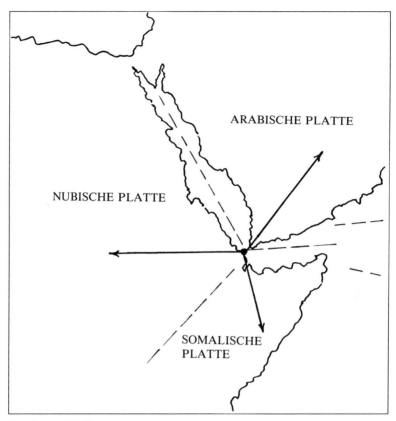

Kontinental-Drift.

Wir erkennen dann, daß die Erdkruste um das Rote Meer herum genau jene Beweglichkeit zeigt, die von drei auseinanderdriftenden Kontinentalblöcken bestimmt ist und nicht durch Überlagerungen. Die «Nubische Platte», die neben Ägypten und dem Sudan auch den nördlichen Teil Äthiopiens umfaßt, bewegt sich erkennbar in westliche Richtung. Auf der gegenüberliegenden Seite dieser zentralafrikanischen Bruchzone treibt die «Somalische Platte» südwärts, und die «Arabische Platte» treibt nach Ostnordost.

An den fernen Gestaden der Kontinente, wo wir unserer IDEE nach die Fingerspitzen der sich ausbreitenden und voranschiebenden Drift

zu suchen haben, erkennen wir deren Markierungen deutlich und in
großer Zahl. Betrachten wir nämlich die Küstenlinie der Kontinente
zum Stillen Ozean hin, wohin ja die Pfeile der Drift weisen, dann sehen wir die Bogen nacheinander aufgereiht überall vor uns liegen.
Beginnen wir mit dem Südzipfel des amerikanischen Kontinentes und
gehen von Patagonien nach Peru, Costa Rica und Kalifornien hinauf, dann sind überall deutlich die entsprechenden Ausbuchtungen
erkennbar.
Besonders auffällig und markant springt uns der Aleuten-Bogen ins
Auge, der sich zwischen Sibirien und Alaska aufreiht. Dann auch der

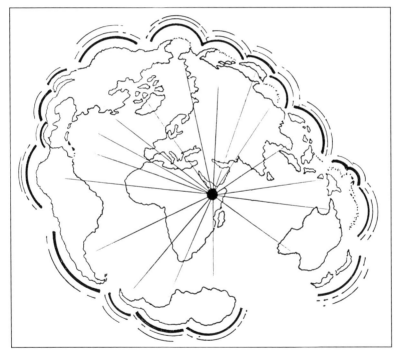

Auslaufbogen umranden die Kontinente
Verfolgt man die Küstenlinie der von Afrika zentrierten Kontinente, dann erkennt man unschwer die Bögen und Radien einer aus diesem Mittelpunkt
herrührenden Schiebung des Untergrundes, der die Kruste bewegte und ihr
diese charakteristische Form verlieh.

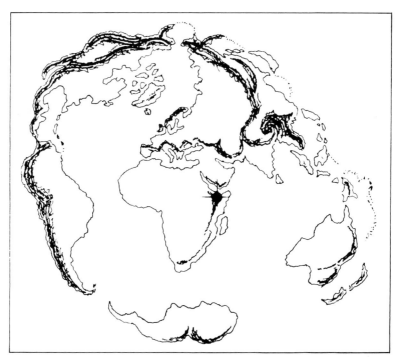

Kettengebirge wölbten sich an den Vorschubkanten auf.

Bogen, der sich aus den Kurilen, Japan und den Riukiu-Inseln formte. Das setzt sich über Neuguinea fort und wird an unzähligen anderen Plätzen dieser Küstenlinie erkennbar.

Eine Ausnahme – zugleich aber auch die Bestätigung der erdumfassenden großen Drift – kann in der Einbuchtung erkannt werden, die im Bereich der östlichen Landmasse am jetzigen Äquator die Ausbuchtungen abzulösen scheint.

Dort treten die Inseln der Philippinen und Ozeaniens deutlich zurück, oder sie sind noch nicht sehr weit gekommen auf dem Weg der Drift. Die Ursache liegt darin, daß die Gegenkraft gegen die neue Drehrichtung dort im Bereich des Äquators am stärksten sein muß und sich der Drift entgegenstemmt.

Diese Gegenkraft drängte auch die etwas kleineren Schollen zur Seite und ließ zum Beispiel Australien fernab südöstlich verschwinden.

Nach Nordwesten hin war das unmöglich, weil die riesige Kontinentalmasse Asiens der Drift entgegenstand. Hier aber wölbte sich die Kraft mit ihrer Gegenkraft zusammen zum höchsten und gewaltigsten Gebirge dieser Erde, dem Himalaja.

Auf der Gegenseite des Geschehens, an der Westseite der nach Osten gerichteten neuen Drehung, wirkten sich die Kräfte entgegengesetzt davon aus. Sie förderten dort die Drift und trieben Mittelamerika deutlich weiter vom Zentrum ab als alle anderen Küsten.

Betrachten wir unter demselben Gesichtspunkt die Wirkung der Drift mit ihrem gewaltigen Schub auf die Kontinentalschollen, dann erkennen wir an deren Randgebirgen, wie und wo sie sich unter dem Druck dieser treibenden Kraft gewaltig aufgewölbt und zusammengefaltet haben, die Richtung des Geschehens. Rundum von Gebirgen eingerahmt, bezeugt das Bild des Atlas die radiale Drift der Kontinente. Die Ausnahme bildet auch hier wieder die Stelle mit dem höchsten Gegendruck und dem daraus resultierenden höchsten Aufwurf – dem Himalaja –, welchen man darum auch das Dach der Welt zu nennen pflegt.

Es ist heute kaum noch vorstellbar, welche Gewalten diese durchgreifenden Umwälzungen auch auf der Erdoberfläche ausgelöst haben. Unsere jüngst sogar in Europa erlebten schweren Erdbeben dürften dagegen nur ein müdes Schütteln gewesen sein. Die Erdbeben, von denen die Erde heute noch erschüttert wird, sind dennoch aber ein Nachhall und Teil derselben Vorgänge, die unsere Kontinente verschoben haben. Sie sind darum noch nicht beendet, weil der Kern der Erde offensichtlich noch immer dabei ist, seinen richtigen Platz zu suchen und zu finden.

Betrachten wir einmal eine Karte der erdbebenreichen Zonen dieser Erde, dann fällt uns auf, daß die ganze Äquatorlinie dazugehört, aber auch die gesamte Küstenlinie des Pazifischen Ozeans. Das alles geht zu Lasten der Kräfte, die das Driften verursachten, und jener, die sich am Äquator ihnen entgegenstellen.

Nicht nur an den Gebirgsketten und den ringförmig aufgereihten Inseln vor den Gestaden der Kontinente zeigt sich die Wirkung der Drift aus dem Kern der Erde, auch die Ozeanböden wölbten sich unter dem Druck der Massen, weil sie ihnen nur wenig an Gewicht entgegensetzen konnten, und zerbrachen unter der Wölbung in Quader und Gräben.

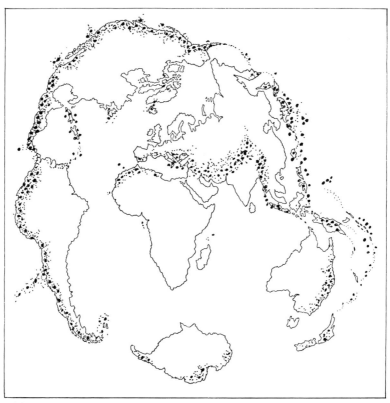

Die Erdbebengebiete weisen auf noch bestehende Aktivität.

Es ist noch gar nicht so lange her – wenn man erdgeschichtliche Maßstäbe anlegt, soeben erst geschehen –, daß im Zuge dieser Bewegungen der Kontinentalblöcke ein Ereignis von katastrophalen Ausmaßen und entscheidenden Auswirkungen geschehen ist, welches zudem maßgeblich am Schicksal der Menschheit rührte und dieses wesentlich beeinflußt hat.

Es handelte sich bei diesem Ereignis um den Durchbruch der sogenannten «Nord-Passage», bei der ein Finger des vielarmigen Lavastromes die Landbrücke zwischen Sibirien und Alaska so weit verschob, daß sie endlich zerriß und die Inselkette der Aleuten sich bildete.

Bei diesem Ereignis mußte es damals passiert sein, daß eine relativ große Insel – eher wohl ein kleiner Kontinent für sich –, die zwischen Schottland und Grönland gelegen hatte, unter gewaltigem Getöse und heftigem Beben im Meer versunken ist.

Das durch den atlantischen Graben geöffnete Maul der Festländer um den Nordpol riß auf und gab den Wassermassen des Golfstromes den Weg in die Regionen des eisigkalten Pols frei.

Die einströmenden Wassermassen verdampften und kondensierten zu Eiskristallen, wie es mit unserem Atem im strengen Winter auch geschieht. Gewaltige Schneemassen türmten sich am Pol auf und ließen unter dem Druck ihres unermeßlichen Gewichtes Gletscher entstehen, die so weit abgedriftet sind, daß sie schließlich sogar die nördlichen Bereiche des eurasischen Kontinentes und einen Teil Nordamerikas unter ihrer Vereisung begruben.

Man weiß heute, daß die Gletscher dieser Eiszeit damals nicht nur die arktischen Zonen, sondern auch weite Teile Deutschlands, Frankreichs und nahezu ganz England erreichten.

Die Eismassen rissen Millionen Tonnen Gestein mit sich und walzten die Wälder nieder, die auf ihrem verderblichen Weg gewachsen waren. Das Lebende vertrieben sie aus den Revieren und leiteten eine weltweite Wanderung ein.

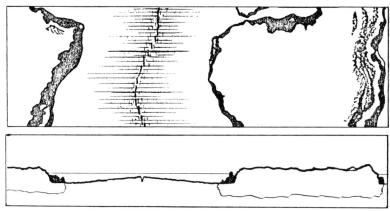

Tiefseegräben sind der Ausdruck des Geschiebedruckes an Stellen, wo sie keine Kontinentalmasse nieder hält.

Nordpol-Vereisung.

Bedenkt man dabei überdies dann noch, daß die Ereignisse des Unterganges der Nordland-Insel mit starkem Vulkanismus einhergegangen sein mußten, dessen Staub und Rauchmassen die Sonne verdunkelt haben, dann erklärt sich auch die plötzliche Kälte im hohen Norden.
Diese Vorgänge wurden nicht nur durch ihre geologischen Folgeerscheinungen, die sich in Gletscherbahnen und Endmoränen zeigen, bezeugt, sie wurden uns auch durch die Mythen und Sagen der frühen Völker dieser Erde übermittelt.
Mit diesem gewaltigen Beben ist nämlich nichts Geringeres als die eigentliche Urheimat des Stammes der Menschen in den Fluten versunken.
Sagen dieser gewaltigen Flut finden wir in vielen Überlieferungen. Eine der ältesten bekannten Sintflutsagen ist auf einigen Tontafeln beschrieben, die man in Babylon gefunden hat. Die Ähnlichkeit mit der biblischen Sintflut-Geschichte ist unverkennbar.
Was danach geschah, beschreiben wir im nächsten Buch.

VII. Buch | Der sechste Schöpfungstag

Sind die Menschen auch nicht die einzigen Lebewesen in der Natur, so sind sie doch mit manchen Attributen der Einzigartigkeit ausgerüstet. Menschsein ist zu allererst kein Akt der Arten- und Rassenausbildung, sondern vielmehr ein solcher der kulturellen und geistigen Ausbildung.
Aus der Strenge eines besonderen Ausleseprozesses mit starkem Selektionsdruck hervorgegangen, ist der Mensch zum Kulturwesen geworden, das als Ausdruck seiner Menschlichkeit hauptsächlich die zwar eindrucksvolle, aber doch eher zerstörerische Zivilisation über die Welt brachte, wenn auch seine Geisteskraft ihn zu sehr viel mehr befähigt erscheinen läßt.

Und was wir vollendet,
und was wir begonnen,
das füllt noch dort droben
die rauschenden Bronnen.
Und all unser Lieben und Hassen und Hadern,
das klopft noch dort oben
in sterblichen Adern.
Und was wir an gültigen Sätzen gefunden,
dran bleibt aller irdischer Wandel gebunden.
Wir suchen noch immer die menschlichen Ziele.
C. F. Meyer – Chor der Toten

Mensch und Geist – Aufgabe und Ziel

Wir haben das Werden der Welten nacherlebt, sahen in unserer idealen Welt eine Sonne aufgehen und eine Erde als Urmutter des *Lebens* entstehen. Wir hörten, daß alles das nur *Existenz* sein kann und in der Wirklichkeit erst besteht, wenn ein subjektiv erkennender *Geist* es erfaßt und in die Realität dieses *Daseins* erhebt. Wir glauben auch zu wissen, daß in diesem ganzen Universum wohl nur der Mensch mit seinem *Geist* dazu befähigt ist, das *Dasein* in diesem Sinne zu verwirklichen, und wir bemerkten mit Bangigkeit, daß er dazu möglicherweise gar nicht mehr kommt, weil er an sich selbst und seinen animalisch-emotionalen Instinkten zu scheitern droht.

Während nämlich der Menschengeist in den Naturwissenschaften und in der Technik weit über den Kenntnisstand der Antike hinaus vorangeschritten ist, ist er zugleich bei den Geisteswissenschaften nicht nur kaum viel weitergekommen, sondern in entscheidenden Fragen sogar hinter Platon zurückgefallen.

Homo-Sapiens, der verständige Mensch, wurde er von Linné einst hoffnungsvoll genannt. Doch ist er das wirklich, ist er der Triumph der Schöpfung, ist er die Inkarnation des *Weltengeistes?* Ist er das Ziel der Existenz oder ist er der große Irrtum des *Daseins* überhaupt?

Der Verfasser hat in seinem Buch «... und Gott ist doch von dieser Welt» ausführlich und ausgebreitet beschrieben, was des Menschen Schicksal auf Erden gewesen sein mag. Er ging davon aus, daß dessen Sonderstellung unter den Primaten nur dadurch erreicht werden konnte, daß dieser Zweig des Lebendigen all seine Zeit einem enormen Auslesedruck ausgesetzt war und er unter außergewöhnlichen Bedingungen geprägt und selektiert worden ist.

Er behauptet und belegt glaubwürdig unter Einbeziehung der Sagen und Mythen vieler Völker dieser Welt, daß diese Elitezüchtung (selection of the fittest) in so unverhältnismäßig kurzer Zeitdauer des Wandels aller Dinge nur auf einem Inselkontinent allein geschehen sein konnte.

Dort – so seine überzeugenden Ausführungen –, wo die größtmögliche Bevölkerungsdichte schnell schon erreicht wird, am unteren Ende der Rangfolge alles Schwache ohnehin keine Lebensbasis mehr finden konnte und bereits vor der Erlangung der Fortpflanzungsreife untergehen mußte.

Lag dieser Inselkontinent dann überdies auch noch in Regionen, wo durch den Wechsel der Jahreszeiten zwischen heißen Sommern und strengen Wintern den Bewohnern nicht einmal das ganze Jahr über ausreichend Nahrung zur Verfügung stand, wo sie auf kluge Vorsorge angewiesen waren, um überleben zu können, haben unter allen sicher nur die Stärksten und Klügsten je eine Chance gehabt.

Nur dort, wo auch das Zweitbeste schon nicht mehr gut genug war, um zu überleben, konnte dieses elitäre Menschengeschlecht einst entstanden sein. Wir vernehmen, daß mit dieser Erkenntnis die Basis für das Verständnis einer Reihe von Ungereimtheiten in den Sagen und Märchen eine Erklärung findet. So geht der Verfasser in jenem Werk zum Beispiel davon aus, daß der Erbkonflikt zwischen Vater und Sohn, der die Mythen und die Religionen der Völker dieser Welt beherrscht und deren Inhalte wesentlich geprägt hat, eine direkte Folge des Dortseins gewesen ist und vorprogrammiert sozusagen ausgetragen werden mußte, solange das Inselreich bestand.

Um den primären Urtrieb der Selbst- und Arterhaltung sicher erfüllen zu können, mußte sich dort der Starke zuerst alle Fortpflanzungsmöglichkeiten sichern und sich dazu in den Besitz aller Weiber setzen, die ihm verfügbar waren. Er mußte allen anderen verwehren, was er sich ausbedungen hatte, in dem er vertrieb, was ihn den Besitz streitig zu machen anmaßte.

Die natürliche Folge war die totale Abwehr des Anspruches der Söhne und der damit vorprogrammiert einhergehende Vater-Sohn-Konflikt.

Bei zunehmender Geistesstärke und Kombinationsfähigkeit des Denkens – so der Autor – führte dieser Konflikt irgendwann dazu, daß der mittlerweile schlau gewordene Vater und Tyrann von seinen Frauen forderte, den Söhnen nun gleich nach der Geburt das Handwerk ein für allemal zu legen, indem sie diese sogleich zu entmannen hatten, nachdem sie geboren waren. Die Beschneidung, die ursprünglich wirklich ein feindseliger Akt des Vaters gegen den Sohn gewesen sein muß, ist bis heute unter verschiedenen Religionen ausgeübtes Ritual und Relikt dieses dramatischen Geschehens.

Die Sage des Königs Herodes über den Knabenmord hält er als beispielhaft dafür, daß sogar auch durch Tötung aller Knaben, zumindest aber der Erstgeborenen, diesem Anspruch entgegengewirkt werden sollte.

Weiter folgert der Autor in seinem Werk, daß mit zunehmender Intelligenz der frühen Menschen dann auch die Gegenreaktion der Mütter nicht ausbleiben konnte und diese nun ihre Söhne vor der Brutalität des totalen Anspruches zu schützen und zu verbergen trachteten, damit denen die Zeugungsfähigkeit und die Königswürdigkeit noch erhalten blieb.

Das wiederum war in den stetig innegehabten Revieren einer Insel, in dem jeder Stock und Stein genau kannte, kaum anders möglich als dadurch, daß man den darin verborgen Gehaltenen Attribute andichtete und beigab, die sie zu gefährlichen und fürchterlich anzuschauenden Dämonen stilisierten. Man mußte sie maskieren und ihren Aufenthaltsort tabuisieren. Der Autor leitete davon das ganze schillernde Masken-, Dämonen-, ja sogar das ganze asiatische Drachenwesen sowie auch den Höllen-(Höhlen-)glauben ab.

Diese *Göttersöhne,* das wurde an vielen Beispielen aus den Sagen, Mythen und Märchen der Völker bezeugt, standen irgendwann zu einem dramatischen Endkampf gegen die Tyrannen – die ihre eigenen Väter waren – auf und holten sich, was ihnen gebührte, indem sie diesen töteten und sich die Schuld gegen den eigenen Vater aufluden. Sie gründeten ihr neues Reich, wo sie versteckt gewesen waren, und zerstörten die alte Stätte. Dadurch trennte sich die Sippe und das Schicksal der Götter von dem der Menschen.

Dieses Inselreich im Ur aber ist irgendwann untergegangen. In einer großen Flut versank es im Ozean, und die Sagen vieler Völker künden von dem, was wir als das Schicksal der Kontinente im Vorherigen schon angedeutet haben.

Was aber ist der Fortgang unserer IDEE: Wird auch darin ein intelligentes Wesen entstehen und wird dieser erdachte Mensch – unser Homunkulus – genauso in die Irre gehen wie der Mensch? Muß auch er dem Glauben verfallen, für einen besonderen Zweck extra von seinem Schöpfer in diese Welt gesetzt worden zu sein, hält auch er sich für so hervorragend und zum Herrn über die Welt bestimmt und zerstört seinen eigenen Wirt, bevor er erfährt, wozu er wirklich befähigt und was der Zweck seines *Daseins* oder besser seines Hierseins ist? Wird auch er zum Weltenverderber, oder kann man die Erlösung von jemandem verlangen, der selbst so wenig erlöst ist?

Im Gegensatz zu seiner wahren Herkunft ist die Abkunft (Anthropogenie) des Menschen für die Wissenschaft kaum noch eine Frage. Die Anthropologie ist heute in der Lage, sich über die Stellung des Menschen im Reich der Fauna ein genaues Bild zu machen.

In der präbiotischen Phase des Organischen insgesamt bereits angelegt, in der sich zuerst die Elementarstoffe zu Molekülen vereinigten, die dann zu Bausteinen für das *Lebendige* wurden, haben diese die

Phase der Selbstorganisation durchlebt und sich darin zu Einzellern gemausert, die als wesentliches Attribut die Selbstvermehrung durch Zellteilung gefunden hatten.

Wesentliches Merkmal solcher molekularen Verbindungen sind die sogenannten «Doppelbindungen». Je zwei Elektronenpaare gehören gemeinsamen Atomhüllen an, in denen sie sich auf Achterbahnen bewegen. Diese Mehrfachbindung geht besonders Kohlenstoff häufig ein. Solche Moleküle lassen sich leicht vernetzen und zu Großmolekülen verketten.

Da *Leben* in unserem Begriff hier auch stets ungestillten Hunger bedeutet hat, waren die Produkte des *Lebendigen,* die Einzeller, jeder nach seinen Anlagen bemüht, dorthin zu gelangen bzw. sich dort aufzuhalten und endlich oder auch nur auf Zeit anzusiedeln, wo andere Umwandlungsprozesse oder Lebenszentren genau das produzierten, ab- oder ausschieden, was sie für ihren Unterhalt benötigten. Es bildeten sich Zusammenschlüsse und Interessenverbände aus, die, in nützlicher Symbiose miteinander verbunden, irgendwann sogar geschlossen mutierten und sich sogar fortpflanzen konnten.

Die Meeresqualle, zu 98% aus Wasser bestehend, ist ein solcher «Interessenverband». In den restlichen 2% ihrer Substanz ist sie ein aus Tausenden von winzigen Einzellebenszellen zusammengefügter «Staat». Jedes der polypenartigen Einzelindividuen darin hat sich auf eine bestimmte Lebensweise spezialisiert und kommt immer genau dort im Gesamtverband angesiedelt vor, wo das Ambiente ihm gemäß ist und genau das produziert, ab- oder ausscheidet bzw. übrigläßt, was es zur Weiterexistenz benötigt. Dort übt es auch seine besonderen Fähigkeiten für den Gesamtverbund aus und wirkt als suchender Taster, als Giftmischer, Fangfaden oder auch nur als Freßwerkzeug zum Wohle des ganzen Organismus.

Nachdem die ersten Zusammenschlüsse ihre Evolutionsphase durchgemacht und darin entweder bestanden haben oder wirkungslos wieder vergangen sind, hatten sie in ihrer zielausgerichteten Ordnung bereits die Anfänge einer individuellen Intelligenz beweisen müssen und diese als kollektive Intelligenz für das übergeordnete Wesen nutzbar gemacht.

An sich selbst unkörperlich, doch schon in den Ordnungskräften des sich reorganisierenden *Daseins* und jeder Existenz angelegt, ist der

Geist eine Funktion weit über allem Geschehen, die im Menschen dann ihren idealen Träger fand.

Während für die körperliche Größe in der Natur Grenzen gesetzt scheinen, sieht es so aus, als sei für den *Geist* die Natur insgesamt erst die Begrenzung. Die Mehrung des Wissens und die daraus sich ergebenden Schlüsse sind erfüllt, wenn alle Existenz im universellen *Dasein* einmal erkannt und bestätigt werden kann.

Nicht der Mensch als Abkömmling der animalischen Lebewelt drängt aus sich heraus, das ewig Unbekannte zu erschließen und die Rätsel des *Daseins* zu lösen, dem *Geist* in seinem Körper geht es vielmehr darum, die Schlüssel zum Sein zu finden, er treibt ihn an, das Wissen auch wider seinen Willen zu mehren. Der Wille wird durch das Wissen aber nicht freier, er wird vielmehr durch und auf die erworbenen Erkenntnisse festgelegt. Er wird dadurch eindeutig beengt und unfrei.

Wer immer da forscht, tüftelt, erfindet oder auch nur denkt, der addiert seine Resultate dem allgemeinen Bild des Wissens zu, und niemand ist da, der das einmal Erkannte zu löschen vermag, niemand, der es dem Vergessen wieder preisgeben kann. Daß ihn das *Sein* gnädig erlaubt, sich selber des *Geistes* und seiner Fähigkeiten auch zu bedienen – den firmeneigenen Computer sozusagen auch für die eigenen Belange zu nutzen –, ist in seinem Interesse, braucht er doch der Denker viele, um sein großartiges Abbild im Spiegel der Geister darzustellen.

Es ist nicht anzunehmen, daß es den Weltgeist auch nur im geringsten kümmert, wie das Schicksal eines jeden Einzelindividuums verläuft, das des Kollektivs aber, das kümmert ihn schon.

Die Entwicklung des Geistes ist darum auch nicht zwingend eine aufwärtsgehende im moralischen Sinne, eine erweiternde und mehrende ist sie auf jeden Fall.

Wissen wir Erdenmenschen aber, daß wir die Diener des großen «Nus» sind, und ahnen wir erst, daß auch er davon lebt, ob wir die Dinge erkennen, dann können wir uns mit ihm arrangieren und die Welten mit ihm teilen, können ihm geben, was seines ist, und uns nehmen, was uns wohl gebührt, wir können dann all unsere Nöte vergessen.

Aller Wert war schon geschaffen,
und aller Wert – das bin ich.
Nietzsche – Also sprach Zarathustra

Über die Entstehung des Geistes durch natürliche Zuchtwahl

Charles Darwin ist bei seinen bemerkenswerten Beobachtungen zu der Überzeugung gelangt, daß zwar die Fortpflanzung des *Belebten* in der Natur im allgemeinen einer Gesetzmäßigkeit mit nahezu präziser Nachahmung und Wiederholung unterliegt – die ja auch weitgehend eingehalten wird –, es aber dennoch nicht in jedem Einzelfalle immer mit ganz rechten Dingen vor sich geht.

Darwin fand heraus, daß im Pflanzen- und Tierreich der Artausdruck über eine beliebige Reihe von Generationen nicht absolut und völlig unabänderlich schon feststeht, es kommt vielmehr infolge zahlreicher Ungenauigkeiten bei der Übertragung und Weitergabe von Erbinformationen immer wieder zu mehr oder weniger stark ausgeprägten Abweichungen in der Nachkommenschaft.

Auf diese Weise sind alle Lebewesen *Entwicklungen* unterworfen, die deren Veränderung im Laufe ihrer Bestehensgeschichte bewirken.

Die mehr oder weniger geringen Abweichungen von der *Norm* können dabei völlig belanglos bleiben und nur eine kaum merkliche Wechselwirkung zu den Bedingungen der Existenz des damit behafteten Individuums haben. Sie können aber auch von großem Nachteil für diese sein und es zum Beispiel ausmachen, daß die damit behafteten Individuen nicht mehr lebensfähig sind oder die Geschlechtsreife nicht erreichen, wodurch sich diese *Variante* dann nicht mehr fortpflanzen kann und selbst wieder aufhebt. Sie können aber auch von einer Art sein, die dem damit behafteten Individuum zum Vorteil gereicht und es vor den anderen auszeichnet. In einem solchen Falle wird das abirrende Erbgut für den Empfänger eine Überlegenheit schaffen, die ihn Widrigkeiten nun besser als vorher überstehen läßt und ihn befähigt, diesen Vorteil auch seiner Nachkommenschaft zukommen zu lassen.

Dieses Spiel der im einzelnen und allein oft kaum schon bedeutsamen Abweichungen sowie ihre Selektion durch die Anforderung an ihre

Brauchbarkeit ist wie ein ständiges Tasten in den Möglichkeiten, durch das sich eine *Variante* dann zum *Zweig* erheben bzw. ausbilden kann, wenn die Lebensbedingungen in ihrem Wandel gerade ihm alle Chancen offenhalten.

Der Zufall wird hier zur Methode und zum ordnenden Prinzip erhoben und damit von der Notwendigkeit koinzidiert.

Darwin hatte dieses intelligente Zusammenspiel des Zufälligen mit dem daraus resultierenden Notwendigen plausibel dargestellt, nachdem er dessen Regeln entdeckte und ihre fundamentale Bedeutung erkannt hatte.

Während der britische Anthropologe Sir Arthur Keith noch meinte: «Auch die Evolution blieb unbewiesen und ist unbeweisbar. Wir glauben an sie nur darum, weil die einzige Alternative dazu der *Schöpfungsakt* eines *Gottes* ist, und das ist undenkbar», gibt es für die Geneologen heute überhaupt keine Entwicklungstheorie mehr. Für sie ist es bereits bewiesene Tatsache und nicht mehr nur eine erfolgversprechende Hypothese. Was allerdings bis heute unbeantwortet blieb, ist der außerordentlich rasche Fortschritt in der Entwicklung einer Art vor allen anderen, der Fortschritt nämlich, der den Menschen schuf.

In den siebziger Jahren wurde durch Gould und Eldredge in den Vereinigten Staaten die Theorie des «Unterbrochenen Gleichgewichtes» (punctuated equilibration) aufgestellt. Diese Theorie nimmt an, daß neue Arten auch plötzlich in kleinen Populationen, die vom Gros ihrer Art aus nicht bekannten Gründen getrennt werden, rasch in einem «evolutionären Spurt» entstehen können, indem sich diese Abspaltgruppen nun völlig anderen und möglicherweise extremen Bedingungen ihres neuen Ambiente – zum Beispiel denen einer Insel – anpassen müssen. Diese Theorie sollte vornehmlich erst einmal erklären, warum die fehlenden Glieder einer Entwicklungsreihe, die «missing links», heute nicht mehr auffindbar sind.

Ein Weiterleben unter neuen und ungewöhnlichen Bedingungen kann auch durch extreme Klimawechsel ausgelöst oder erzwungen werden, unter denen die Lebensbedingungen plötzlich nicht mehr in demselben Maße gegeben bleiben, wie zuvor. Solches ist in den Frühtagen der Erde sicher noch häufiger der Fall gewesen als heute.

Die Neugruppierungen der Erdoberfläche, die zwar nicht schon zu Ende, aber heute weitgehend beruhigt ablaufen, haben manche radikale Änderung bewirkt, und der mit diesen Geschehnissen jeweils einhergehende Kampf ums Dasein wurde dann zum natürlichen Ausgleich zwischen normaler Fortpflanzungsziffer und spezieller Eigenart der Individuen einerseits sowie dem Lebensangebot der Umweltbedingungen andererseits.

Auslese ist immer wieder nur geprüfter Zufall. Dabei könnte man es wohl schon belassen, ginge es nur um ein Weiterleben und den Bestand der Arten, doch zu einem geistbegabten Menschen reicht das noch lange nicht. Während nämlich die normale Form der Selektion über die Artenbildung ganz sicher zur Spezialisierung führen muß, ist der Mensch mit seinem Geist so wenig spezialisiert, wie nur irgend denkbar.

Die eigentliche Lenkung der Entwicklung wird von den stetigen oder sich stetig verändernden Bedingungen des Ambiente so oder so weitergehend bestimmt. Ein gestörtes Gleichgewicht der Umwelt – im Punktualismus zur Theorie erhoben – läßt es zu, daß sich die Artveränderungen nicht nur auf mutative Veränderungen in der Genetik zu stützen braucht, sondern durch Veränderung des Zustandes des Ambiente gestützt, die Variante zum Zweig zu erheben kann. Individuen, die in der Lage und befähigt sind, sich mannigfaltiger Bedingungen in ihrem Umfeld anzupassen und auf vielerlei Art zu reagieren, werden damit auch die Befähigung erwerben, das jeweils für sie günstigste Verhalten anzuwenden und ihrerseits zu wählen lernen.

Es ist die große Vielzahl bleibender Eindrücke, die zum Ausdruck befähigt. Der Einzelne muß unzähliges Erfahren haben, um selektiv denken und schließen zu können. Schließlich konnte man einmal mit fünf Buchstaben das Uralphabet in Worte umsetzen, mit fünfundzwanzig Buchstaben aber die ganze Weltliteratur erstellen.

Für die Entwicklung des geistbegabten Menschen müssen neben den Anlagen dafür auch die entsprechenden Bedingungen – wie beschrieben oder ähnlich – geherrscht haben. Er hat sich offensichtlich immer weiter entwickeln müssen und konnte sich niemals spezialisieren. Über die Entwicklung des neuzeitlichen Menschen aus einer affenähnlichen Stammform schrieb Haeckel in seiner «Natürlichen Schöpfungsgeschichte»: «Diejenigen Entwicklungsvorgänge, welche zunächst die Entstehung der affenähnlichen Menschen aus den zweifellos ihnen vorausgegangenen menschenähnlichen Affen veranlaßten, sind in zwei Anpassungstätigkeiten der letzteren zu suchen, welche

vor allen anderen die Hebel zur Menschwerdung waren: der aufrechte Gang und die gegliederte Sprache.
Beide physiologischen Funktionen entstanden notwendig zugleich mit zwei entsprechenden morphologischen Umbildungen, mit denen sie in strenger Wechselwirkung stehen, nämlich: der Differenzierung der beiden Gliedmaßenpaare und des Kehlkopfes.
Diese wichtige Vervollkommnung und ihre Funktion mußte aber drittens notwendig auf die Differenzierung des Gehirns und der davon abhängigen Seelentätigkeit zurückwirken.»
Bleibt immer noch die Frage, ob damit die herausragende Entwicklung des Menschengeistes schon erklärt werden kann.
Hat nämlich beispielsweise ein Baumhangler durch seine Anlagen und mit zunehmender Geschicklichkeit immer rechtzeitig im Geäst den Gefahren zu entkommen, die Nische gefunden, in der er und seine Art zu überleben vermag, dann wird unter seinesgleichen sich immer wieder der durchsetzen, der eben dieses Baumhangeln am besten beherrscht und sich bei Gefahr am schnellsten in Sicherheit bringen kann. Zieht die Baumgrenze sich aus klimatischen oder irgendwelchen anderen Gründen zurück, dann wird er kaum in seinem Stammrevier verbleiben, sondern lieber der Baumgrenze folgen und dorthin ziehen, wo er die Natur vollkommen beherrscht und sich weiterhin sicher fühlen kann. Die Natur der Wandlungen ist für ihn so angelegt, daß sie in jedem Falle und unbedingt einer besseren Anpassung und Spezialisierung zutreibt. Dabei geht die reguläre Auslese nur langsam voran. Mit ihr kann man normalerweise allenfalls die Qualität der Differenzen verdeutlichen, bisher vermochte aber kaum einer schon zu sagen, wie der immense Unterschied zwischen Mensch und Tier im Hinblick auf die ungewöhnliche Geistesfähigkeit des Erstgenannten entstehen konnte.
Entwicklungen solcher Art und Größe erfordern üblicherweise ein Vielfaches der tatsächlich für die Entstehung des geistbegabten Menschen feststellbaren oder angenommenen Zeitspanne. Seine Entwicklung muß im Gegensatz zu anderen Arten notwendigerweise eine besondere Motorik erfahren haben, die sie angetrieben und allen davonziehen lassen hat.

Wäre, um auf unsere IDEE zurückzukommen, alles beim alten geblieben, das *Leben* hätte sich an den Gestaden der Flachseen speziali-

sieren können, die Saurier beherrschten wohl immer noch das Feld, und die Kleintiere fristeten ihr karges Dasein im Abseits. Erst die Begegnung der Erde mit ihrem Mond und die damit einhergehende rigorose Veränderung der Forderungen an das *Lebende* machte es möglich, daß das am wenigsten Spezialisierte seine Chance bekam.
Plötzlich war ja das Leben der schon bestehenden Art nur noch dort möglich, wo sich in Polnähe ein etwa ebenso gemäßigtes Klima einstellte, wie es hinter den Ufern der Flachseen einmal geherrscht hatte. Selbst wenn es wollte, konnte das *Belebte* nun nicht mehr der ihm gewohnten Umwelt folgen, es mußte sich den rasch aufeinanderfolgenden tiefgreifenden Veränderungen dieses weltenbewegenden Geschehens stellen und darin bestehen oder untergehen. Wäre es nach jedem Einzelnen gegangen, er hätte sich wohl davongestohlen und davor gedrückt, diese harte Lebensschule durchzustehen. Doch nur wenigen ist es dann gelungen, und die Gefahren waren unerhört. Die Mehrzahl befand sich in strenger Klausur und mußte lernen, was die harte Schule des *Daseins* ihnen aufgegeben hatte.
Als sich dann auch noch diejenigen Spezies, die zu den entferntesten Vorfahren des Menschen gehörten, von allem abgeschnitten auf einer *Insel* wiederfanden, gelang es ihnen danach schon gar nicht mehr, dem ungeheuren Wandel der Topographie und des Klimas zu entkommen und dem ihnen Gewohnten noch zu folgen, wie es vorher immerhin noch möglich war.
Inseln sind häufig die Entwicklungszentren für ungewöhnliche Lebensformen. Nirgends findet man mehr und mannigfaltigere Ausdrücke der Evolution. Die biologischen Feldforschungen auf Inseln brachten auch Darwin erst auf seine Entwicklungstheorie.
Auf Inseln – wenn sie nur groß genug sind, eine Artentwicklung zuzulassen – ist schon die normale Vermehrung begrenzt, und alles Schwache in der Nachkommenschaft der auf ihnen eingegrenzten Arten unterliegt bereits dadurch einer strengen Selektion, daß der Überschuß auf ihren Territorien keine Lebensbasis mehr findet.
Unter der Ungewöhnlichkeit der auch unserer imaginären Welt in der IDEE gegebenen Bedingungen war auch das Hirn immer wieder gefordert und stets von neuem aufgerufen, sich im Erfassen des Neuen zu schulen und dasselbe im Geiste aufzunehmen.
Die Situationen waren dort nun so beschaffen und angelegt, daß sich der frühe Baumbewohner irgendwann, als sich der Urwald zur Sa-

vanne und endlich zur Taiga umzuwandeln begann, am Boden stehend wiederfand und nun buchstäblich mit seinen Händen nichts mehr anzufangen wußte. Kein Wunder also, daß er begann, nach allem Möglichen zu greifen und es über seinen Kopf zu schwingen. Er sammelte auf, was es zu sammeln und zu benutzen gab und lernte im wahrsten Sinne des Wortes zu «begreifen».

Dieser Sprung zu den neuen Ufern war aber nur Baumhanglern möglich, Vierfüßler blieben, wo sie immer schon standen – mit allen Beinen auf der Erde nämlich – oder sie gingen unter den neuen Bedingungen zugrunde.

Der Besitz zum guten festen Griff geschulter Hände kam dem Baumhangler nun auch am Boden sehr zustatten und diente seiner Geistesentwicklung im besonders ausgeprägten Maße. War er vorher in den Bäumen auch ohne weitere Geistesentwicklung absolut lebensfähig gewesen, so war es auf Erden erst wieder, nachdem er mit seinen Händen und mit seinem Verstand zu leben neu erlernt hatte.

Das besondere Schicksal jener und auch wohl dieser Welt und der Menschheit insgesamt führte nun dazu, daß sich das Gehirn im ständigen Erfassen des Neuen schulte und seinen subjektiven Geist herausgebildet hat. Erst, nachdem er zu erfassen und auch zu selektieren wußte, konnte der Mensch sich irgendwann selbst abstrahierend erkennen. Der Menschenstamm war Spielball der Natur, war der, dem alles Mögliche widerfuhr, bis er zuerst die Natur und danach sich selbst erkannte. Dadurch aber, daß sein *Geist* sich innerhalb des Geschehens und nur aus der Natur des *Daseins* selbst entwickelt hat, ist dieser nun auch so beschaffen und programmiert, daß er nur zu denken vermag, was darin denkbar möglich war und ist.

Auch der Mensch unserer IDEE erfuhr durch die Umstände, denen die Erde unterlegen war, jenen besonderen und außergewöhnlichen Entwicklungsschub, der ihn befähigte, in geistiger Hinsicht allen vorauszueilen, die mit ihm das Schicksal auf der Erde zu teilen hatten.

Die Erwähnung eines «idealen Menschen» wirkt fast ein wenig ungereimt und entspricht schon nicht mehr dem, was wirklich hier beschrieben ist. Die ganze Zeit nämlich liefen für jeden erkennbar IDEE und Wirklichkeit dicht beieinander und nebeneinander her in ein und dieselbe Richtung, und es ist wohl angebracht, nun auch ein Stück des Weges gemeinsam weiterzugehen, um dann das Ziel zu finden, dem beide zustreben und von dem sie sich umwenden und erkennen können, worin der Sinn und Zweck ihrer so gleichartigen Existenz wohl liegen mag.

Schon war bis zur Erzeugung der *Zeit* das Übrige seinem Urbilde nachgebildet. Aber die Tänze eben dieser Götter und ihr Aneinander-Vorüberschreiten sowie das Zurückkehren dieser Kreisbahnen im Verhältnis zu sich selbst und ihr Voranschreiten: darüber ohne genaues Betrachten der bekannten Nachbildungen sprechen zu wollen, wäre eitles Bemühen.
Plato - Timaios

Erbgut - Intelligenz

In einer besonderen Bio-Evolution innerhalb der alles umfassenden Kosmogonie tritt als Tatsache besonders hervor, daß sowohl die einzigartige Entstehungsgeschichte der Erde als auch die eines geistbegabten Menschen, der seinen Artgenossen in vielerlei Hinsicht so weit vorausgekommen ist, sich nur aufgrund von umwälzenden Ereignissen und katastrophalen Umständen ereignet haben kann. Damit wurde zwar etwas Außerordentliches erreicht, nicht aber etwas Unmögliches.
Auch unser Homunkulus, der Mensch aus der Retorte des Modells, erfuhr seine Artentwicklung aus den Eigenarten seiner Umwelt mit allen anderen Lebewesen darin und ist ihnen darum artverwandt. Seine hervorstechenden Neigungen und animalischen Bedürfnisse bezeugen seinen Bezug zu ihnen, seine Aufnahmefähigkeit und seine Unterordnung unter den eigenen Geist stehen dazu nicht im Widerspruch.
Erst unter den konkurrierenden Ansätzen eines besonderen Funktionalismus mit normierten Verhaltensweisen und einem Strukturalismus als Wechselbeziehung zwischen Subjekt und Objekt ist seine Ganzheit erkennbar. Während das «primitive Denken» noch Grundlage und Ausdruck des Naturmenschen blieb, vermochte sich der

komplex Denkende der Eindrücke nicht zu entziehen, welche die Erlebnisse und Erkenntnisse auf seinen Geist ausübten.
Das ist außerordentlich, und es muß bei der Entwicklung dieses «Oberprimaten» eine nachvollziehbare Reihe von Ausnahmesituationen gegeben haben, die gerade ihn veranlaßt haben, intensiver zurückzudenken und sich des Geschehenen zu erinnern, um damit das Gegenwärtige bestehen zu können. Er muß sich, um zu erreichen, was er auch erreichte, unter Einbezug des aus der Erinnerung Erfahrenen wohl bedacht haben, was es mit dieser oder jener Konstellation auf sich hat und was am besten damit anzufangen sei. Die Überprüfung im nachhinein muß seine Intelligenz geschärft und formend weiterentwickelt haben.
Zum Überleben bedurfte er des Ansporns der IDEE, wofür die erste Bedingung bekanntlich das Denken selbst ist.
Die Griechen der Antike haben die Fähigkeit des Wahrnehmens dem Denken zugeordnet. Mit Plato begann die Darstellungsgeschichte des reinen Denkens. Er prägte den Satz: «Wann immer der Geist eine Wahrheit erfaßt, wird diese aus der vorgängig gemachten Erfahrung gedacht.»
Aristoteles glaubte sogar schon, das Denken vom Gegenstand des Bedachten unabhängig erkannt zu haben, und Kant behauptete danach, daß die Vernunft nur das einsehen kann, was sie selbst nach ihrer Erfahrung hervorbringt. Für Nietzsche endlich war das Denken nur ein «erhabener metaphysischer Wahn».
Der Neurophysiologe R. W. Sperry schrieb: «Ideen bringen Ideen hervor und helfen, Ideen weiterzuentwickeln. Sie treten mit sich selbst und anderen geistigen Kräften im eigenen Hirn, in Nachbarhirnen und - dank weltweiter Kommunikation - auch in fernen fremden Hirnen in Wechselwirkung. Zugleich entwickeln sie eine Wechselbeziehung zu ihrer externen Umgebung und erzeugen so in toto einen schubweisen Evolutionsfortschritt, der alles, was sich bisher auf der Bühne der Evolution abgespielt hat, weit in den Schatten stellt - die Entwicklung der lebenden Zelle eingeschlossen.»
Die Praxisbereiche der Wissenschaften zeigen eine zunehmend sich beschleunigende Tendenz zu technisierter und instrumentalisierter Wissensakkumulation. Unaufhaltsam, manchmal gar schon unheimlich mutet der «Fortschritt» in der subjektiven Vernunft an, für ein außenstehendes Subjekt selbst kaum noch abschätzbar. Auf einem

eigenen Weg offenbar, aber ist dieser Weg auch auf ein Ziel gerichtet? Kein Ding, wie groß es auch immer ist, kein Tun, wie mächtig es auch sei, kann dem Fortschritt des Geistes Einhalt gebieten. Die Entwicklungstendenz technologischer Intelligenz wie auch die Hypothese, daß eine aus biologischen Prinzipien abgeleitete Höherentwicklung der Geistesfähigkeiten sich vom menschlichen Gehirn bereits emanzipiert hat, läßt Gedanken reifen, daß dieser Vorgang einer universellen Methodik unterliegt.

Zunächst mußte aber auch der Geist erst noch mit einem lückenhaften Alphabet vorliebnehmen. Erst nachdem auch für ihn nacheinander die fehlenden Buchstaben aufgedeckt waren, konnte er selbst Worte und Sätze bilden, in denen das *Dasein* seinen Niederschlag fand. Der Geist wuchs aus dem Stamme des Menschen, und er ist zum erblichen Teil in ihm geworden, weil er das Abbild des *Daseins* hervorbringt, aus dem er selbst entstanden ist. Konnte aber der *Geist* sich ebenso entwickeln, wie zum Beispiel die körperlichen Merkmale dies taten?

Die deutschen Zoologen G. Andres und E. Rössler bewiesen im Experiment, daß die Transplantation artspezifischer Verhaltensweisen durch Verpflanzung von Hirnsubstanz direkt möglich ist. Sie haben dazu die erblich angelegten Reaktionen von Larven einer bestimmten Froschart auf die Larven einer anderen Art transplantiert. Wie die Wissenschaftler berichteten, entstanden auf diese Art und Weise Chimären, die das verschiedene Freßverhalten beider Arten aufgenommen haben und dadurch nun in die Lage versetzt waren, sowohl aus dem Wasser Nahrung zu filtrieren wie auch danach zu schnappen, wozu sonst nur jeweils die eine der beiden Arten befähigt gewesen war. Es findet offensichtlich ein Zusammenwirken zwischen den Gehirnteilen mit eingewurzelten Verhaltensweisen statt.

Inzwischen hat man dieses Problem der experimentellen Molekularbiologie auch theoretisch gelöst. Der Vorgang des Genaustausches im mikrobiologischen Bereich ist demnach folgender: Besonders dafür geeignete Viren – Phagen zum Beispiel – heften sich dazu an die Wand einer Bakterienzelle und schicken durch deren Membrane ihr genetisches Material, die Desoxyribonukleinsäure (DNS), in das Zellinnere. Darin erfüllt diese Virus-DNS nun zugleich zwei Funktionen: Sie reproduziert sich selbst mehrfach, und veranlaßt die Bakterienzelle, Proteine und Enzyme bestimmter Art herzustellen. Sodann fügen sich Virus-DNS und Proteine wieder zu kompletten Viren zusammen. Die Bakterienzellhaut zerplatzt und entläßt die neu synthetisierten Phagen.

Infiziert man nun ein Bakterium mit zwei verschiedenen Mutanten des Phagenstammes, von denen die eine die Eigenschaft A und die andere die Eigenschaft B besitzt, dann findet man nachher unter den Nachkommen regelmäßig auch solche Typen von Phagen, die sowohl A- als auch B-Eigenschaften aufweisen und gegenüber ihren Vorfahren einen Fortschritt darstellen.

Diese Art des Genaustausches tritt bei allen bisher untersuchten Lebewesen auf, auch beim Menschen.

Wenn wir nun nicht vergessen zu bedenken, daß unser *Dasein* nur aus der Erfahrung seines *Vorher* und seines *Nachher* wirklich besteht und selbst dabei dimensionslos zwischen den Zeiten liegt, dann bedarf es der Intelligenz zum Begriff von den Wandelbarkeiten aller Dinge und Formen. Umgekehrt kann nur mit Intelligenz bedacht und objektiv erfahren werden, was im *Augenblick* subjektiv erkennbar ist. Zwischen *Dasein* und Denken besteht also eine retrospektive Beziehung, und sie bedingen einander. Das eigentliche *Ur-Ereignis* aller Existenz im *Sein* war also der Erwerb des *Geistes*.

Intelligentes Denken kann nur in Parametern der Ordnung ablaufen, denn Ordnungsparameter sind das Wesen jeder Logik. Sie sind Voraussetzung für die Funktion des Wandels, weil ein Chaos unerklärlich bleibt, und sie sind Bedingung für die Existenz in Wirklichkeit und in der IDEE. Man kann über die Entwicklung des Geistes nicht referieren, ohne die Parameter der Ordnung, die sich sowohl in der Selbstorganisation der Materie wie auch der Gedanken ausdrückt, zu berücksichtigen.

Die unabweisbare Tatsache, daß sich innerhalb dieser Selbstorganisation irgendwann das Leben als Träger des erkennenden Geistes entwickelt hat, ist zugleich auch der Beweis dafür, daß dieses Wechselwirkungspaar – *Leben* und *Geist* – nur unter der Wirkung eines *All-Geistes* entstehen konnte und mußte. Das daraus resultierende Ergebnis wird damit zum Erfordernis (Prämisse).

Geist als Ordnungsprinzip des *Seins* – «Nus» – war bereits, bevor es ein Gehirn gab, in dem er sich dann bildhaft darstellen und artikulieren konnte.

Unter der Flagge der «Intelligenz» segeln so verschiedene Dinge wie: Einsicht in universelle Zusammenhänge, Einsicht in mathematische Zusammenhänge, Zweckbestimmung und Sinngebung für Existenzen und Zusammenhänge; ihr Produkt kann aber stets nur das Abbild eines schon vorhandenen «Intelligenzmusters» sein, welches sie erkennt und für den Geist abbildet.

Kopernikus bereits erhob jene «intelligentia», die auch die Sterne bewegt, zur *All-Intelligenz,* dem «intellectus purus», die ihr Nacherleben im Menschengeist auf Erden erfährt.

Man muß wohl gar im Gegensatz zu Eccles und Popper, die ja beide vom *Ich* und seinem Gehirn (the Self and its Brain) sprechen, richtiger nun vom *All-Geist* und seinem Gehirn reden. Es wird im Prozeß des Denkens immer offensichtlicher, daß das *Ich* gar nicht über den *Geist* verfügt, sondern vielmehr nur dafür dient, diesen herauszubilden, und dem *All-Geist* ein Medium der Selbstdarstellung werden läßt. Während der *All-Geist* als Ausdruck des bewußt gemachten *Augenblickes* ewig schon und universell bestand, wuchs der *Menschen-Geist* erst an der Erfahrung von der Existenz in ihm. Da sich der Mensch überdies erst durch den *Geist* seiner selbst bewußt wurde – also im philosophischen Begriff außer sich geriet –, ist damit die Unabhängigkeit des *Geistes* bezeugt.

Das *Sein* schrieb die Noten und die großen Menschengeister sind die Solisten, die sich im Orchester des *Daseins* zusammenfinden um mit ihren überragenden Fähigkeiten dem großen Werk zu dienen.

Gegen die offenbar ungerechtfertigte Annahme, daß der Mensch über seinen *Geist* (noch) selbst verfüge, steht überdies, daß in ihm nur solche Gedanken auf Dauer Bestand haben, die der dem *Dasein* immanenten Ordnung und Logik auch entsprechen. Irren die Gedanken ab oder werden sie sogar zum Zwecke der Täuschung manipuliert, dann werden sie unweigerlich irgendwann als das entlarvt, was sie sind, und müssen der Wahrheit weichen. Sind sie aber auf der Spur der universellen Wirklichkeit und folgen sie genau deren Logik, dann sind sie nie mehr aufzuhalten, bis sie zur Erkenntnis gelangt sind, die dann nicht mehr zu leugnen ist, absolut irreversibel ist und in der Wirklichkeit existiert.

Das Hirn als Träger der Bewußtwerdung und jenes Fließgleichgewichtes makromolekularer oder mikroatomarer Prozesse der Existenz stirbt mit seinem Träger, dem Körper und seinen Organen.

Seine Funktion ist allein von dessen entwickelter Struktur abhängig und wird mit deren Ende irreversibel zerstört.

Die einzige Chance zur Entwicklung des *Geistes* im Hirn des Menschen bestand darum in der Reproduzierbarkeit des Hirns mitsamt dem wesentlichen (wahren) Teil der Erfahrung durch das Erbgut, der «Ontogenese», bevor es selbst durch den Tod seines Trägers wieder zerstört wird.

Unter Ontogenese verstehen wir hier die Wiederholung der ganzen Stammesentwicklung (Phylogenese) wie auch der individuellen körperlichen Anlagen und Teile des Gehabes als Ergebnis der Erfahrung eines jedes Individuums selbst.

Der *Geist* erwirbt seine Funktion aus der Prägung und ist von deren Eindringlichkeit geformt und bestimmt. Wesentliche Eindrücke – positiver oder negativer Art – werden länger bewahrt und bleiben erinnerlich als unwesentliche; lebenserhaltende und lebenswichtige Erfahrungen werden vererbt und gehen nicht verloren.

«Welch unerwarteter Anblick! Auf einem gelben Untergrund von vollkommener Transparenz zeichnen sich dünn gesät die schwarzen Fasern – glatt und lang oder stachelig und gedrungen –, schwarze Körper in Dreiecks-, Stern- oder Spindelform deutlich ab! Man könnte meinen, Tuschezeichnungen auf durchscheinendem Japanpapier vor sich zu haben», so beschrieb der spanische Neuroanatom Cajal seinen Eindruck von einem gelungenen Versuch, Nervenzellen einzufärben und im Mikroskop sichtbar zu machen.

Inzwischen weiß man, daß sich solche Nervenzellen in der Gehirnrinde von Tieren genauso finden wie in der Rinde des menschlichen Hirns.

Nach dieser Emanzipation der Hirnanatomie scheint es langsam an der Zeit, auch dessen Funktion zu säkularisieren.

Tatsächlich sind bei weitem nicht alle von den Gehirnzellen ausgebildeten Kontaktfühler verknotet und damit auf Dauer schon programmiert. Es entstehen weit mehr wirksame Nervenverbindungen (Synapsen), als nachher genutzt und beibehalten werden. Das Hirn hat offensichtlich noch ungenutzte Kapazitäten, die ausreichen, das ganze *Dasein* zu begreifen und in sich zu verwirklichen. Welche Kontakte beibehalten und vererblich für die Dauer bestehenbleiben, hängt offenbar im wesentlichen davon ab, wie häufig diese Verbindung immer wieder genutzt werden mußte oder wie tiefgreifend die Erfahrung diese eingegraben und geknüpft hat. In der Entwicklung des Hirns spielt die Erfahrung eine formende Rolle. In ihm spiegelt sich das Geschehen wider und setzt das Werk der Gene fort, die das Vorhandene übertrugen, um es als Basis vorzulegen, auf der es weiterzubauen gilt.

Spielt sich die Entwicklung einer Lebensart in einem Lebensraum ab, wo die Auslese streng und rigoros durchgesetzt wird – zum Beispiel auf einer Insel am Rande der gemäßigten Zone –, dann ist das Individuum darauf angewiesen, jede gesammelte Erfahrung für das Überleben zu nutzen und sie vorsorglich zu erlernen. Entweder es prägt sich das Überlebenswichtige unauslöschlich ein oder es versagt irgendwann, und die Erfahrung geht wieder verloren, dann geht aber auch das ungeschickte Wesen mit ihm unter. Besteht es die Probe aber immer wieder, dann wird auch dieses neue Wissen dem Erbgut zugeschlagen, und sein Nachkomme profitiert von dieser Intelligenz. Was den «Geistbegabten» unserer modellhaften Welt betrifft, so nehmen wir für ihn in Anspruch, daß auch er sich auf einer Insel am Rande der gemäßigten Zonen entwickelt hat und sein Geist sich in Not und Gefahr derart formte und verstärkte, daß dieser sich endlich als befähigt erwies, das Bild des gesamten *Daseins* aufzunehmen.

Der Verlauf seiner Geschichte war wechselhaft. Mit dem Untergang der Riesen hatte er zwar seine gewichtigsten Gegner und überlegenen Wettbewerber in den Lebensbasen verloren, er mußte sich aber nun in Zonen einrichten, deren Klima wechselhaft war, und mit Jahreszeiten rechnen lernen. Nachdem auch unsere Erde ihrem Mond begegnet war, fand sich der Stamm des Menschen auf einem Bruchstück Gondwanas wieder und mußte ein Inseldasein fristen lernen. Zwar entkamen auch von ihnen zu Zeiten und periodisch immer wieder welche von der Insel – sei es mit dem Zufall zuerst, auf einer hölzernen Wurzel oder einem Schilfbündel – oder wurden aus ihrem Paradies erst vertrieben, nachdem sie bereits gelernt hatten, Schilfboote zu bauen. Denen aber, die im Zentrum auf der Ur-Insel verblieben, blieb kaum eine Wahl, als den Überlebenskampf ständig wieder und immer neu zu wagen. Sie wurden streng ausgelesen und hatten kaum noch eine Chance, wenn sie irgendwann einmal versagten. Die Entkommenen hingegen, jene, die die Ufer der Festländer irgendwie und irgendwann erreichten oder, dem großen Meeresstrom unterlegen, auf irgendeiner Insel im Atlantik angetrieben wurden, unterlagen neuen Gesetzen und ganz anderen Auslesungen. War es ihnen möglich, dann richteten sie sich ein, wie sie es gerade passend fanden. Waren die frühen Flüchtlinge entkommen, als man auf der Ur-Insel noch in den Bäumen lebte, dann werden sie auf den grenzenlosen Festländern auch immer der Baumgrenze gefolgt sein und immer wieder ihre Baumhöhlen so oder besser errichtet haben, wie gewohnt, wenn das Klima diese verschob. Sie werden also ihre besondere Fähigkeit zur Meisterschaft entwickelt haben. Waren sie einer späteren Phase der Weiterentwicklung entsprungen, dann werden sie ihre letzte Entwicklungsstufe kultiviert und für all ihre Geschichte konserviert haben.

Die Kontinentalen hatten dadurch nun auch erfahren, daß man nicht ewig nur im eigenen Revier leben mußte. Die Fremde, die ihnen vorher ungekannte Ängste bereitet hatte, erwies sich als mögliche Lebensbasis, und so kannte man danach auch keine Grenzen mehr an. Kamen neue Gruppen vom Inselreich herüber, dann wichen die älteren und primitiveren vor ihnen aus und siedelten sich weiter vom Zentrum wieder an, bis sie auch von dort vertrieben wurden und erneut wegzuziehen hatten.

Sie zogen dahin und wurden weitergetrieben oder gestoßen, bis ihnen die Gestade noch fernerer Ufer oder unüberwindliche riesige Bergmassive den Weg versperrten und ihnen an den wirklichen Endpunkten der Kontinente Einhalt für immer geboten wurde. Sozusagen nun mit dem Rücken an der Wand, gab es dann auch kein Entrinnen vor den Nachdrängenden mehr, man hatte sich zu behaupten oder mußte untergehen.

So kam es, daß sich auf den Kontinenten der Erde Rassen ausgebildet haben, die eine Kultur betrieben, wie sie auf der Insel herrschte, als ihre Stammesgründer und Väter diese einst verlassen hatten. Kaum daß noch etwa viel für die Weiterentwicklung des Menschengeistes insgesamt von ihnen zu erwarten war, sie verfestigten nur und bildeten weiter aus, was ihnen mitgegeben war. Dennoch, wenn solche Stämme im Zuge der Geschichte von Nachfolgern überrannt und aufgesogen wurden, dann brachten sie verfestigtes Wissensgut zurück in den Stammverband, welches einer frühen Phase der Entwicklung einmal entsprungen war, und die Folge davon war, daß sich diese ferne Erinnerung nun als Wissensbasis mitsamt all den Erfahrungen des aufgesogenen Geistes in die Menschen-Geister grub und Erbgut wurde, an dem nun alle partizipierten.

Irgendwann einmal ist es dann geschehen, daß unter dem umwälzenden Einfluß der allgemeinen Drift aller Kontinente die Insel der Menschen unterging und mit ihr alles restliche Leben – bis auf nur wenige Individuen – im Ozean versank. Eine gewaltige Sintflutwoge begrub das Königsland mit allen Götterahnen, und niemand war entkommen, der nicht die Wasser zu befahren wußte und klug wie Noe vorher schon erkannte, was das Schicksal ihm angedroht und für ihn vorbereitet hatte.

Als die letzten der Insulaner und der Seevölker von den vorgelagerten Inseln herüberkamen zu den Kontinenten und verkündeten, was dem Reich der Ahnen aller nun geschehen war, da hielt es auch die Stämme nicht an den kontinentalen Ufern, und alle machten sich zu einem unaufhaltsamen Raubzug auf den Weg.

Das solches möglich war und auch den Menschen dieser Welt wohl zum Schicksal geworden ist, beweisen sie mit ihrem Karawanenzug und auch mit ihrer Überlieferung.

Sagen von einem fernen Reich jenseits der Wasser des Ozeans, welches irgendwann darin unterging und die Ahnengötter mit sich nahm, durchziehen das Wissensgut der Völker dieser Erde.

Eine der ältesten Sintflutsagen ist auf Tontafeln eingegraben und festgehalten worden, die man in Babylon gefunden hat. Die nahe Verwandtschaft zwischen der Aussage der dort eingeritzten Texte mit denen der in der Bibel übermittelten hebräischen Sintflutgeschichte, die sich dort sogar auf Einzelheiten und Details erstreckt, läßt vermuten, daß beide Sagen eines Ursprungs sind. Von den Völkern des Altertums haben die Inder, die Perser, die Chinesen und die antiken Griechen solche Sintflutsagen unserer Zeit erhalten. Auch bei den Stämmen Nordasiens und Nordamerikas wird uns davon berichtet.

Hatte das Inseldasein einst eine Entwicklung mächtig vorangetrieben und durch die auf ihr herrschenden Bedingungen erheblich beschleunigt, die einer Elitezüchtung glich und auch der Geistesentwicklung ihre Impulse übertrug, mußte sich auch dort nach langen Zeiten eine gewisse Einseitigkeit eingestellt haben, nachdem man die Bedingungen der Insel voll beherrschte und auch vom Klima her eine Beruhigung gekommen war.

Zwar ließ die Insel ihren Überschuß mit zunehmender Geistesentwicklung und damit einhergehenden Fähigkeiten in der Handhabung und Technik der brauchbaren Dinge immer häufiger davonkommen und sich auf den Festländern jenseits der Ströme an den fernen Ufern etablieren, zu einem Entwicklungsnachschub für den Geist des Menschen wurde diese Form des Davonkommens aber erst, als die Nachfolger darangingen, diese Erfahrungen wieder einzusammeln und dem eigenen Wissen erneut zuzuschlagen.

Für die Geistesentwicklung hatte sich ja die günstige Konstellation ergeben, daß jene vom Schicksal immer wieder streng Geforderten auf der Insel sich niemals mit ihrem erworbenen Wissen und ihren Fähigkeiten haben spezialisieren können, während zugleich alle, die entkamen, eben doch jenen Zeitzustand des Wissens weiter ausbilden konnten und zur höchsten Reife kommen ließen, der zum Zeitpunkt ihrer Flucht dort letzter Stand der Dinge war.

Hatten die Menschen bisher fest daran geglaubt, daß ihnen ihr Geist allein von *Gott* gegeben worden sein konnte, sind ihre Wissenschaftler heute aber – zwar noch nicht überall schon mit der größten Überzeugung – bemüht, herauszufinden, ob nicht auch die Geistesgaben Erbgut sind und sich mit ihrer Art zusammen erst entwickeln mußten. Neueste Untersuchungen, die möglicherweise auch die Ausbildung gedächtnisartiger Strukturen im zentralen Nervensystem verdeutlichen, brachten nun zutage, daß offensichtlich bestimmte Erfahrungen und Informationen sich dem Gehirn lernend einprägen und bleibende Veränderungen darin bewirken, die auch am Zellsystem strukturelle Markierungen hinterlassen. Ihre Spuren sind dabei als um so dauerhafter zu erkennen, je intensiver oder häufiger bestimmte Informationen aufgenommen und als Erfahrenswert vonnöten sind.

Denkwege und Erfahrungen, die einem dramatisch intensiven Erlebnis entspringen, sind irgendwann wie Leitlinien markiert im Hirn vorhanden. Sie dienen mit der Zeit nur einem Verhalten und sind für andere Denkwege gar nicht mehr befahrbar, so speziell sind sie geprägt.

Inzwischen weiß man sogar, daß Erfahrungen auch organische Veränderungen hervorrufen können und daß mit intensivem Denktraining sogar die Ausbildung der Gehirnmasse beeinflußt werden kann.

Die Psychologen Krech und Rosenzweig, der Biochemiker Bennet und der Neuroanatom Diamont – alle aus Amerika – stellten nach mehr als zwölfjährigen Untersuchungen und Experimenten fest, daß die Hirne aller ihrer Versuchstiere unter den ihnen auferlegten Aufgaben des Denktrainingsprogramms buchstäblich gewachsen waren. Zwar sind die feststellbaren Veränderungen – wie Teamsprecher Rosenzweig konstatierte – nicht gar so groß, aber sie stimmen immerhin von Experiment zu Experiment verblüffend genau überein. «Es scheint», – so Rosenzweig – «daß unter günstigen, auf das Individuum programmierten Lebensbedingungen die Entwicklungsmöglichkeiten des Gehirns tatsächlich zunehmen.»

Das Gehirn ist offensichtlich das Werkzeug der Vernunft und nicht dafür die Ursache. Denken erzeugt das Gehirn und umgekehrt.

So kam mit der besonderen körperlichen Entwicklung des Menschen auch eine geistige Entwicklung zustande, und die Intelligenz erfuhr mit der Zeit eine merkliche Steigerung.

Hatte der Javamensch nur erst etwa 940 Kubikzentimeter Hirnmasse, der Gorilla sogar nur 655, so erreichte der «Cro-Magnon-Typ» der Art des Menschen mit 1660 Kubikzentimetern bereits ein genügend großes Maß, um damit denken und auch schon kombinieren zu können. Intelligenz des Kollektivs also durch folgerichtiges Verhalten des Individuums darin.

Mit zunehmender Hirnmasse und Erfahrung verlagert der Geist seine Begabung vom Konkreten zum Abstrakten hin. Die objektive Welt wird nach und nach in einem immer ausgedehnten Weltbild ausgeweitet und im Geist gespiegelt. Die älteren Teile des Gehirns – so könnte man sagen – wissen bereits, was es zu sagen gibt, die jüngeren hingegen wissen schon, wie man es ausdrücken und begreifen muß. Mit der Masse der Erfahrungen und des eingeprägten Wissens kann der Geist erst dann etwas Kreatives anfangen, wenn die Häufung desselben derart groß geworden ist, daß es die Möglichkeit erlangt, jede einzelne abstrakte Einsicht an die Stelle der Fakten zu setzen und gegebenenfalls auch wieder abzurufen, um sie an anderer Stelle kombinierend zu verwenden.

In Sprache und Schrift brachte die Komplettierung des Alphabetes uns die Möglichkeit, das Wissen in die Literatur aufzunehmen und es wieder besser zu bewahren.

Es war wohl der absolute Triumph des mathematischen Denkens überhaupt, daß danach die verschiedenen Arten des Eigenvergleiches die Geistesleistungen vervielfacht haben.

Getragen wird das alles von der Wirklichkeit des *Daseins*. Es ist als dampfe das Geschehen in ihm sein glänzendes Abbild auf ein klares Glas. Zuerst wird dabei nur das Glas selbst sichtbar, weil der erste Hauch ihm seine Durchsichtigkeit nur nimmt. Mit der Zunahme des silbrigen Glanzes aber erkennt man schon ein vages Spiegelbild, unterbrochen noch und lückenhaft das Ganze wiedergebend. Endlich irgendwann erscheint auf ihm das ganze Abbild dessen, was die Wirklichkeit im *Sein* ausmacht. Das *Dasein* zeigt sein Abbild als strahlende Schau seiner selbst und stellt seine *Ewigkeiten* jetzt in diesem Spiegel dar.

Verfolgen wir das Werden des Menschen-Geistes im Vergleich zu diesem Herstellungsprozeß eines Spiegels, dann erreichte erstgenannter wohl gerade eben erst die Phase des lückenhaften vagen Abbildens, bei weitem noch nicht jenen strahlenden Glanz, den ein makelloser Spiegel von den Wirklichkeiten gegenüber geben kann.

Deutlich wird aber schon, daß der Geist des Menschen nichts sein kann, als der Nachbildner von Reflexen der Wirklichkeit. Wir erleben, daß überall dort, wo die Wissenschaften am weitesten in die Materie eingedrungen sind, der Geist aus der Natur dennoch nur das gewinnen konnte, was er selbst erst in sie hineingelegt hat.

Zum noch sehr primitiven Denken des erkennenden Eingehens auf die Welt der Bedürfnisse des Menschen und des sich selbst erst einmal Zurechtfindens auf seiner Welt steht das konstruktive Denken als «seinsschöpferische» Aufgabe des Geistes in einer Art von Gegensatz, doch nicht im Widerspruch. Durch das subjektive Wahrnehmen und Bedenken und die Einverleibung der Welten im Handeln und Gestalten ergibt sich eine Wechselbeziehung von gestaltendem und aufbauendem Charakter. Objekt und Subjekt = Person, die sich im Menschengeist zu einem Wesen finden, und das ordnende Zusammenwirken der Verhaltensweisen mit der Wirklichkeit, der sie begegnen, sind Stufen zum Gebrauch der daraus hervorgehenden Mittel, die zum intellektuellen Begreifen führen.

Im steten Widerspruch von Objekt und Subjekt kristallisieren sich die Elemente heraus, die nachher die Strukturen der geistigen Prozesse bilden. Die Intelligenz, die das Verhalten und das Denken selbst organisiert, gelangt dabei irgendwann in ein Reifestadium, in dem die statische Umwelt einer dynamisch erfaßten All-Welt-Konstruktion zu weichen hat.

Vom wachsenden Vorstellungsvermögen getrieben, erringt die Intelligenz einen Abstand und entsprechende Übersicht über die Gegebenheiten und vollendet sich und seine Fähigkeiten mit der Erkenntnis der Wirklichkeit dieses *Daseins*.

«Wir haben an den Gestaden des Unbekannten eine sonderbare Fußspur entdeckt und haben tiefgründige Theorien ersonnen, um ihren Ursprung aufzuklären», hat Arthur Stanley Eddington einmal gesagt, «schließlich ist es uns gelungen, das Wesen zu rekonstruieren, von dem die Fußspur herrührt. Und siehe: es ist unsere eigene.»

Nicht der Forscher verfolgt die Wahrheiten, sondern die Wahrheiten verfolgen ihn. Es ist darum auch nicht naiv anzunehmen, daß einmal das ganze Weltenall in seiner Fülle und mit seinen Ursachen zugleich in das (Denk-)Volumen des Menschengehirns passen und als Abbild der Wirklichkeit darauf widergespiegelt werden wird. Das Bestreben, das Universum zu begreifen, hebt den Menschen erst über eine Farce hinaus und läßt die Unzulänglichkeiten ertragen, weil es ihm einen Zweck verleiht und einen Hauch Würde gibt.

VIII. Buch | Der siebente Tag der Schöpfung

Das *Dasein* hat sich im *Geist* erfüllt. Die Dinge finden sich und streben einer ewigen Ordnung im *Nichts* wieder zu, welche durch ihre absolute Ruhe und einem Aufgehen in sich selbst gekennzeichnet ist. Und die Dinge dieser Welt sind von solcher Art.

Die Philosophie ist eigentlich Heimweh –
Trieb, überall zu Hause zu sein.
Novalis

Wissen und Wollen

Der Meister hatte den großen Bogen mit dem Pfeil über den Kopf erhoben und den wohl zwei Meter Messenden so weit gespannt, bis er «das All in sich zu fassen vermochte». Das zu tun erfordert starke physische Kraft, sah aber ganz mühelos aus. Die Zielscheibe stand für den Schützen unsichtbar im dunklen Raum. Der erste Schuß traf dennoch den Mittelpunkt der Scheibe, der zweite Pfeil spaltete den ersten.
Vorbereitend hatte sich der Meister mit zeremoniell getanzten Schritten in völlige Entspannung und Konzentration zugleich versetzt, um dann, sich tief verbeugend, sein Werkzeug dem hohen Ziel zu weihen.
Seinem Schüler hatte der Meister gezeigt, wie es ihm nicht darum ging, einen Punkt im Raum gegenüber zu treffen, sondern vielmehr durch Versenkung in das Geistige – das göttliche Ziel – so zu werden, daß innen und außen eines sind und «Es» schießt.
Der sichere Schuß war nur ein Abbild des unsichtbar geistigen Vorganges.

Mit diesen Sätzen beschrieb Professor Herrigel, wie ihm nach mehr als fünf Jahren mühevollen Lernenwollens «Zen» in der Kunst des Bogenschießens beispielhaft aufging.

Daß wir zuerst unser Denken, anstatt es auf uns selbst weiterhin zu richten, von uns lösen müssen und es mit dem Ziel unseres Denkens verbinden müssen, muß uns Geistbegabten erst noch aufgehen und zum Ziel unseres Erdenerlebnisses werden. Wir können dabei in unserer eigenen Seele die Bilder unseres Denkens zur Wirklichkeit erheben und zu *Zeit* und *Raum* werden lassen, was das *Sein* in seinem *Nichts* uns noch verbirgt.

Darin zu verweilen kann allein Sinn und Zweck unserer Existenz in einer erneuerten Wirklichkeit sein.

Auch der Meister des Zen verlangte von seinem Schüler, völlig gleichgültig gegenüber den eigenen Gefühlen zu werden. Sein Wille soll sich nicht auf sein eigenes Ich und sein eigenes Tun ausrichten, sondern zum Einklang kommen mit den Kräften des *Daseins* um ihn her. Noch immer glaubt der Mensch sich selbst im Mittelpunkt der Welten und des Universums stehend, noch immer reicht sein Wissen nicht aus, um schon zu erkennen, was auf der großen Bühne des *Daseins* wirklich geschieht und wo die *Zeitenräume* und die *Ewigkeiten* sich befinden, noch ahnt er deren erhabene Größe nur, womöglich wird er sie einmal noch selbst erfahren.

Bemerkenswert ist immerhin, daß dem Menschen in den Wissenschaften sein eigener Geist bereits davongeeilt und weit vorangeschritten ist. Die ihm eigene Phantasie, die sein Tun und sein Gehabe noch wesentlich bestimmt, sind so zurückgeblieben, wie er selber in seinen animalischen Ausdrücken zurückgeblieben ist.

Es scheint sogar, als hätte der *Geist* sein wohl phantastischstes Produkt – *Gott* – bereits überholt und weit hinter sich gelassen.

Des Menschen Empfinden richtet sich nach Kategorien längst vergangener Bedingungen und übersieht dabei, daß er so sein Ziel nicht treffen und seiner Existenz Sinn und Zweck verfehlen muß. Auch dann, wenn die organisch-physikalischen und die rein geistigen Sphären zwar wechselseitig ineinandergreifen, sind sie dennoch nicht deckungsgleich ausgebildet und entwickelt worden.

Das Bewußtsein von den Dingen ist eine vom Individuum selbst unabhängige Instanz (independent entity) und mit seiner körperlichen Existenz nur indirekt verbunden, wobei die Entwicklung des mensch-

lichen Bewußtseins der körperlichen Evolution als gestaltendem Prozeß sehr ähnlich ist. Spezialisiert sich der Körper und der Geist, dann geht die Fähigkeit damit verloren, das Unbekannte zu erkennen, und nur das schon Erworbene wird besser als bisher erfüllt. So Angepaßtes aber muß vergehen, wenn sich das Umfeld seiner Existenz verändert. Nur, wenn die eben erst erworbenen Fähigkeiten stets von neuem wieder gefordert werden, bevor sie sich unabänderlich eingeprägt und starr erwiesen haben, entwickelt sich *Geist*.
Körperlich und geistig ertüchtigt, aber niemals schon in seiner Tüchtigkeit spezialisiert, entließ der Mensch und sein Stamm im Laufe seiner langen Entwicklungsgeschichte zu allen Zeiten – wie auch schon erwähnt – einzelne oder kleine Gruppen von der Insel, indem diese irgendwie entkamen oder vertrieben wurden und ihren geistig-kulturellen Entwicklungsstand mit sich nahmen. Das sollte auch für seine Geistesentwicklung bedeutsam werden, denn die Entkommenen, nun nicht mehr den einengenden Zwängen der Insel unterworfen, spezialisierten sich mit ihrem Entwicklungsstand und prägten dadurch alle wichtigen Phasen der Erfahrung und Entwicklung in ihre Hirne ein. Als der Hauptstamm selbst dann sein Himmelreich verlassen mußte, weil die Gewalten der Natur seine Insel im Meer versinken ließen, mußte er sich ebenso wie alle, die vorher aus dem Paradies vertrieben worden sind, auf den großen Treck begeben und neue Gefilde aufsuchen. Auf diesem Treck nun sammelte er das in seinen Vorgängern verfestigte alte Erbgut wieder ein und nahm es erinnerungsverstärkend wieder auf.
Archäologen verfahren so, wenn sie die Vergangenheit ans Tageslicht bringen. Was sie ausgraben, erinnert uns an bereits längst Erfahrenes und Erlebtes, und es bestärkt unser Wissen darüber.
Alle in der Stammesgeschichte erworbenen und nun wieder ein- bzw. aufgesammelten Erfahrungen befähigten den geistbegabten Menschen zur Kombination des je Erlebten und Gedachten. Die Menge der Erfahrung ließ ihn endlich Buchstaben in Worte setzen und Zahlen erfinden, mit denen er das Erlebte registrieren lernte. Die Zahlen ließen übersichtlich werden, was er besaß, die Buchstaben befähigten ihn, das Erlebte festzuhalten und nun auch zu interpretieren.
Es grenzt nahezu an ein Wunder, doch dennoch nicht an Zauberei, daß er, als er ein ganzes Alphabet erlernt und anzuwenden sich geübt hatte, mit ihm die ganze Weltliteratur erstellen konnte und ebenso

mit den Zahlen die Mathematik erfinden und seine Wissenschaften begründen konnte. Die Mathematik – auch sie funktionierte erst, als er die *Null* (das *Nichts*) darin entdeckte – wurde ihm zur Stützleiter seines *Geistes,* mit der er das Erkannte nun in seiner wahren Struktur zu definieren lernte, die Buchstaben seines Alphabetes zur Matrix seiner Erinnerungen und immer umfangreicher werdenden Wissensbesitzes.

Er hatte es irgendwann wohl ahnend schon bemerkt, in seinem wahren Ausmaß aber sicher noch nicht ganz begriffen, daß er mit seinem *Geist* das ganze *Dasein* reflektieren konnte.

Eitel, wie er aber war, sah er zunächst nur sich darin und hörte gar nicht auf, sein Abbild anzustaunen. Er vergötterte sich und sein Abbild all die Zeit und vergaß dabei den Sinn und Zweck des Ganzen. Mag sein, daß er den wahren Sinn noch erkennen lernt, doch Spiegel sind zerbrechlich, und möglich ist, daß er ihn sich zerbricht, bevor der Zweck erfüllt und all das *Sein* zur Wirklichkeit geworden ist.

In seiner Sinnenleere empfindet der Mensch denn auch bei aller Fähigkeit ein großes Unbehagen bei dem Gedanken, es könnte einmal alles aus und vorbei sein und ohne Nachhall vergehen, bevor er selbst es ganz und gar begriffen hat.

«Das, was vergänglich ist, ihr Mönche, ist es schmerzhaft oder angenehm?» war einmal die Frage Buddhas an seine Schüler, und diese meinten, daß es schmerzhaft sei. Kälte und Finsternis, so glaubten sie und glauben die Belesenen noch heute, werde sich im Universum ausbreiten, wenn alle Sonnen ausgebrannt und alle Sterne einst erloschen sind.

Was aber kann denn kalt und schmerzlich noch empfunden werden, das es gar nicht gibt? Der große Irrtum, daß die *Zeit* als durch das *Dasein* jagender Pfeil irgendwo einst im Nirgendwo enden könnte, ist es, der die Menschen im tiefsten Innern erschauern läßt. Dabei sind sie immer schon mittendrin gewesen im Anfang und auch schon im Ende, denn er ist ewig da in diesem *Augenblick.*

Das ganze *Dasein* und alle Existenz darin, so haben wir hier nun erfahren, sind möglicherweise nur erst Wirklichkeiten, wenn das erkennende Subjekt erinnert und erahnt, was vorher war und nachher wohl sein wird. Entfällt diese reine Geistesleistung, die uns die Differenz und damit auch das Werden aller Dinge deutlich macht, dann

bleibt das *Dasein* punktuell und alle Existenzen ohne eigene Dimension im *Nichts*.
Unter diesen Gesichtspunkten betrachtet ist allein der *Geist,* in dem wir nun den Spiegel für das *Sein* erkennen, voraussetzende Bedingung für das *Dasein* selbst, wie zugleich aber auch die denkbare Möglichkeit des *Daseins* Voraussetzung für den spiegelnden *Geist* sein muß.
Wir erkennen nun den Interaktionismus darin, der keinen geringeren Zweck haben kann, als nur das *Dasein* in eine Wirklichkeit zu erheben. Wem nützt das wohl, wenn nicht dem *Dasein* selbst. Funktion des *Geistes* ist es, Fiktion zur Wirklichkeit zu erheben, nicht Wirklichkeiten zur Fiktion.
Wladimir Solowjew läßt seinen «Übermensch» sagen: «Nimm hin meinen Geist! Wie mein Geist dich früher in Schönheit gezeugt hat, so zeugt er dich jetzt in Kraft.»
Weil wir nun wissen, daß die dinghafte Existenz nur in der Erkenntnis möglich ist und diese Erkenntnis in der Differenz des Vor- und Nachher im Jetzt zum Ausdruck kommt, ist das Bestreben dieser Existenz nach dem Ideal der Differenzlosigkeit in allem *Dasein* angelegt und dauernd wirksam. Das Ideal ist die Überwindung des *Geistes* und damit aller Existenz.

Man mag das hier in der IDEE Beschriebene für zu phantastisch halten, um es als Wahrheit hinzunehmen – solche neuen Gedankengebäude brauchen eben ihre Zeit –, allein die Erkenntnis, daß Anfang und Ende des *Daseins* gar nicht nötig sind und immer schon in diesem *Augenblick* dabeigewesen sind, macht diese IDEE zur Notwendigkeit des Erklärens und zum Beweis des *Geistes* und der *Existenz* darin.
Vollkommenheit entsteht nicht durch Hinzufügung, sondern durch Auflösung und ist erst dann wirklich erreicht, wenn alles wieder in seinen idealen Ruhezustand zurückgekehrt und damit *Nichts* ist.
Das Erfahrene mag uns nun lehren, daß die sinnvolle Zukunft des Menschen auf Erden durch seinen *Geist* mit den Wirklichkeiten verknüpft sein muß, will er seine Existenz darin begreifen. Das Ziel dieser Existenz ist nicht im Menschsein an sich zu suchen, sondern vielmehr in seiner Funktion als Träger des *Geistes,* der die obwaltenden Dinge im *Dasein* zu erkennen und zu verwirklichen versteht.

Bemerkt der Mensch erst, was nur ihm allein widerfahren ist, und erkennt er darin seine wahre Bedeutung, dann mag er sich von seiner Nabelschau lösen und seine Bedeutung im Suchen nach Erkenntnis finden.
Sollte der Mensch aber durch seine eigene Überheblichkeit und Sorglosigkeit im Umgang mit den Wissenschaften enden, dann wird es nicht mehr die Ahnung von dem Kommenden und die Erinnerung an alles schon Gewesene geben, und das ganze *Dasein* reduziert sich auf das *Nichts* des ewig dimensionslosen *Augenblickes.*

Vorbei! Ein dummes Wort. Warum vorbei?
Vorbei und reines Nichts: vollkommen einerlei!
Was soll uns denn das ganze Schaffen?
Geschaffenes zu Nichts hinwegzuraffen?
«Da ist's vorbei!» Was ist daran zu lesen?
Es ist so gut, als wär es nie gewesen,
Und treibt sich doch im Kreis, als wenn es wäre!
Ich liebe mir dafür das Ewigleere.
Goethe - Faust II

Einst sagte man Gott, wenn man auf ferne Meere
blickte;
nun aber lehre ich euch sagen: Übermensch.
Gott ist eine Mutmaßung: aber ich will, daß
eure Mutmaßung begrenzt sei in der Denkbarkeit,
könntet ihr einen Gott denken?
Aber dies bedeutet auch Wille zur Wahrheit,
Daß alles verwandelt werde in Menschen-Denkbares, Menschen-Sichtbares, Menschen-Fühlbares.
Eure eigenen Sinne sollt ihr zu Ende denken.
Und was ihr Welt nanntet, das soll erst von
euch geschaffen werden: eure Vernunft, euer
Bild, euer Wille, eure Liebe soll es selber
werden!
Und wahrlich, zu eurer Seligkeit, ihr Erkennenden.
Und wie wollt ihr das Leben ertragen ohne diese Hoffnung, ihr Erkennenden?
Weder ins Unbegreifliche dürftet ihr eingeboren
sein, noch ins Unvernünftige.
Aber daß ich euch ganz mein Herz offenbare, ihr
Freunde: wenn es Götter gäbe, wie hielte ich es
aus, kein Gott zu sein!
Also gibt es keine Götter.
Wohl zog ich den Schluß; nun aber zieht er
mich.
Also sprach Zarathustra

Epilog

Wir leben in einer rein glücksorientierten und allein auf den Menschen bezogenen Gesellschaft. Eine solche egozentrische Grundsatzhaltung aber bedeutet auch die Gewißheit für den Untergang dieser Gesellschaft.

Auf einen solchen Nenner lassen sich die warnenden Gedanken bringen, die der Philosoph und Physiker Carl Friedrich von Weizsäcker jüngst im «Bergedorfer Gesprächskreis» vorgebracht und ausgedeutet hat.

Weizsäcker glaubt, daß nur eine wahrheitsorientierte und nicht eine nur auf den Konsum orientierte ausbeuterische Gesellschaft auf Dauer bestehen kann.

Diese Gedanken werfen die Frage auf, mit welchen Wertvorstellungen die Menschheit wohl ins nächste Jahrtausend geht. Es ist ja nicht gesagt, daß die Weltgeschichte und die Menschheitsgeschichte auf irgendeine Weise auch erfolgreich sein wird oder muß.

Daß es sie gibt, mag am Ende ihr einziger Erfolg überhaupt schon sein, und es bleib noch die Frage, unter welcher Wertbemessung oder Zielsetzung sie als erfolgreich anzusehen wäre.

Nach allem wissen die Menschen heute gar nicht mehr, an was es sich zu orientieren gilt. Was vor wenigen Jahrzehnten noch so aufklärerisch gewirkt hat, droht zum Feind der Existenz auf dieser Welt zu werden. Vom trügerischen Fortschrittsoptimismus überrollt wissen sie nicht, sollen sie nun an die Ideale diesseits oder jenseits der Utopien glauben.

Nachdem sie erst einmal aus ihren für ganze Ewigkeiten innegehabten Jagdgründen und Revieren ausgezogen waren, deren einengende Grenzen einmal überwunden hatten und anscheinend endlich frei geworden waren, versuchten sie auch die furchtbare Angst vor der grundsätzlichen Feindlichkeit des Fremden nun zu überwinden. Mit zunehmender Aufklärung lernten sie sogar, daß hinter den Phänomenen ihrer Existenz nicht Götter, Geister und Dämonen stecken, sondern vielmehr allgültige Naturgesetze wirksam sind.

Dennoch, die Ur-Angst ist ihnen alle Zeit und immer noch geblieben. Das Unerklärbare halten sie weiterhin für «übernatürlich» und die Mächte, die es verursachten, begreifen sie nur metaphysisch und glauben sie außerhalb des Geschehens der Natur selbst angesiedelt. Sie schlossen sich mit ihrer kollektiven Angst zu großen Religionsgemeinschaften zusammen und suchten dort nun die Geborgenheit, die ihnen ihre Ur-Heimstatt einst gegeben hatte, die neue Welt aber trotz aller Freiheiten bisher vorenthielt.

Hin und her gerissen zwischen Glauben und Wissen von den Dingen der Natur - zwischen Metaphysik und Physik also - wurden sie zu Gestaltern ihres eigenen Schicksals. Unerwartet große Macht über ihre neue Welt und deren Natur ließ sie sich als «Krone der Schöpfung» selbst ansehen. Aber - ach, der Glaube selbst und auch das Wissen nahmen großen Schaden, als die Produkte ihres verwirrten Geistes und ihres allgemeinen Unverstandes gänzlich unbeherrschbar für sie wurden.

Gar zu groß wurde das Mißverhältnis. Als ihr umtriebiger Geist und ihr technischer Verstand sie schon zum Mond hat fliegen lassen, ängstigten ihre Instinkte sich noch immer vor der Dunkelheit und den Finsternissen ihrer Welt.

Muß ihre Ratio selbst erst noch zur Vernunft gebracht werden und muß der Glaube erst noch der Erkenntnis weichen, wenn diese Menschheit damit überleben will? Emanzipiert sich das Subjekt von allen falschen Autoritäten oder unterwirft es sich deren großer Unvernunft?

Vielleicht liegt es ja gar nicht in der Hand des Menschen zu entscheiden, wie die Dinge sich entwickeln werden. Hat er denn wirklich noch die Freiheit gegenüber seinem *Geist,* dieses zu tun und jenes zu lassen? Engt ihn nicht sein Wissen vielmehr ein und läßt es ihn nicht Wege beschreiben, die aller Vernunft entgegenstehen?

Hören wir nicht ohne Unterlaß von ihm dieses oder jenes ist zu tun oder auch zu lassen: «... bevor es zu spät ist?» Wie lange wird er sein Tun noch entschuldigen, indem er sagt: «... bevor es zu spät ist?» Bestimmt er denn wirklich, was er tut oder bemerkt er seinen Irrtum erst, wenn es für ihn und seine Welt wirklich einmal zu spät ist?

Von besonderem Interesse und bedeutsam sind heute die Zeitwirkungen der wissenschaftlichen und religiösen Ansichten und Irrtümer. Waren die Zauberer, Medizinmänner und Hexenweiber der animistischen Glaubenswelt und alle Anrufer des Übersinnlichen von ihresgleichen, Steinchenleger und Knöchelweiser noch harmlos, ein Teil der Religionen und der Wissenschaften unserer Zeit sind es ganz und gar nicht mehr.

Sie sind ja nicht mehr nur in der Lage, Ketzer und Hexen aufs Schafott zu binden, in ihrem Übereifer beschwören die Eiferer sogar nun schon den *Armageddon* herauf und erwägen gar die tödliche Macht der atomaren Materie gegen ihre Feinde anzuwenden.

Sind sie dazu wirklich bereit oder bemerkten sie es nicht, daß sie dabei sind, sich und die ganze Menschheit den falschen Herren aufzuopfern? Wissen sie denn nicht, daß auch ihr Glaubensritual nur Hokus-Pokus ist, wie auch das Woodoo ihrer vermeintlich so primitiven Brüder?

Die Menschen tun gut daran, sich auf das Schwinden der Glaubwürdigkeit ihrer selbsternannten Autoritäten vorzubereiten. Über kurz oder lang müssen die Kirchen nämlich ihren *Gott* glaubhaftmachen und dafür einstehen, was sie der Menschheit angetan haben.

Über kurz oder lang wird auch die Wissenschaft bekennen und sich verantworten müssen für die Gefahr, der sie die Menschheit ausgesetzt und der Not, die sie ihr bereitet haben, indem sie alle Reichtümer der Welt für sich verschwendet haben.

Kein Zweifel, auch ihre Zeit ist abgelaufen.

Möge der Mensch doch begreifen, daß er allein dafür geschaffen ist, die Wirklichkeiten zu beweisen und mit seinem *Geist* die *Ewigkeiten* aus dem *Nichts* hervorzuheben. Vergesse er die Vorstellung von den Mächten aus dem Reich des Metaphysischen jenseits aller Wirklichkeiten und erkenne er, daß sie nur die Irrtümer seines unreifen Denkens, die Fehldeutungen des im Werden begriffenen *Geistes* gewesen sind.

Der Zielpunkt seiner Huldigung und seiner Hinwendung sollte seinem eigenem *Geist* und allen großen Geistern gelten, denn das ist seine wahre Schuldigkeit.

Man kann dem großen Weltengeist – dem, der alles im Innersten bewegt – religiöse wie auch wissenschaftliche Hinwendung und Ehrungen bezeugen. Man kann ihn sogar zum *Gott* ernennen, obgleich dieser Begriff unglücklich besetzt und aufgebraucht erscheint.

Eines aber ist ganz sicher, das Ritual, welches wir Menschen den Göttern jetzt bereiten, paßt nicht auf das *Nus* der Griechen, das allein das Wissen über Gott liebt. *Nus* (gr., nach Plato und Aristoteles das geistige Vermögen der Wahrnehmung, die «denkende Seele», auch der weltenordnende Geist, Gott) ist kein Gott der Gnaden oder Ungnaden. Das *Nus* ist das strahlende Gesicht der Wirklichkeiten und erwartet nichts von uns, als daß wir es erkennen und bewundern lernen. Es ist ein Ideal und unser *Geist* nur Ausdruck dessen.

Der Verfasser

...Laß die Götter mir nachsehen,
was ich hervorgebracht.
Laß die, die ich liebe, mir nachsehen,
was ich hervorgebracht.

Ezra Pound - «Canto CXX»

Literaturhinweise

Friedrich Nietzsche	Also sprach Zarathustra
Goethe	Faust I und II
G. H. R. von Königswald	Begegnung mit dem Vormenschen
Jacques Monod	Zufall und Notwendigkeit
Richard E. Leakey	Wie der Mensch zum Menschen wurde
Willibald Kirfel	Die Kosmographie der Inder
Wilhelm Bölsche	Das Leben der Urwelt
Prof. Hans Weinert	Stammesgeschichte der Menschheit
Carrol L. Fenton	Welt und Wunder des Lebens
Rudolf Jockel	Die Mythen der Völker
C. D. Darlington	Die Gesetze des Lebens
P. J. Cools	Geschichte und Religion des Alten Testaments
Schütz/Luckmann	Strukturen der Lebenswelt
Hans Wollschläger	Die Gegenwart einer Illusion
Reinhard Breuer	Das Anthropische Prinzip
Popper/Eccles	Das Ich und sein Gehirn
Peter W. Atkins	Schöpfung ohne Schöpfer
M. Konner	Die unvollkommene Gattung
Michael Foucault	Archäologie des Wissens
Manoel J. de Carvalho jr.	Auf der Suche nach dem Sein
Theodor Dombart	Der Sakralturm
Dr. Fr. Schödler	Das Buch der Natur
M. Raimond	Das Weltall
Mircea Eliade	Kosmos und Geschichte
Dr. W. Christaller	Unsere Erde
Werner Beierwaltes	Identität und Differenz
Conrad Bonifazi	Eine Theologie der Dinge
Werner Heisenberg	Physik und Philosophie
Heinrich Beck	Der Akt-Charakter des Seins
Anton Antweiler	Die Anfangslosigkeit der Welt
Max Born	Physik im Wandel der Zeit

Morrison/Phillip	Dimensionen zwischen Quarks und Galaxien
Steven Weinberg	Teile des Unteilbaren
Smolukowski	Das Sonnensystem
Nigel Calder	Einsteins Universum
Steven Weinberg	Die ersten drei Minuten
Hoimar v. Ditfurth	Am Anfang war der Wasserstoff
Theo Kahan	Quantentheorie
Albert Einstein	Mein Weltbild
Kurt von Bülow	Die Entstehung der Kontinente und Meere
Rober Henseling	Welteninseln
Erich Krug	Radioastronomie
George Gamow	Die Lebensgeschichte der Erde
George Gamow	Die Geburt des Alls
Joachim Herrmann	Geburt und Tod im Weltenall
Prof. Heinz Haber	Unser blauer Planet
Prof. Heinz Haber	Planet im Meer der Zeit
Otto Muck	Geburt der Kontinente
Karl Jaspers	Die großen Philosophen und Nachlaß 1 und 2
Mc. Mahon, Bonner	Form und Leben
Günter Wurm	Die Geschichte des Universums
Ernst Pöppel	Grenzen des Bewußtseins
Max Born	Physik im Wandel der Zeit
Morton Hunt	Das Universum in uns
Fred Hoyle	Das intelligente Universum

GÜNTER LÜHRS

...und Gott ist doch von dieser Welt

*Vom Wandel der Glaubensvorstellungen
in der Frühzeit der Menschheit.*
240 Seiten, mit 25 Abbildungen, bibliophiler Umschlag,
Fr. 23,80/DM 25,80, ISBN 3-85921-034-3

Der Autor dieses Werkes – übrigens einer der wenigen, die, was die Altertumsgeschichte der Menschheit anbelangt, mit einer neuen Idee aufwarten – erhebt unsere eigenen Urahnen zu Begründern und Akteuren der alle Menschen beherrschenden Gottesidee. Er glaubt, damit einen Teil der Wahrheit in die Hand des Lesers legen zu können, wie solche Ideen in der Urzeit einstmals entstanden sein mußten.

Nachdem sich die Welt von der Gottesidee – sei es im metaphysischen Begriff, sei es mit der spekulativen Idee Dänikens von den Astronautengöttern, die uns primitiven Erdenwürmern den Geist einpflanzten – über Jahrtausende faszinieren ließ, kommt hier jemand und erklärt, daß alle göttlichen Geschichten samt ihren mannigfaltigen Gestalten von Dämonen, Drachen, Teufeln und was noch so herumgeistert in den Mythen, Sagen und Märchen nichts weiter sind als eine Erzählung der wirklichen Urgeschichte des Menschengeschlechtes.

Atlantis, so erklärt er, sei kein Hirngespinst. Nur auf dieser Insel konnte sich die Frühgeschichte der Menschheit auf eben jene Art und Weise abspielen, wie sie so oft beschrieben wurde. Auf Atlantis finden alle diese wundersamsten Gestalten ihren natürlichen Hintergrund und eine brauchbare Erklärung.

Nachdem man sich durch einen Teil grundsätzlicher Erklärungen über die früheren Umstände der schrittweise entstandenen Menschheitskultur hindurchgelesen hat, dessen interessanter Inhalt aber sicher nicht in allem unbestritten bleiben dürfte, wird der Leser mit einer Erstaunen erregenden Lebensgeschichte der Urmenschheit bekannt gemacht. Nicht nur die vielen ungelösten Fragen über die Mythen, Märchen und Sagen, die bekannt sind, beinhaltet diese Geschichte, sie löst auch deren Rätsel und begründet sie zugleich. Alles in allem eine wunderbare Geschichte, die uns näher betrachtet ein seit langem verlorenes Stück der eigenen Urgeschichte wieder zurückzugeben vermag.

Nicht nur ein Buch, das eindrücklich über den Wandel der Glaubensvorstellungen in der Frühzeit der Menschheit berichtet, sondern das auch zeigt, wie die damals entstandenen Symbole bis in die heutige Zeit nachwirken.

STROM-VERLAG, ZÜRICH